高等职业教育市场营销类专业系列教材

营销核算与绩效评价

兰贵秋　王　娟　主编

科学出版社

北　京

内 容 简 介

本书共分13章，主要介绍了营销核算概论，营销收入、费用、毛利的计算，营销结算方式及凭证的填写，营销核算技术，企业营销核算与效益分析，商场核算与控制，超市核算与控制，商超经营绩效分析等内容。

本书适合作为高等职业学校、高等专科学校、成人高校及本科院校举办的二级职业技术学院和民办高校的市场营销专业的教材，也可供五年制高职高专、中等职业学校学生及社会人士参考，还可作为广大销售人员的参考书。

图书在版编目（CIP）数据

营销核算与绩效评价/兰贵秋，王娟主编. —北京：科学出版社，2009
（高等职业教育市场营销类专业系列教材）
ISBN 978-7-03-024015-6

Ⅰ.营… Ⅱ.①兰…②王… Ⅲ.①市场营销学-财务管理-高等学校：技术学校-教材②市场营销学-经济评价-高等学校：技术学校-教材 Ⅳ.F713.50

中国版本图书馆CIP数据核字（2009）第019830号

责任编辑：丁 波 赖文华/责任校对：赵 燕
责任印制：吕春珉/封面设计：耕者设计工作室

科学出版社 出版
北京东黄城根北街16号
邮政编码：100717
http://www.sciencep.com
北京中科印刷有限公司 印刷
科学出版社发行 各地新华书店经销
*
2009年3月第 一 版 开本：787×1092 1/16
2021年3月第七次印刷 印张：20 3/4
字数：480 000

定价：56.00 元

（如有印装质量问题，我社负责调换〈中科〉）
销售部电话 010-62134988 编辑部电话 010-62135763-8205（VF02）

高等职业教育市场营销类专业系列教材

编 委 会

序

随着我国市场经济的发展与成熟，全球经济一体化步伐的加快，市场营销在我国经济与社会生活中发挥着日益重要的作用。为市场营销培养实用人才的高职高专市场营销专业发展迅速，已成为我国财经类在校生规模最大的专业之一，同时，该专业也肩负着深化改革、更好地适应职业需要的重要使命。在全国多所高职高专院校教师深入研讨市场营销职业特点与市场营销专业的培养目标、总结各校乃至全国教学改革经验、探索教材模式创新的基础上，科学出版社策划与组织出版了本系列教材。

一、市场营销的职业特点与市场营销专业的培养目标

职业教育的生命力在于其所培养的人才与职业需要相吻合，衡量职业教育质量的首要尺度是学生就业后对职业岗位的适应能力。因此，研究市场营销专业改革与教材建设，首先就要研究市场营销的职业特点，并相应确定市场营销专业的培养目标。

市场营销职业的特点主要如下:

1. 工作的创新性。市场犹如一匹脱缰的野马，驰骋千里，瞬息万变。商场如战场，竞争激烈，机会随处可见，风险无处不在，成败有时就在旦夕之间。而且，营销人员又大多是人自为战，要独立面对与把握复杂多变的商机。市场营销既有规律可循，又无“长胜”秘诀可依，唯一的取胜之道就是创新。

2. 过程的沟通性。营销的本质是沟通。从表面上看，营销就是卖东西，而营销的实质却是人与人之间的沟通。在信息传播过程中，卖者掌握买的信息，买者掌握卖的信息；在认知与心理沟通过程中，实现买卖双方的互信与双赢；成功的沟通结束了，成功的交易也就实现了。就营销的本质而言，商家卖的不是商品，“卖”的是信息、信誉、情感。成功的营销员首先必须是个沟通高手。

3. 知识的艺术性。营销既是科学，又是艺术，而且主要是艺术。营销是有规律可循的，因此，在大量实践的基础上，创建一整套市场营销科学理论体系，对于指导营销实践具有极为重要的作用。但同时，由于市场营销工作的创新性与过程的沟通性，这就决定了营销不可能按图索骥，照搬理论，“照章”营销，而更多的是在理论的指导下，针对千变万化的市场情景，标新立异，出奇兵制胜。只“啃”书本，“熟记”营销理论，不谙营销实务，在商战中只是纸上谈兵，必败无疑。

4. 技能的心智性。高职高专多数专业都强调培养学生的动作技能，而市场营销专业则不然，强调的是心智技能的培养。固然，市场营销工作实践中有大量的程序化的业务操作，有的还有较高的技术要求，但营销的本质是创

新、是沟通、是艺术，这样，衡量一个营销人员素质与水平的核心标准就是其心智技能，如观察力、思维力、表达力、应变力、创新力等。

基于上述分析，笔者以为，高职高专市场营销专业的培养目标应为：培养具有创新精神，掌握必要理论，熟悉营销实务，以沟通能力见长的高素质营销人才。

要适应市场营销的职业需要，有效地实现上述培养目标，就必须深化市场营销专业教学改革，而改革的核心与关键就是课程的改革与建设。

二、高职高专市场营销课程的改革与建设

在教学内容结构改革上，要树立“应用整体性”理念，探索建立工作过程驱动、职业能力导向的教学内容体系。教学内容结构设计的指导思想要从学科系统性转为应用整体性。在传统的学科导向结构设计中，通常是把现实职业中鲜活的、整体化的知识人为地分解为若干学科或知识单元，教师抽象性讲授，学生“线”性理解；学生到岗位后，还需要把分散学到的知识按实际岗位职责进行重新整合，从而大大增加应用中的转换成本。在现代的应用导向结构设计中，以就业岗位应用的整体性为指导思想，以职业岗位的工作过程（业务流程）为主线设计教学内容体系，加强实务训练，注重技能培养，从而达到了解营销流程、熟悉营销实务、掌握营销技能的目标，使学生立体理解职业过程，能将所学直接运用于实际工作中，构建整体性的职业意识与职业能力结构，从而，最大限度地实现教学过程与职业过程的吻合与对接。具体可选用业务流程模式、工作任务模式、能力单元模式、岗位职责模式等。

在教学模式改革上，树立“以学生为中心”的理念，探索建立校企合作、商学结合、教学做合一等富有职教特色的模式。这就要求在教学中要实现“五个转变”：

1. 教学转为学习，即从教师教为主转变为学生学为主。

2. 从以教师为中心转变为以学生为中心，即教师从学生学习的监督者变为指导者、服务者，学生从被监督者变为学习的主人、教师与学校的服务对象。

3. 课堂教学从单向传播转变为师生互动、双向沟通、双边活动，彻底打破“一言堂”、“满堂灌”的局面。

4. 从以教师讲为主转变为以学生练为主，使学生按照营销业务流程开展实训，接触实务，训练技能。

5. 从以教师组织教学为主转变为鼓励学生组成学习团队，自我控制，师生和谐组织教学。

同时，要与企业深度合作，联手再造以理论教学为支撑的、以实训为主体的、全新的高技能人才培养过程，实现在做中学，使学生在营销中学营销，真正做到教、学、做合一。

三、本系列教材的特色

本系列教材在策划与编写中形成以下特色:

1. 结构流程化，应用整体性。在教材内容的选择与结构的设计上，坚持应用导向，以营销业务实际流程或环节为主线设计全书总体结构，彻底打破学科导向、按理论条目的逻辑顺序排列的老套路，并注意吸收最新理论前沿知识，总结改革实践新鲜经验。在具体内容设计与选择上，最大限度地贴近营销岗位实际业务，所学要尽可能联系或直接对应所用。同时，注意所用内容的层次定位。所选择的内容一定是高职学生这一特定层次能用得上，而且是必须用的。本系列教材研究的重点，是从企业宏观转为岗位微观、从战略转为实务、从理论知识转为职业技能。

2. 情景渗透，行动导向。打破传统教材一贯到底的知识叙述型编写模式，构建情景渗透、理实穿插的多元化、栏目式编写模式，以更好地服务于行动导向教学的需要。在教材中设置学习目标、技能训练目标、案例导入、小提示、补充知识、知识拓展、案例分析、实训项目、小结、思考题等栏目。并结合知识内容插入营销案例、故事、游戏等。在实训教材中，创建“营销业务流程 + 典型工作任务”的综合实训模式。具体内容设计从“说”实训（许多高职实训教材仍是停留在复述知识要点的“说”实训状态）转变成“做”实训，即教材主体内容是具体安排学生实际动手、动脑去做训练项目。为保证“做”实训目标的实现：一是校企合作、商学结合，即综合训练必须选择一个合作企业，要与企业一道组织实施；二是实训系列化，所有单元一贯到底地使用同一产品进行训练，使学生体验并实践营销全程。以营销实务训练为载体，以实际营销技能与素质培养为根本。

3. 教材系列化，资源集成化。为更好地服务于市场营销专业教学改革的目标，我们打造了一个系列化的教材群，并建立了集成化的教学资源服务系统。本系列教材分为三个子系列，即营销基本业务系列、专项业务系列、非营销专业系列。作为立体化教材精品建设工程，本系列教材还包括与之配套的辅助教学资源，包括课程教学大纲、实训指导大纲、电子教案、教学参考资料、试题库等。

本系列教材的作者主要是来自全国部分高职院校的有较为丰富教学经验和写作水平的教师，还有部分企业管理者和营销业务骨干。

由于高职高专的改革任重道远，课程改革与建设更是改革的重点与难点，加之作者水平所限，本系列教材难免存在不足，尚有心到而手不到之处，敬请广大读者批评指正。

单凤儒

2008 年 9 月于渤海大学

前　言

销售人员要将渠道销售数据装到自己的脑子里。详细地搜集经销商的渠道、销售数据是销售人员的本职工作之一，是区别业务水平高低的硬件条件。同样是做 3 个月的市场调查，有人将每家批发、超市乃至代表性小店的销售数据都装在脑子里，对市场的状况了如指掌，而有人却一问三不知，知道的也是含糊其词。正是基于此，几年前就有了写这本书的动机，写此书不仅要让读者（销售员）将销售数据装到脑子里，而且要学会运用数据分析并进行绩效评价。

教材是为课程服务的，课程是为人才培养目标服务的。本书建立在高职高专培养高级技能型应用人才的办学理念基础上，从编写指导思想，到内容选择、体系设计、编写模式，都以服务于培养营销人员的营销核算与效益分析技能、对营销人员及部门进行绩效评价为出发点，努力打造充分体现高职高专特色的实用教材。

1. 编写特点

（1）体系创新

本书以应用为导向，以业务实际流程或环节为主线设计全书的总体结构，打破传统教材一贯到底的知识叙述型编写模式，最大限度地贴近岗位实际业务，所学直接对应所用。

（2）内容实用

本书从企业和商超两个角度切入，介绍营销核算效益分析与绩效评价，从培养营销人员的营销核算与效益分析技能的实际需要出发，注重内容的实用性，最大限度地减少不直接应用的理论知识，而尽可能多地增加实用知识与技能的内容。例如，在“营销核算技术”一章中，以主要的篇幅介绍营销人员所必需的知识与技能，如编制销售预算、销售费用的控制、收款的管理与分析等。

（3）图表丰富

本书图文并茂，采用大量的图表来讲解问题，如有利于销售人员具体操作的销售计划（单位别、客户别销售额计划）表与货款回收计划表、销售费用计划表，有记录销售信息的销售日报表，作为审核销售人员的工作效率、评估绩效依据的月份销售实绩统计表，作为分析客户销售结构的客户增减分析表等，让阅读者（销售员）感到易记、易掌握又很系统。

2. 内容体系

本书共分三篇，第一篇为营销核算基础，主要介绍营销核算概论，营销收入、费用、毛利的计算，营销结算方式及凭证的填写等基础内容；第二篇是企业营销核算与绩效评

价，主要描述营销核算技术、企业营销核算与效益分析，并在此基础上对营销人员进行绩效评价和对营销人员进行奖酬设计与管理；第三篇是商超营销核算与绩效评价，主要描述商场核算与控制、超市核算与控制、商超经营绩效分析，并在此基础上对商超营销人员进行绩效评价、奖酬设计与管理。

本书各章的具体编写分工如下：第1、4～6、10～12章由渤海大学高职学院的兰贵秋副教授编写，第2、3、7～9、13章由渤海大学高职学院的王娟编写。兰贵秋设计编写大纲并对全书进行统稿。辽宁中百商厦集团有限公司的杨树文副总经理审阅了本书，在此对他深表谢意。

在编写过程中，我们走访了一些企业，如辽宁中百商厦集团有限公司、大商集团锦州百货大楼、新东北电气（锦州电力电容）公司等，得到了总经理及相关部门经理的大力支持和帮助，辽宁科技学院的徐沁教授对本书的大纲提供了很多有价值的建议，学生曾励勤在图表的整理制作工作中付出了很多辛勤的汗水，没有他们本书就不会很好地完成，在此一并致谢。

值得一提的是，在编写大纲时几易书稿，最后在渤海大学单凤儒教授的悉心指导和大力帮助下，才得以完成，在此向他表示衷心的感谢！

为使读者对本书一开始就有一个整体认识，特先附了“营销核算与绩效评价课程流程化架构”供参考。

由于编者水平有限，加之本书作了大胆的改革尝试，不足之处在所难免，敬请广大读者批评指正。

兰贵秋

于潜心斋

2009年1月1日

营销核算与绩效评价课程流程化架构

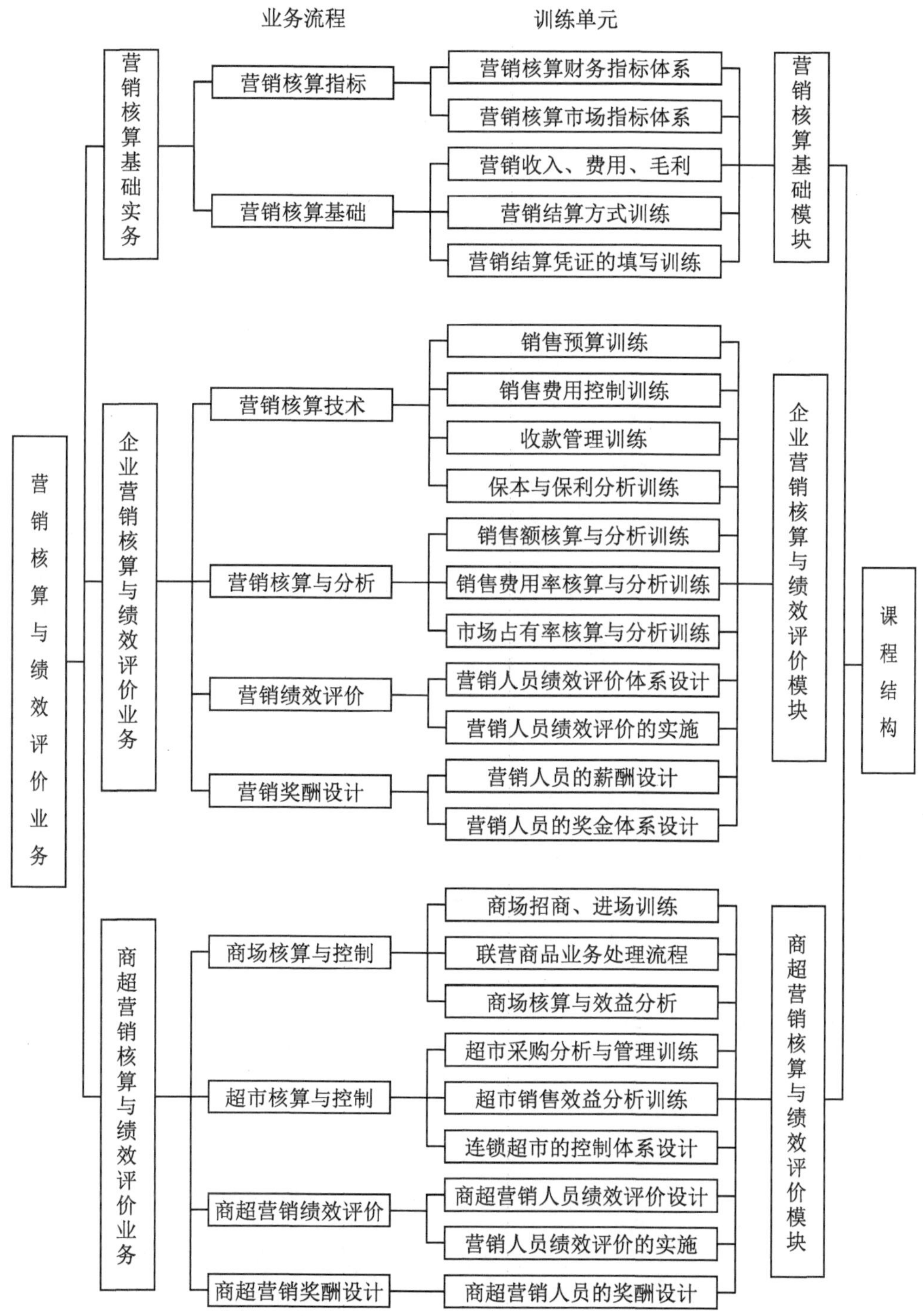

目　　录

第一篇　营销核算基础

第二篇　企业营销核算与绩效评价

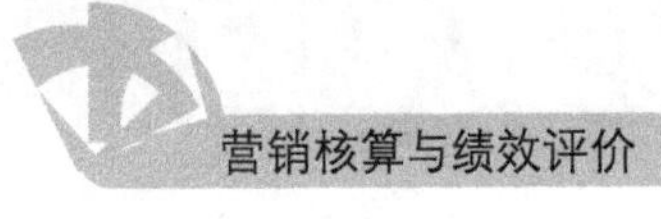

第三篇　商超营销核算与绩效评价

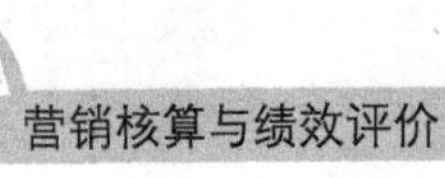

第一篇 营销核算基础

第1章

概　　论

学习目标

1. 理解营销核算的含义与特征。
2. 理解影响营销核算效益的因素。
3. 掌握营销核算的财务指标。
4. 掌握营销核算的市场指标。

技能训练目标

1. 营销核算财务指标的应用。
2. 营销核算市场指标的应用。

案例导入

营销人做一个低成本的营销偏执狂

经济的冬天已经到来，寒气逼人，很多企业都在为过冬集思广益、储备粮草，也有很多企业因资金链的突然断裂而迅速倒闭。资金链的步步吃紧，势必使企业家的成本意识进一步加强，竭力压缩各项开支。谢付亮先生是中国超低成本塑造品牌第一人，首次提出“一分钱做品牌”的运作理念、系统理论和操作技巧，近十年来不断将低成本营销落实到企业营销实战中，并取得了丰硕的成果。也正是由于其一直近乎偏激地强调低成本营销，并在实践操作中将“低成本”演绎得淋漓尽致，便落得个“低成本营销偏执狂”的名号。

谢付亮认为，不该花的钱，多花一分钱也是浪费，浪费一分就是犯罪。如今资金吃紧的情况下，企业更应该慎之又慎，努力避免任何形式的浪费。当记者问及什么才是“该花的钱”时，谢付亮说：“对于企业来说，要想着如果一分钱都没有，那应该如何办？这个时候企业就能真正清楚什么是该花的钱。”他还认为，如果只是单纯地考虑投入和预期效果，而不考虑客户的阶段实力，那还不如不做品牌。“无论是营销策划，还是品牌策划，究其本身都是个良心活，我们一定要对客户负责。而低成本营销就是要用最少的钱去做强品牌，从而收到最好的营销效果。营销学问很多，实践是核心，企业做好营销的关键是找到自己最适合的低成本运作方式，并持之以恒地坚持下去。”

几年前，江苏有个客户请谢付亮做策划，要在网络上做推广，谢付亮认为根据客户当时的情况，那种形式的网络推广对其作用很小，甚至可以忽略不计，便建议客户不用选取那种方式做网络推广。虽然那种网络推广需要的费用很少，对客户来说更算不上什么，但谢付亮还是劝导客户不要浪费这点钱，浪费一分也是浪费。

正是在低成本营销的强烈意识下，谢付亮创造出了大量低成本营销的成功案例，如“一分钱”促成建筑企业销售连年翻番、“一分钱”让老牌工业企业转危为安走入良性循环、“一分钱”打造珍珠行业第一品牌、“一分钱”炒红了一个家具品牌、“一分钱”快速招揽加盟商、“一分钱”推动区域市场销量激增等，举不胜举，很多案例都已经成为行业经典，成为后来者学习的范例。

（资料来源：www.emkt.com.cn.2008-11-30）

第一节　营销核算的含义、内容及特征

一、营销核算的含义与内容

营销核算指企业营销活动中劳动消耗与劳动成果的比较，或者更加广义地讲，指营销活动的投入与有效产出的比较。

营销活动的投入包括：①有形投入要素，指营销活动费用（包括市场研究费用、市场信息费、营销人员费、广告费、公关信息费、营销推广费、营销管理费、销售服务费）、直接物力占用费（包括营销机构网及设计、办公工具用品、交通运输及通讯设备等占用）、人力占用（包括市场调研者、营销策划者、营销执行者）等；②无形投入要素，指营销战略规划及营销策略的制定与实施、营销风险（机会成本）、信息的有效输出、服务、时间、营销因素组合、营销文化、营销影响区域、客户关系、市场预测等。

营销活动的有效产出包括：①有形产出要素，指收入增加额、利润增加额、业务增长率、市场扩张区域、市场占有份额增长、投资回收期的缩短、新客户增加率等；②无形产出要素，指知名度与美誉度、商标、品牌声誉、企业及其产品形象、服务满意度、顾客忠诚度、企业及其产品信誉度、产品适销性、创造新机会、企业社会影响力、安全及环境保护性、竞争力增强度等。

为了全面地描述企业市场营销活动全过程的投入与产出效果，以便于充分发挥各部分的效益，我们将营销效益分别按照投入与产出要素的性质进行划分。

1）按投入要素性质可划分为战略效益、投资效益、人力资源效益、时间效益、产品创新效益、营销策略组合效益、风险效益和营销效益。

2）按产出要素性质可划分为经济效益、社会效益、机会效益、消费效益和生态效益。

二、营销核算的特征

（一）综合性

营销成本效益是一个涵盖面较广的概念，其综合性主要表现在：①它既包括营销过程成本效益，又包括营销管理成本效益；②从成本效益构成要素的内容来看，它既有有形要素，又包括无形要素，并且有形要素与无形要素通过企业的经营活动可以互相转换，无形要素可以创造有形要素，同时有形要素又是无形要素的物质基础，并且营销活动功能决定了其无形构成要素较有形要素更复杂，对营销效益的作用和影响更为深远和难以预料。

（二）多因素影响性

营销是围绕市场所开展的经营与销售活动，除市场化等因素的影响外，还受到市场供求、竞争、消费者等微观因素的影响。特别是由于消费者所处的环境及地位不同，导致其价值观念、消费心理、消费行为存在较大差异和不确定性，使营销效益必须在适应各种变化因素的条件下才能实现。

（三）要素不可比性

无论是营销核算中的投入要素还是产出要素，都具有物质形态和非物质形态，价值形态与非价值形态共存的特点。这就使得投入与产出之间往往不能够通过直接比较决定效益水平。对此只有在不可比的要素之间找出可比的条件，方可进行效益的计算和评价。

（四）滞后与隐含性

营销投入不像企业生产投入那样，主要产出物质产品，并且从数量、质量、价值上可以直接度量。营销效益多数是间接的、无形的，并且效果既有滞后性，有些则具有长期隐含性。比如，一项大的公关投入，其效果可能在相当长的时期内难以从销售利润中表现出来，有时甚至在产品的整个寿命周期中长期隐含，但这项公关投入确实树立了企业在公众心目中的形象，这一效果可能会在企业的其他战略项目中得以体现。营销核算的这一特性往往被一些企业营销策划者所忽视，从而轻视原本可以给企业带来长期效益的营销投入。

在分析营销核算效益的这些特征之后，我们无论是在全方位揭示营销核算效益的构成要素，还是对营销核算效益进行评价，都应将其充分考虑进去，从而克服以往对营销研究重有形、轻无形、重过程轻管理、重当前轻潜在、重显形轻隐形的弊端，使营销成本与效益体现得更全面、客观。为企业规范营销行为和提营销核算效益提供科学的思路和依据。

三、影响营销核算效益的因素

借鉴以上理论，可以将决定营销效益的要素按投入要素、产出要素和有形要素、无形要素分类，如表 1.1 所示。

表 1.1　营销核算效益影响因素

项　目	有形要素	无形要素
投入要素	营销活动费用 直接物力（资源）占用费 人力占用	营销战略规划及营销策略的制定与实施 营销风险 信息的有效输出 服务、时间 营销因素组合 营销文化 营销影响区域 客户关系 市场预测

续表

项 目	有形要素	无形要素
产出要素	收入增加额 利润增加额 业务增长率 市场扩张区域 市场占有份额增长 投资回收期的缩短 新客户增加率	知名度、美誉度、品牌声誉 企业及其产品形象 服务满意度、顾客忠诚度 企业及其产品信誉度 产品适销性 创造新机会 企业社会影响力 安全及环境保护性 竞争力增强度

由于营销成本效益决定要素中的有形投入（成本）与产出（效益）较为直观，比较容易认识和把握，因此，这里着重探讨营销过程中的成本与效益的无形要素的特征和作用。

（一）无形投入要素

1. 营销战略规划及营销策略的制定与实施

现代市场营销的竞争已进入战略制胜的时代，没有科学和审时度势的战略及策略的制定与输出，即使是拥有再雄厚的人力、物力、财力资源，也难以推动企业的快速的发展。对于行业的领头羊，如果缺乏具有远见卓识的战略规划，或过度追求短期利益、忽视了长期竞争优势的培育会导致整个行业的不健康发展，损害消费者的利益以及破坏行业长期可持续发展的态势。要做好这一点需要企业决策者的头脑中具有战略观和胸怀远大的志向以及踏实坚韧的品格。

2. 营销风险

谋求高效益总是要付出高的成本，因为投入总是面临着瞬息万变的市场的威胁。政治、经济、技术、竞争者及消费者等多方面的市场不确定因素，都会使营销者在进行各种决策时面对不同的不确定性，这就是营销风险。承担风险也是一种营销成本，一般说来，追求的目标和利益越大，所要付出的风险的代价也越大。然而，不冒风险不等于稳妥，在利益和风险并存的竞争时代，不冒风险就意味着坐以待毙。事实，大凡成功的企业经营者，无一不是勇于承担风险者。营销风险的大小及企业承担风险能力的大小是预测营销各种投入效果，进行营销决策时应该考虑的因素。

3. 信息的有效输出

产品销售以市场拓展为前提，市场拓展又是以顾客对企业及其产品和服务的认可、理解与接受为条件。因此，企业需要源源不断地向市场发出能够产生回应的各种信息，将企业经营理念和产品信息适时地传播出去。例如，借助各种传媒的有机组合，适时地宣传和报道企业的各种成果，及可能带给顾客的利益，以便在消费者心目中形成良好的企业形象和产品形象，实现真正的营销价值，尽管在有形投入要素中已包括了信息输出所发生的费用（如广告、咨询等），但关于信息输出的有效性以及把握输出对象的准确度却是决定营销策略成功与否的重要保证，也就是说，不是花了钱就会有效果，或者是理想的效果。

4. 服务

营销活动中的服务主要指售前的咨询、集中的指导、售后安装、调试、维修、跟踪等工作。在销售服务费（主要是人员工资和零配件维修费）中部分地体现了营销服务输出量（时间、次数）。但是要衡量真正的服务效果，重要的还是取决于服务的质量，如服务项目的兑现率、服务方式的繁易，服务人员的素质、服务态度等无形因素，因此，从直接服务的费用中很难找出效果不佳的原因。美国波士顿的福鲁姆咨询公司在调查中发现，企业顾客转向竞争对手的原因，十人中有七人是因为服务问题，而不是价格和质量的缘故。

5. 时间

时间同信息一样均属于企业的无形资源。在我国，有形资源如人、财、物的投入往往受到企业较大的关注，而对于时间资源的开发与利用均未能引起足够的重视，然而，在发达的经济社会中，时间和信息的作用已超出以往任何经济发展时期，并且是两个密不可分的要素，可以说，时间就是速度，时间就是效益。

6. 营销文化

营销活动蕴涵着一种文化，并且这种文化对营销行为及其效应影响至深。营销文化主要包括在营销过程中所表现出的企业服务宗旨，价值观念、思维方式、整体形象、道德准则、行为规范以及消费观念和消费方式的倡导等，良好、独特的营销文化可以通过营销活动潜移默化地表现出来，如广告宣传、公关活动、产品服务及其商标、包装等。这些观念和宗旨不仅能够约束企业行为，而且通过融于产品和服务中向市场传达，使无形投入转化为有形效益。

7. 客户关系

与客户建立良好的信誉关系是减少营销风险的有效方式。企业与客户的成交额取决于客户数量的多寡和客户关系的好坏进而影响到签署合同的数量。而与客户建立良好的信誉关系、达成协议、签署合同需要付出许多无形的劳动，如宣传、游说等。成交后的履约情况也关系到长期与客户的合作，因而关系到企业的利益和前途。所以客户关系的建立包括达成协议的过程、合同的内容、所做出的承诺和为此而付出的代价均应列入营销活动的无形投入内容之中。

8. 市场预测

如前所述，营销是一项具有多种风险的活动。一方面是如上所述的客观风险，另一方面则是来自营销预测。无论是产品策略、价格策略还是促销策略、渠道策略，只要有投入，都面临着投入多少、投入方向和投入方式等问题。投入能否产生预期的效果则取决于对市场有关方面的预测准确度。市场预测可以列为营销策略管理的范畴，亦属于一种软投入，它也是营销组织及营销人员智力、知识、能力、方法与手段运用等的综合体现。市场预测的准确与否，将会直接影响到营销效益的形成。

（二）无形产出要素

在市场经济的条件下，企业产出是一个非常广泛的概念，它包括企业的有形产出和无形产出，企业在经营过程中既应该重视其有形产出，但也不能忽视无形产出的重要性，因为在信息化社会，无形产出可能会给企业未来带来更大的经济效益，企业经营的实践证明，无形产出已成为影响企业营销成本效益的越来越重要的因素。

1. 知名度和美誉度

从营销产出的实物和价值形式看，产品销售量和销售收入是最直接的成果。但从产品销售量和销售收入的实现过程看，企业或产品的知名度与美誉度则是至关重要的成果之一。在现代经济社会中，消费者已不再停留在盲目选择商品的低级消费阶段。随着商品的日益丰富，信息的发达及其传递方式的多样化，消费者的选择欲望和机会大大增强，认牌购货成为大势所趋。这时企业为了赢得顾客，实现销售，从而实现产品的价值，就千方百计地投入资金或无形劳动，追求在消费者心目中较高的知名度及其深化的结果（美誉度）。而知名度和美誉度珠联璧合，就会形成企业良好的形象，这种整体形象的树立不仅成为企业的战略产出，而且成为无形的竞争资本和利润源泉。

但是，我国相当多的企业目前虽然意识到“知名度”，能够带给企业经济效益，但一触及到投入便表现出极端的急功近利，因为这种投入从开始到产生出效果是需要时间的，而且需要长期维护。由于观念的偏差导致许多很有希望的企业只能在较小的范围内徘徊，丧失了企业发展的大好机会。

2. 商标、品牌声誉

在现代市场竞争环境下，商标、品牌已不只是作为区分生产厂家的标志，它更代表着企业的声誉，是企业科学管理和文明经营的智慧结晶，也是能够给企业带来超额利润的无形资产，成功的品牌其价值惊人。所要注意的是，在不断的市场竞争和自身发展的过程中，要不断保持与提升品牌价值，切不可急功近利，为了一时的利益而使产品品牌及客户服务的声誉受损。

3. 企业及产品的形象

随着科学技术的不断进步及企业间竞争的加剧，同类产品在技术上的差异越来越小，特别是人们的消费需求随着商品的丰富和经济收入、消费水平的提高，已从重视物质向重视精神满足的方向变化，企业之间要靠在产品质量和销售数量上拉开距离已相当困难。这时，一个企业及其产品在社会公众中的形象往往成为竞争成败的关键因素，并且成为企业的一种无形资本而存在。目前，国际企业界已把“形象力”同企业人力、物力、财力相提并论，并将其视为企业经营的第四种资源，公认其为 21 世纪企业的新动力。现代企业营销功能之一，即是树立企业形象高于眼前利益的观念，集中企业内、外优势，通过各种传播媒体与途径塑造企业的形象，时刻关注消费者的心理、态度及消费趋向，并设法争取消费者长期理解和支持，以获取长远利益。

4. 服务满意度

与无形投入“服务”相对应，消费者对服务的满意程度应成为无形产出的重要衡量尺度。营销服务的目的在于沟通与顾客之间的情感、指导消费、解除消费者后顾之忧，从而稳定顾客。消费者满意程度的大小，反映着营销成果，标示着顾客的流失与保留。在移动通信行业，服务性质的属性决定了为客户提供优质服务是营销的宗旨，而顾客的满意度则是企业竞争力的重要标志。

5. 顾客的忠诚度

顾客忠诚度是反映企业竞争力稳定性的重要指标，也是企业营销活动产出的关键性要素。赢得顾客的满意只表明具有竞争能力，但并不意味着企业具有长期发展的保证。企业谋求长期的发展不仅要靠扩大投资、技术创新、产品创新，更重要的还取决于是否能够得到一批长期稳定顾客的支持与合作。顾客的流失意味着企业市场的缩小，也就意味着失去了发展的空间。然而提高顾客忠诚度是需要付出代价的，包括由多种高智能因素决定的独特的无形投入，如产品终身保险和措施、优惠老顾客等方式以及人、财、物等有形投入。老顾客的稳定率和新顾客的增加率是衡量企业营销产出的两项重要指标。

6. 企业及其产品的信誉度

目前，越来越多的企业意识到，良好的信誉是企业最有价值和永久性的无形资产，它所产生的效益是无法估量的。任何企业唯一经久不衰的竞争优势就是企业的信誉，它是靠优质的产品、上乘的服务和企业良好的职业道德形象建立起来的，是企业素质，管理水平、经营历史等的综合反映。企业及其产品的信誉，主要是通过质量信誉、广告信誉、价格信誉、合同信誉、包装信誉、计量和退换信誉、售后信誉等方面衡量。

7. 产品适销性

产品销售收入的增加除了受客观环境和顾客稳定性的影响外，还在于产品的适销性，这是反映营销产出成果特别是企业市场适应性的重要指标。企业如果不能适应环境变化，推出适应时尚、满足变化需求的产品，那么即使是投入再多的人力、物力、财力也只能是事倍功半，即便在短时期内可能有效，但是由于先天不足，企业长期效益却得不到保证。而要保证产品适销性，又必须以营销投入特别是信息、战略、预测、产品创意等为代价。适销性强的产品会大大减少促销费用，并实现较长期的收益。

8. 企业的社会影响力增强度

企业营销机构通过借助各种行为和手段，唤起整个社会的注意，获取社会各界的理解和支持，并为社会公益事业及改变落后的传统习惯、树立新的价值观念，为物质文明和精神文明建设做贡献，这些已成为营销活动不可缺少的社会职能。企业的社会影响是企业伦理道德、形象、内部职工的凝聚力以及公共关系的综合体现。较强的社会影响力必将使企业在强手如林的竞争中赢得优势。科特勒曾指出：当公司进入 21 世纪，未来前途蕴涵着创造财富的机会，技术进步在改变着世界，同时社会经济、文化和自然环境的力量递增对营销实践创新的限制，能够用社会责任方法创造出新的解决办法和价值的公司，是最有可能成功的公司。企业生存于社会，取之于社会，并将其努力成果提供于社会。市场营销活动承担着对消费者安全及社会环境实施保护的责任和义务，同时可以将其视为树立企业社会形象的机会。从产品构思创意之初即需考虑产品的自然资源的合理利用及对消费者健康和社会生态环境保护的贡献，产品的包装及广告宣传设计力求美化生活、美化环境，给人们以安全可靠和美的感受。这一切无不体现着一个企业的文化以及文明程度，由此可以带给企业无形的利益。

9. 竞争力增强度

竞争力增强度预示着企业潜在盈利能力，同时也标志着企业所处的市场地位。它是企业营销活动的动力所在，亦即营销各方面投入是为增强竞争力从而取得最终的经济效益，同时营销活动的各种产出无一不是为提高竞争能力奠定坚实的基础。因此，竞争力增强度是由多种有形与无形投入所产生的有形力量与无形力量共同凝聚的营销成果。

以上详述了关于影响市场营销投入产出的多项因素，作为决策者来说，充分考虑到以上诸多的因素，就会在一个市场营销的成本效益分析中更加全面、更加准确地把握一项营销策略的最终价值。

第二节 营销核算指标

一、营销核算财务指标

（一）营销核算财务知识基础

1. 资产负债表

资产负债表指反映企业在某一特定日期的财务状况的报表。

通过提供资产负债表，可以反映企业在某一特定日期所拥有或控制的经济资源、所承担的现时义务和所有者对净资产的要求权，帮助财务报表使用者全面了解企业的财务状况、分析企业的偿债能力等情况，从而为其作出经济决策提供依据。

资产负债表主要反映以下三个方面的内容：

1）资产。资产负债表中的资产反映由过去的交易、事项形成并由企业在某一特定日期所拥有或控制的、预期会给企业带来经济利益的资源。资产应当按照流动资产和非流动资产在资产负债表中列示，在流动资产和非流动资产类别下进一步按性质分项列示。

2）负债。资产负债表中的负债反映在某一特定日期企业所承担的、预期会导致经济利益流出企业的现时义务。负债应当按照流动负债和非流动负债在资产负债表中进行列示，在流动负债和非流动负债类别下再进一步按性质分项列示。

3）所有者权益。资产负债表中的所有者权益是企业资产扣除负债后的剩余权益，反映企业在某一特定日期股东（投资者）拥有的净资产的总额，它一般按照实收资本（或股本）、资本公积、盈余公积和未分配利润分项列示。

我国企业资产负债表的格式如表1.2所示。

表1.2 资产负债表

编制单位： 年 月 日 单位： 元

资 产	期末余额	年初余额	负债或所有者权益（或股东权益）	期末余额	年初余额
流动资产：			流动负债：		
货币资金			短期借款		
交易性金融资产			交易性金融负债		
应收票据			应付票据		
应收账款			应付账款		
预付款项			预收款项		
应收利息			应付职工薪酬		
应收股利			应交税费		

续表

资产	期末余额	年初余额	负债或所有者权益（或股东权益）	期末余额	年初余额
其他应收款			应付利息		
存货			应付股利		
一年内到期的非流动资产			其他应付款		
其他流动资产			一年内到期的非流动负债		
流动资产合计			其他流动负债		
非流动资产：			流动负债合计		
可供出售金融资产			非流动负债		
持有至到期投资			长期借款		
长期应收款			应付债券		
长期股权投资			长期应付款		
投资性房地产			专项应付款		
固定资产			预计负债		
在建工程			递延所得税负债		
工程物资			其他非流动负债		
固定资产清理			非流动负债合计		
生产性生物资产			负债合计		
油气资产			所有者权益（或股东权益）：		
无形资产			实收资本（或股东）		
开发支出			资本公积		
商誉			减：库存股		
长期待摊费用			盈余公积		
递延所得税资产			未分配利润		
其他非流动资产			所有者权益（或股东权益）合计		
非流动资产合计					
资产总计			负债和所有者权益（或股东权益）总计		

资产负债表项目的填列方法

资产负债表的各项目均需填列“年初余额”和“期末余额”两栏。

资产负债表“年初余额”栏内各项数字，应根据上年末资产负债表的“期末余额”栏内所列数字填列。如果上年度资产负债表规定的各个项目的名称和内容与本年度不一致，应对上年年末资产负债表各项目的名称和数字按照本年度的规定进行调整，填入资产负债表“年初余额”栏内。

2. 利润表

（1）利润表的概念和作用

利润表指反映企业在一定会计期间的经营成果的报表。

通过提供利润表，可以反映企业在一定会计期间收入、费用、利润（或亏损）的数额、构成情况，帮助财务报表使用者全面了解企业的经营成果，分析企业的获利能力及盈利增长趋势，从而为其作出经济决策提供依据。

（2）利润表的格式及内容

我国企业利润表采用多步式格式，如表 1.3 所示。

表 1.3　利润表

编制单位：　　　　年　月　　　　单位：元

项目	本期金额	上期金额
一、营业收入		
减：营业成本		
营业税金及附加销售费用		
管理费用		
财务费用		
资产减值损失		
加：公允价值变动收益（损失以“—”号填列）		
其中：对联营企业和合营企业的投资收益		
二、营业利润（亏损以“—”号填列）		
加：营业外收入		
减：营业外支出		
其中：非流动资产处置损失		
三、利润总额（亏损总额以“—”号填列）		
减：所得税费用		
四、净利润（净亏损以“—”号填列）		
五、每股收益		
（一）基本每股收益		
（二）稀释每股收益		

企业的利润表分以下三个步骤编制：

1）以营业收入为基础，减去营业成本、营业税金及附加、销售费用、管理费用、财务费用、资产减值损失，加上公允价值变动收益（减去公允价值变动损失）和投资收益（减去投资损失），计算出营业利润。

2）以营业利润为基础，加上营业外收入，减去营业外支出，计算出利润总额。

3）以利润总额为基础，减去所得税费用，计算出净利润（或净亏损）。普通股或潜在普通股已公开交易的企业以及正处于公开发行普通股或潜在普通股过程中的企业，还应当在利润表中列示每股收益信息。

3. 现金流量表

（1）现金流量表的概念和作用

现金流量表是反映企业在一定会计期间现金和现金等价物流入和流出的报表。

通过现金流量表，可以为报表使用者提供企业一定会计期间内现金和现金等价物流入和流出的信息，便于使用者了解和评价企业获取现金和现金等价物的能力，据以预测企业未来现金流量。

（2）现金流量表的结构和内容

我国企业现金流量表采用报告式结构，分类反映经营活动产生的现金流量、投资活动产生的现金流量和筹资活动产生的现金流量，最后汇总反映企业某一期间现金及现金等价物的净增加额。

我国企业现金流量表的格式如表 1.4 所示。

表 1.4　现金流量表

编制单位：　　　　　　年　　月　　　　　　单位：元

项　　目	本期金额	上期金额
一、经营活动产生的现金流量		
销售商品、提供劳务收到的现金		
收到的税费返还		
收到其他与经营活动有关的现金		
经营活动现金流入小计		
购买商品、接受劳务支付的现金		
支付给职工以及为职工支付的现金		
支付的各项税费		
支付其他与经营活动有关的现金		
经营活动现金流出小计		
经营活动产生的现金流量净额		
二、投资活动产生的现金流量		
收回投资收到的现金		
取得投资收益收到的现金		
处置固定资产、无形资产和其他长期资产收回的现金净额		
处置子公司及其他营业单位收到的现金净额		
收到其他与投资活动有关的现金		
投资活动现金流入小计购建固定资产、无形资产和其他长期资产支付的现金		

续表

项　目	本期金额	上期金额
投资支付的现金		
取得子公司及其他营业单位支付的现金净额		
支付其他与投资活动有关的现金		
投资活动现金流出小计		
投资活动产生的现金流量净额		
三、筹资活动产生的现金流量		
吸收投资收到的现金		
取得借款收到的现金		
收到其他与筹资活动有关的现金		
筹资活动现金流入小计		
偿还债务支付的现金		
分配股利、利润或偿付利息支付的现金		
支付其他与筹资活动有关的现金		
筹资活动现金流出小计		
筹资活动产生的现金流量净额		
四、汇率变动对现金及现金等价物的影响		
五、现金及现金等价物净增加额		
加：期初现金及现金等价物余额		
六、期末现金及现金等价物余额		

现金流量表的编制方法

企业应当采用直接法列示经营活动产生的现金流量。直接法指通过现金收入和现金支出的主要类别列示经营活动的现金流量。采用直接法编制经营活动的现金流量时，一般以利润表中的营业收入为起算点，调整与经营活动有关的项目的增减变动，然后计算出经营活动的现金流量。采用直接法具体编制现金流量表时，可以采用工作底稿法或T型账户法，也可以根据有关科目记录分析填列。

（二）营销核算具体财务指标

1. 营业利润率

营业利润率是企业一定时期营业利润与营业收入的比率。其计算公式为

$$营业利润率=\frac{营业利润}{营业收入}\times 100\%$$

营业利润率越高，表明企业市场竞争力越强，发展潜力越大，盈利能力越强。

在实务中，也经常使用营业毛利率、营业净利率等指标来分析企业经营业务的获利水平。其计算公式分别为

$$营业毛利率=\frac{营业收入-营业成本}{营业收入}\times 100\%$$

$$营业净利率=\frac{净利润}{营业收入}\times 100\%$$

2. 成本费用利润率

成本费用利润率是企业一定时期利润总额与成本费用总额的比率。其计算公式为

$$成本费用利润率=\frac{利润总额}{成本费用总额}\times 100\%$$

其中

成本费用总额＝营业成本＋营业税金及附加＋销售费用＋管理费用＋财务费用

成本费用利润率越高，表明企业为取得利润而付出的代价越小，成本费用控制得越好，盈利能力越强。

3. 资产周转率

资产的周转速度通常用周转率和周转期来表示。周转率是企业在一定时期内资产的周转额与平均余额的比率，反映企业资产在一定时期的周转次数。周转次数越多，表明周转速度越快，资产运营能力越强。周转期是周转次数的倒数与计算期天数的乘积，反映资产周转一次所需要的天数。周转期越短，表明周转速度越快，资产运营能力越强。其计算公式为

$$周转率（周转次数）=\frac{周转额}{资产平均余额}$$

$$周转数（周转次数）=\frac{计算期天数}{周转次数}$$

$$=\frac{资产平均余额\times 计算期天数}{周转额}$$

生产资料运营能力可以从流动资产周转情况、固定资产周转情况、总资产周转情况等方面进行分析。

（1）流动资产周转情况

反映流动资产周转情况的指标主要有应收账款周转率、存货周转率和流动资产周转率。

1）应收账款周转率。是企业一定时期营业收入（或销售收入，本章下同）与平均应收账款余额的比率，反映企业应收账款变现速度的快慢和管理效率的高低。其计算

公式为

$$应收账款周转率（周转次数）=\frac{营业收入}{平均应收账款余额}$$

其中

$$平均应收账款余额=\frac{应收账款余额年初数+应收账款余额年末数}{2}$$

$$应收账款周转期（周转次数）=\frac{平均应收账款余额\times 360}{营业收入}$$

一般情况下，应收账款周转率越高越好，应收账款周转率高，表明收账迅速，账龄较短；资产流动性强，短期偿债能力强；可以减少坏账损失等。

2）存货周转率。是企业一定时期营业成本（或销售成本，本章下同）与平均存货余额的比率，反映企业生产经营各环节的管理状况以及企业的偿债能力和获利能力。其计算公式为

$$存货周转率（周转次数）=\frac{营业成本}{平均存货余额}$$

其中

$$平均存货余额=\frac{存货余额年初数+存货余额年末数}{2}$$

$$存货周转期（周转次数）=\frac{平均存货余额\times 360}{营业成本}$$

一般情况下，存货周转率越高越好。存货周转率高，表明存货变现的速度快；周转额较大，表明资金占用水平较低。

3）流动资产周转率。是企业一定时期营业收入与平均流动资产总额的比率。其计算公式为

$$流动资产周转率（周转次数）=\frac{营业收入}{平均流动资产总额}$$

其中

$$平均流动资产总额=\frac{流动资产总额年初数+流动资产总额年末数}{2}$$

$$流动资产周转期（周转次数）=\frac{平均流动资产总额\times 360}{营业收入}$$

一般情况下，流动资产周转率越高越好。流动资产周转率高，表明以相同的流动资产完成的周转额较多，流动资产利用效果较好。

（2）固定资产周转情况

反映固定资产周转情况的主要指标是固定资产周转率，它是企业一定时期营业收入与平均固定资产净值的比值。其计算公式为

$$\text{固定资产周转率（周转次数）}=\frac{\text{营业收入}}{\text{平均固定资产净值}}$$

其中

$$\text{平均固定资产净值}=\frac{\text{固定资产净值年初数}+\text{固定资产净值年末数}}{2}$$

$$\text{固定资产周转期（周转天数）}=\frac{\text{平均固定资产净值}\times 360}{\text{营业收入}}$$

一般情况下，固定资产周转率越高越好。固定资产周转率高，表明企业固定资产利用充分，固定资产投资得当，固定资产结构合理，能够充分发挥效率。

（3）总资产周转情况

反映总资产周转情况的主要指标是总资产周转率，它是企业一定时期营业收入与平均资产总额的比值。其计算公式为

$$\text{总资产周转率（周转次数）}=\frac{\text{营业收入}}{\text{平均资产总额}}$$

其中

$$\text{平均资产总额}=\frac{\text{资产总额年初数}+\text{资产总额年末数}}{2}$$

$$\text{总资产周转期（周转天数）}=\frac{\text{平均资产总额}\times 360}{\text{营业收入}}$$

一般情况下，总资产周转率越高越好。总资产周转率高，表明企业全部资产的使用效率较高。

二、营销核算市场指标

（一）营销部门核算市场指标

1. 预测市场潜力

市场潜力指在特定的时期、一个具体的市场上，整个行业的某种产品或服务的总的预期销售额（量）。完整和清楚地表述市场潜力这个概念，必须包括四个要素。

1）物品可出售。产品、服务、主意、人员或地点。

2）整个行业的销售可以用货币或产品单位来计量。

3）一个具体的时期。

4）可用地理范围或顾客类型，或者二者的综合，来确定具体的市场界限。

例如，预计 2009 年 A 国啤酒的市场潜力是 1.94 亿桶。请注意这个关于啤酒的市场

潜力的表述包含了上述四个方面中每一方面的信息。啤酒的市场潜力也可以按下列方式表示：蓝领男士、白领女士或者印第安纳州 21～25 岁的青年男女。

2. 预测销售潜力

销售潜力是指单个公司对自己能够在整个市场潜力中获得的最大市场份额（或百分比）的合理预期。例如，××啤酒 2008 年取得了全国啤酒消费的 40%。因此有理由相信该啤酒下一年的销售潜力接近于 40%。在谈论公司的销售潜力的时候，我们必须详细到产品、市场和时间段。

市场潜力是关于整个行业的一个概念，而销售潜力只涉及个别公司。所以，我们就啤酒谈“市场潜力”，就百威啤酒谈“销售潜力”（或市场份额）。在垄断的行业中，市场潜力等同于销售潜力。然而，在绝大多数行业，由于市场上存在许多相互竞争的企业，市场潜力与销售潜力是不同的。

销 售 预 测

销售预测指单个公司对其在一段具体的临近时期内，在特定的市场上按照预定的市场营销计划可能实现的销售所做的估计（用货币或商品单位计量）。人们既可以给整条产品线做预测，也可以给个别产品项目做预测；既可以为公司的整体市场做预测，也可以为个别细分市场做预测。

初看起来，公司的销售潜力和销售预测好像是一样的。但通常情况下都不是这样的，销售潜力只能在理想的条件下才能实现。由于种种原因，销售预测一般都会小于销售潜力。可能受到公司生产设施的限制，而无法达到完全的销售潜力。也可能是公司目前的财务资源不足，致使无法实现销售潜力。

3. 市场占有率

市场占有率又称市场份额，指在一定时期内，企业所生产的产品在其市场上的销售量或销售额占同类产品销售总量或销售总额的比重，用公式表示为

$$\text{市场占有率}=\frac{\text{本企业产品销售量}}{\text{市场上同类产品销售量}}$$

市场占有率高，说明企业在市场处势较优，适应市场能力强；市场占有率低，则相反。然而，这一指标却不能反映与竞争对手的比较情况，因此，我们可运用相对市场占有率表明企业市场竞争地位的高低和竞争优势状况，其计算公式为

$$相对市场占有率=\frac{本期本企业市场占有率}{本期主要竞争对手的市场占有率}$$

当所处行业有多家竞争对手时，企业的相对市场占有率在 100%以上，则具有较强竞争能力；占有率在 65%～100%，企业具有一定的优势；如果企业的相对市场占有率在 65%以下，则要谨防被对手击败。

当所处行业竞争对手只有少量时，企业的相对市场占有率在 150%以上时，才具有较强竞争能力，而在 100%～150%，则具有一定的优势；如果在 100%以上，则有被挤出市场的危险。主要竞争对手的市场占有率资料可通过相关行业统计资料取得。

还有一种计算方法就是是否考虑累计情况：一种是累计市场占有率，实际就是品牌的保有率，国民经济统计中往往使用的累计市场占有率，例如，2008 年某市每百户拥有彩色电视机 305.6 台就是个累计概念。另一种为某一阶段的市场占有率。在实际的应用中以后者居多。

市场占有率分布状况是研究市场结构的一种主要手段，也就是通过市场占有率的大小把市场中的企业分成市场领导者、市场挑战者、市场追随者和市场利基者。

（1）市场占有率的质和量

市场占有率对企业至关重要，一方面它是反映企业经营业绩最关键的指标之一，另一方面它是企业市场地位最直观的体现。

市场占有率反映的是一个数量指标，但是，关注市场占有率指标不仅仅要关注市场占有率的大小，还要关注市场占有率的真正实质，关注市场占有率对企业竞争优势的支撑，关注市场占有率对企业盈力能力的维系，或者说关注市场占有率的“质”。传统观点认为市场领先就意味着市场占有率第一，但管理大师德鲁克认为：“市场领先者的唯一定义是他拥有跟随者”。

但是，市场占有率却被日本、韩国企业，乃至中国企业演绎到了无以复加的地步。盲目追求高市场占有率必然导致两种结果：一种是市场占有率的不经济。也就是销售费用与销售规模正相关，而且往往销售费用的增长速度更快，销售规模扩大销售费用却更高，也即“规模不经济”，或者说是规模扩大的投入产出大于所得，市场占有率提升却导致企业盈利下降。另一种是市场占有率的不稳定，指的是市场基础不扎实，市场占有率只是短期冲量的结果，或者是竞争对手措手不及时，有时甚至是低价换来的，一旦市场情形有所风吹草动，市场占有率便直线下跌，回复本来面目。

市场占有率对企业很重要，但其含金量对企业来说则更为重要。市场占有率并不是企业追求的目的，而是企业为达到目的所采用的手段。很多企业在“先市场后效益”、“先规模后效益”的误导下变成了市场占有率的奴隶。

因此，在销售指标管理当中，不仅强调市场占有率的数值大小，还关注市场占有率的含金量，企业要关注以下四个方面的含金量：

第一，销售网络对市场占有率的有效支持。

做销售量和做网络具有本质性的区别（这也是做销售与做市场的区别），两者的做法也大相径庭。建设销售网络的本质是培育长期、持久的销售能力，销售量只意味着昨

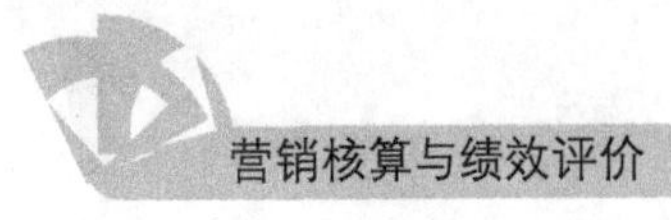

天和今天，而销售能力则意味着明天和未来。昨天已经过去，今天将要过去，而明天和未来对企业才至关重要。所以尽管很多企业一时业绩骄人，但市场基础工作却非常薄弱，渠道客户缺乏忠诚，价格体系混乱，产品自相残杀，这就是一味做销售量的结果。无“网”不胜，没有网络基础的市场占有率是不足以体现企业长久的市场地位，这样的经营业绩是不可能持久的。从这个角度来讲，市场占有率必须有坚实的销售网络予以支撑。

更确切地说，销售量是结果，建设销售网络是过程，这与我们打乒乓球一样，眼睛关注的应该是球，而不是比分牌，因此，在销售（指标）管理当中，销售管理人员应该关注销售网络，做好了销售网络，结果（销售量）自然也就会好起来。

第二，客户和销售区域均衡对市场占有率的有效支持。

市场占有率是企业销售量或销售额与行业总量的比较，因此，企业既可以通过单个渠道客户，也可以通过多个渠道客户把销售量或销售额做大。最满意的结果是拥有足够多的渠道客户和满意的平均订单规模或平均客户规模，由多个渠道客户支持最终销量的实现。如果单个渠道客户经营规模无法足够大，就需要通过增加渠道客户数量来提升销售量。达到满意销售规模后，再回过头来提升单个渠道客户（区域）的规模。也就是说，先进行外延开发，再进行内涵开发。另外，还要注重渠道客户的下游客户开发。

在客户和销售区域的规划上，企业容易走两个极端。一个极端是一个鸡蛋放一个篮子，遍地撒网，广种薄收，东方不亮西方亮。很多企业四处开发市场，尽管销售量挺高，但由于没有形成规模市场，一方面市场地位较低，影响力小，抗风险能力较弱，另一方面销售费用较高（开发维系十个客户自然比开发维系一个客户的费用要高）。另一个极端是把所有鸡蛋都放在一个篮子里，一个渠道客户支持所有销量的完成，重点捞鱼，过分集中，一荣俱荣，一损俱损。这些企业在局部市场上市场占有率较高，一旦出现强有力的竞争者，风险也很大。对于许多中小企业来说，做足局部区域市场再图更大发展确是必然之选。

还有就是要直接针对目标客户开展销售的基础上维系客户、培养客户，帮助客户开拓生意，这样持久的合作才能保证市场占有率长盛不衰。

第三，产品组合对市场占有率的有效支持。

有的企业是“一招鲜，吃遍天”，多年来只有一种畅销产品，或者有多个产品而绝大部分销售集中在某个产品上，这样一方面由于主导品种缺乏保护使主导品种竞争压力过大，一旦出了问题整个市场就会崩溃，另一方面主导品种创造的市场机会没有相关品种填充。

优秀的企业需要完善、丰富自己的产品组合，或是开发新的产品，或者开发新的市场，通过产品组合和市场组合的有机构成来有效地支持市场占有率。当然，企业只推一个产品相对会比同时主推多个产品要容易得多，在此只是强调产品组合对市场占有率的重要意义。

第四，高效销售团队对市场占有率的有效支持。

销售几乎不能离开销售团队的支持，较高的市场占有率通常离不开销售团队的努力，而且，维系高效销售团队往往是保持甚至提升市场占有率的一个重要前提。有的企业销售取得佳绩，市场占有率较高，而销售人员却离职率很高，这样很容易造成客户的流失和市场占有率的迅速下滑。

（2）提高市场占有率的意义

松下幸之助先生曾说："衡量一个企业经营好坏的标准，主要是看其销售收入的增加和市场占有率的提高程度"。市场占有率的变化，不仅反映了本企业产品的生命力，也反映了企业在消费者心目中形象如何。

在同质产品市场上，居于市场其他品牌占有率之首品牌的产品，其价格往往会对同类产品产生必然的影响。一般来说，居于第二位以下的品牌的价格只能参照市场占有率最高品牌的价格策略，采取雷同式或稍低的定价策略，否则很可能卖的很少甚至卖不出去。反之，在市场价格大致相同的条件下，由于市场占有率高的企业产量大、成本低，其产品销售的利润必然是最高的；同时，由于市场占有率高，使企业可以动用的资金（税后净利与设备折旧费等）也较同业丰厚，企业用这些资金，既可用作技术储备、新产品开发和更新添置设备投资，也可用作改善员工的办公、生活条件，甚至投入企业的多元化发展项目。而这些投资又可促成企业加快技术开发的步伐，保持技术领先、质量领先、成本领先、人才领先等更为优势的地位，最后必然使该企业奠定和加强继续大踏步发展、保持整体遥遥领先地位的基础和优势。

拥有高市场占有率品牌的企业，在销售过程中也最容易了解目标顾客的需要，因此它的市场营销策略和计划可以更科学、全面地制定，因而常常获得最佳的营销效果。同时，杰出的市场营销策略和运作也自然能导致企业综合效益的增加，由于上述两个重要结果的相乘效应（乘数效应），市场占有率高的企业不仅享有各种优势，同时最终也有效、直接地提高了企业的经济收益能力。

4. 市场覆盖率

市场覆盖率指本企业产品投放地区数与整个市场包含的地区总数的比率，其中的地区可以以省、市、县等为单位。

$$市场覆盖率=\frac{本企业产品投放地区数}{本市场应销售地区数}$$

市场占有率和覆盖率是两个不同的概念，市场覆盖率是指企业产品在一定市场范围内占有区域的多少，例如，吉林省市场，如果划分为九大区域，在这九大区域内一个公司的产品均有销售，那么这个公司吉林省市场的覆盖率是100%。市场占有率指产品在一定区域内占同类产品总销售量的百分数，如某一地区，每月饲料总销售量是20万吨，某一企业在这一地区的月销售量是1000吨，那么它的市场占有率是0.5%。由此观之，饲料企业应在提高产品的市场占有率上下功夫。市场覆盖率的大小并不能真实反映企业的销售情况，应把市场占有率的大小作为销售业绩的评定指标。

（二）营销员核算市场指标

1. 合同额

合同额是指根据双方签订的合同计算出的金额（一般合同里会有产品的年或者月需求量及单价及有效期）。

合同额只是客户给你的一个大概的量，而在开票、会计上确认收入时是以实际交货量来定的，可能多也可能少，如果有折扣的话也会影响到收入。我们可以把合同额理解成预计销售额。

2. 回款率

回款率指企业实收的销售款与销售收入的总额的比率，用于衡量企业的经营能力，其计算公式为

$$回款率=\frac{销售回款}{销售收入总额}\times 100\%$$

假如有三个业务员，他们的销售额分别是 2 万元、3 万元、4 万元，回款额分别是 1 万元、2 万元、3 万元，则他们的回款率分别是 50%、66.67%、75%，那么计算平均回款率为

$$平均回款率=\frac{1+2+3}{2+3+4}\times 100\%=66.67\%$$

回款率反映企业销售货款回笼情况的一项重要指标。可以用来评价营销业绩、营销人员的工作能力。货款回收率越高，营销业绩越好。从资本运营角度看，资金周转速度越快，利用率也越高。因此，企业应尽力实现较高的货款回收率。

对于公司而言，销售人员的薪酬（底薪加提成）中提成的依据，根据回款提成是一种最为保险的方式，因为在复杂的市场环境中，客户的信用不确定，按合同额提成对公司可能仅仅意味着一场数字游戏，在没有实际的现金流入之前就兑现销售人员的提成至少存在以下风险。销售人员单纯为了追求业绩的增长，而不考虑客户信用状况，一味地追求合同额，而不去考虑回款，公司的呆账、坏账比例会逐渐增多，没有人对此负责，公司的资金状况会日益恶化，最终导致公司无法正常运营，举步唯艰。

完全根据回款提成，也不是在任何公司或任何阶段都适用的。比如说公司开展一项创新业务时，可能在初期以合同额提成会更加配合公司战略的实施，而在业务趋于成熟时，就应该考虑以回款考核了，所以在不同的阶段为战略目标实现可以灵活地调整提成的基础。

提成的基础也可根据销售人员的成熟度不同而有所不同。比如对于销售新人的激励，由于其经验和阅历有限，而相对于其他工作而言，

销售更具挑战性，所以对于刚入行的新手而言，以合同额计提提成可能更能提高其对销售工作的信心和兴趣。而对于有经验的销售人员，他们已经具备一个合格销售的素质，也就是职业成熟度比较高，用回款计提成对公司比较有利，对个人的激励效果也不会有影响。

3. 毛利额

毛利额指毛利是商品实现的不含税收入剔除其不含税成本的差额，计算公式为

$$毛利额=收入总额-成本支出$$

毛利具体的反映实际产生的利润，是相对于净利而言的，举个例子，100 元购入，200 元卖出，毛利就是 100 元。

毛利率是用以反映企业每一元收入中含有多少毛利额，它是净利润的基础，计算公式为

$$毛利率=\frac{销售收入总额-成本总额}{销售收入总额}$$

通过本章的学习，使学生初步了解了营销核算的含义与特征，搞清影响营销核算效益的因素，重点掌握营销核算财务指标和营销核算市场指标的内容，从而为以后各章节学习奠定基础。

1. 简述营销核算的特征。
2. 简述影响营销核算效益的因素。
3. 简述营销核算财务指标。
4. 简述营销核算市场指标。

回款为王：帮经销商回款你才有现金可回

某食品企业区域经理小杨拜访经销商时发现，经销商大量货款被终端零售户占压，导致资金紧张。他在调查了具体情况后，为经销商提出了应对方案：

第一，量力而行，不盲目开发零售终端。食品零售网点一般是多、散、乱，开发、运作、管理和利用的难度很大，经销商和其手下人员只会“跑单帮”送货，不会收账与控制，造成大量的零售终端欠款在一片倒闭逃跑、关门转让中流失。

根据这一情况，小杨帮助经销商对终端进行评估，淘汰一批销量少、资信差、风险大的终端。

第二，找到撬动零售终端的支点，杜绝以欠款为代价铺货。小杨发现，零售终端之所以提出欠款，主要原因是对经销商推介的产品没有动心，或是销售政策不能激发他经营的兴趣，经销商只好以欠款为杀手锏进攻零售终端。

小杨帮助经销商寻找产品卖点，明确产品市场定位，教经销商的业务员如何与零售商沟通，让零售老板明白产品给他带来的市场机会点，并亲自帮助经销商做一个样板终端，开展现场促销，影响其他零售店老板的信心，促成零售商现款进货。

第三，适量卸货，少卸勤送。由于零售终端以零售为主，且自身实力有限，小杨要求经销商根据零售网点的实际销售能力，决定每次给他们卸多少货，多长时间送一次货，不给零售商施加过大的库存压力。这样，零售终端不会因为十块二十块的小钱欠账。

第四，建立零售终端的账务管理体系和责任体系。零售终端欠款不可怕，可怕的是没有一个完善的零售终端账务管理体系和责任体系。

小杨首先制定了防止零售终端欠款的“禁令”，杜绝随意答应欠款；其次建立谁欠谁收、限期收回的责任追究体系；最后建立专项零售终端欠款动态跟踪体系，对欠款对象、欠款是否按约定收回进行动态管理，做到天天催，时时要。

简单总结一下，销售员要帮助经销商守好钱袋，其内容主要在以下几个方面：

1）当经销商资金被下游客户大量占压时，协助经销商制订货款回收计划，或帮助经销商向下游客户收款。

2）提醒经销商与下游客户兑账，避免风险。

3）建议经销商控制发货以减少应收款，做到适量卸货，少卸勤送。

4）当资金被产品占用时，协助客户开展促销活动，消化库存和滞销产品。

5）协助客户做好库存管理。

6）提醒经销商关注资金危险信号。

小零售终端实力有限，要根据他们的实际销售能力，决定每次给他们卸多少货，多长时间送一次货，不要施加过大的库存压力。这样，他们不会因为十块二十块的小钱欠账。

（资料来源：www.emkt.com.cn.2008-11-03）

问题：

1. 如何做好客户分类及管理？如何帮助经销商清欠？

2. 通过案例，你对回款有什么新的理解？

评价营销核算市场指标

【实训目标】

通过实训，能够熟练掌握并运用营销核算市场指标。

【实训内容与形式】

1. 以自愿为原则进行分组，以 6～8 人为一组。

2. 每组推选临时负责人，初步组建“××××大学生模拟公司”。

3. 以公司为单位，对下列营销核算市场指标进行讨论，并要充分交流。

1）营销部门核算市场指标（预测市场潜力、预测销售潜力、市场占有率、市场覆盖率）。

2）营销员核算市场指标（合同额、回款率、毛利额）。

【实训要领】

1. 在选择评价营销核算市场指标时候，尽量找到指标应用侧重点。

2. 小组中有适当争论（当需要时，能够提出并坚持自己的观点，不随波逐流），又迅速达成一致（而非不负责任的苟同）。

【成果与检测】

1. 教师根据公司讨论中的表现评估打分。

2. 评估各公司组织状况的好坏。

第2章

营销收入、成本费用和利润

学习目标

1. 理解营销收入的含义及其构成。
2. 掌握营销收入的确认。
3. 掌握营销成本费用内容。
4. 掌握营销利润的计算。

技能训练目标

1. 提高学生对于概念的理解能力。
2. 培养学生的对营销收入成本利润的分析能力。

案例导入

出租车的成本、费用、利润

我要从徐家汇赶去机场，于是匆匆结束了一个会议，在美罗大厦前搜索出租车。一辆大众发现了我，非常专业地、径直地停在我的面前。这一停，于是有了后面的这个让我深感震撼的故事。

“去哪里……好的，机场。我在徐家汇就喜欢做美罗大厦的生意。这里我只做两个地方：美罗大厦，均瑶大厦。你知道吗？接到你之前，我在美罗大厦门口兜了两圈，终于被我看到你了！从写字楼里出来的，肯定去的不近。”

“哦？你很有方法嘛!”我附和了一下。

“做出租车司机，也要用科学的方法。”他说。我一愣，顿时很有些兴趣地问，“什么科学的方法？”

“要懂得统计。我做过精确的计算。我说给你听啊。我每天开 17 个小时的车，每小时成本 34.5 元。”

“怎么算出来的？”我追问。

“你算啊，我每天要交 380 元，油费大概 210 元。一天 17 小时，平均每小时固定成本 22 元交给公司，再加上平均每小时 12.5 元油费。这是不是就是 34.5 元？”我有些惊讶。我打了 10 年的车，第一次听到有出租车司机这么计算成本。以前的司机都和我说，每公里成本 0.3 元，另外每天交多少钱之类的。

“成本是不能按公里算的，只能按时间算。你看，计价器有一个“检查”功能。你可以看到一天的详细记录。我做过数据分析，每次载客之间的空驶时间平均为 7 分钟。如果上来一个起步价，10 元，大概要开 10 分钟。也就是每一个 10 元的客人要花 17 分钟的成本，就是 9.8 元。不赚钱啊！如果说做浦东、杭州、青浦的客人是吃饭，做 10 元的客人连吃菜都算不上，只能算是撒了些味精。”

“有一次一个人打车去火车站，问怎么走。他说这么这么走。我说慢，上高架，再这么这么走。他说，这就绕远了。我说，没关系，你经常走你有经验，你那么走 50 块，你按我的走法，等里程表 50 块了，我就翻表。你只给 50 快就好了，多的算我的。按你说的那么走要 50 分钟，我带你这么走只要 25 分钟。最后，按我的路走，多走了 4 公里，快了 25 分钟，我只收了 50 块。乘客很高兴，省了 10 元钱左右。这 4 公里对我来说就是 1 块多钱的油钱。我相当于用 1 元多钱买了 25 分钟。我刚才说了，我一小时的成本

34.5 块，我多合算啊！”

“在公司，一般一个司机能拿到三四千。做得好的大概 5000 左右。顶级的司机大概每月能有 7000。全公司 2 万个司机，大概只有 2～3 个司机，万里挑一，每月能拿到 8000 以上。我就是这 2～3 个人中间的一个。而且很稳定，基本不会有大的波动。”

（资料来源：xueyuan.b2b168.com/main/b2b/31812.aspx）

第一节　营销收入

一、营销收入的含义及构成

在会计上企业收入指企业在日常活动中形成的、会导致所有者权益增加的、与所有者投入资本无关的经济利益的总流入，包括销售商品收入、提供劳务收入和让渡资产使用权收入。

1. 销售商品收入

销售商品收入指企业通过销售商品实现的收入。这里的商品包括企业为销售而生产的产品和为转售而购进的商品。企业销售的其他存货如原材料、包装物等也视同商品。

2. 提供劳务收入

提供劳务收入指企业通过提供劳务实现的收入。比如，企业通过提供旅游、运输、咨询、代理、培训、产品安装等劳务所实现的收入。

3. 让渡资产使用权收入

让渡资产使用权收入指企业通过让渡资产使用权实现的收入。让渡资产使用权收入包括利息收入和使用费收入。利息收入主要指金融企业对外贷款形成的利息收入，以及同业之间发生往来形成的利息收入等。使用费收入主要指企业转让无形资产（如商标权、专利权、专营权、版权）等资产的使用权形成的使用费收入。企业对外出租固定资产收取的租金、进行债权投资收取的利息、进行股权投资取得的现金股利等，也构成让渡资产使用权收入。

营销收入主要指因为营销行为产生企业的产品销售收入、劳务收入及其他收入。营销收入主要包括以下几个方面内容：

1）因营销产生的销售商品、自制半成品、代制品、代修品，提供工业性劳务等实现的收入。

2）企业因为推广咨询服务，而产生的提供咨询服务实现的收入和安装公司的提供安装服务实现的收入。

3）另外一些行业的营销收入包括对外销售材料、对外出租包装物、商品或固定资产、对外转让无形资产使用权、提供非工业性劳务等实现的收入。

二、营销收入的确认及基本要求

企业要满足营销收入的确认条件，也同样满足销售收入的确认条件。所以对于因为营销产生的销售收入必须满足以下几个条件方可认为营销收入实现。

1. 企业已将商品所有权上的主要风险和报酬转移给购货方

企业已将商品所有权上的主要风险和报酬转移给购货方，是指与商品所有权有关的主要风险和报酬同时转移。与商品所有权有关的风险，是指商品可能发生减值或毁损等形成的损失；与商品所有权有关的报酬，是指商品价值增值或通过使用商品等形成的经济利益。企业已将商品所有权上的主要风险和报酬转移给购货方，构成确认商品销售收入的重要条件。

2. 企业既没有保留通常与所有权相联系的继续管理权，也没有对已售出的商品实施控制

通常情况下，企业售出商品后不再保留与商品所有权相联系的继续管理权，也不再对售出商品实施有效控制，商品所有权上的主要风险和报酬已经转移给购货方，通常应在发出商品时确认收入。如果企业在商品销售后保留了与商品所有权相联系的继续管理权，或能够继续对其实施有效控制，说明商品所有权上的主要风险和报酬没有转移，销售交易不能成立，不应确认收入，如售后租回。

3. 收入的金额能够可靠地计量

收入的金额能够可靠地计量，是指收入的金额能够合理地估计。收入金额能否合理地估计是确认收入的基本前提，如果收入的金额不能够合理估计就无法确认收入。企业在销售商品时，商品销售价格通常已经确定。但是，由于销售商品过程中某些不确定因素的影响，也有可能存在商品销售价格发生变动的情况。在这种情况下，新的商品销售价格未确定前通常不应确认销售商品收入。

4. 相关的经济利益很可能流入企业

在销售商品的交易中，与交易相关的经济利益主要表现为销售商品的价款。相关的经济利益很可能流入企业，指销售商品价款收回的可能性大于不能收回的可能性，即销售商品价款收回的可能性超过 50%。企业在销售商品时，如估计销售价款不是很可能收回，即使收入确认的其他条件均已满足，也不应当确认收入。

5. 相关的已发生或将发生的成本能够可靠地计量

根据收入和费用配比原则，与同一项销售有关的收入和费用应在同一会计期间予以确认，即企业应在确认收入的同时或同一会计期间结转相关的成本。因此，如果成本不能可靠计量，相关的收入就不能确认。

三、营销收入的计算

企业销售商品满足收入确认条件时，应当按照已收或应收合同或协议价款的确定营销收入金额。通常情况下，从购货方已收或应收的合同或协议价款确定营销收入的金额。

在涉及现金折扣、商业折扣、销售折让和销售退回时，营销收入金额的确定方法如下：

1. 现金折扣

现金折扣指债权人为鼓励债务人在规定的期限内付款而向债务人提供的债务扣除。现金折扣一般用符号“折扣率/付款期限”表示，例如，“2/10-1/20-*N*/30”表示：销货方允许客户最长的付款期限为30天，如果客户在10天内付款，销货方可按商品售价给予客户2%的折扣；如果客户在20天内付款，销货方可按商品售价给予客户1%的折扣；如果客户在21～30天内付款，将不能享受现金折扣。

小提示

企业销售商品涉及现金折扣的，应当按照扣除现金折扣前的金额确定商品营销收入金额。现金折扣在实际发生时计入当期费用。

在计算现金折扣时，还应注意销售方是按不包含增值税的价款提供现金折扣，还是按包含增值税的价款提供现金折扣，两种情况下购买方享有的折扣金额不同。

2. 商业折扣

商业折扣指企业为促进商品销售而在商品标价上给予的价格扣除。企业销售商品涉及商业折扣的，应当按照扣除商业折扣后的金额确定销售商品收入金额。

3. 销售折让

销售折让指企业因售出商品的质量不合格等原因而在售价上给予的减让。销售折让如发生在确认销售收入之前，则应在确认销售收入时直接按扣除销售折让后的金额确认；已确认销售收入的售出商品发生销售折让，且不属于资产负债表日后事项的，应在发生时冲减当期销售商品收入；如按规定允许扣减增值税税额的，还应冲减已确认的应交增值税销项税额。

4. 销售退回

销售退回指企业因售出商品的质量不合格等原因而出现的对方退回款项。

据此，营销收入应该是企业营销的销售额扣除现金折扣、商业折扣、销售折让以及销售退回之后的净额。

第二节 营销成本费用

一、费用概述

费用指企业在日常活动中发生的、会导致所有者权益减少的、与向所有者分配利润无关的经济利益的总流出。

（一）费用的特点

1. 费用是企业在日常活动中发生的经济利益的总流出

日常活动指企业为完成其经营目标所从事的经常性活动以及与之相关的其他活动。工业企业制造并销售产品、商业企业购买并销售商品、咨询公司提供咨询服务、软件开发企业为客户开发软件、安装公司提供安装服务、租赁公司出租资产等活动中发生的经济利益的总流出构成费用。工业企业对外出售不需用的原材料结转的材料成本等，也构成费用。

费用形成于企业日常活动的特征使其与产生于非日常活动的损失相区分。企业从事或发生的某些活动或事项也能导致经济利益流出企业，但不属于企业的日常活动，例如，企业处置固定资产、无形资产等非流动资产，因违约支付罚款、对外捐赠，因自然灾害等非常原因造成财产毁损等，这些活动或事项形成的经济利益的总流出属于企业的损失而不是费用。

2. 费用会导致企业所有者权益的减少

费用既可能表现为资产的减少，如减少银行存款、库存商品等；也可能表现为负债的增加，如增加应付职工薪酬、应交税费（应交营业税、消费税等）等。根据“资产－负债＝所有者权益”的会计等式，费用一定会导致企业所有者权益的减少。

企业经营管理中的某些支出并不减少企业的所有者权益，也就不构成费用。例如，企业以银行存款偿还一项负债，只是一项资产和一项负债的等额减少，对所有者权益没有影响，因此，不构成企业的费用。

3. 费用与向所有者分配利润无关

向所有者分配利润或股利属于企业利润分配的内容，不构成企业的费用。

（二）费用的主要内容

企业的费用主要包括主营业务成本、其他业务成本、营业税金及附加、销售费用、管理费用和财务费用等。

1. 主营业务成本

主营业务成本指企业确认销售商品、提供劳务等主营业务收入时应结转的成本。企业一般在确认销售商品、提供劳务等主营业务收入时，或在月末，将已销售商品、已提供劳务的成本结转入主营业务成本。

2. 其他业务成本

其他业务成本指企业确认的除主营业务活动以外的其他经营活动所发生的成本，包括销售材料的成本、出租固定资产的折旧额、出租无形资产的摊销额、出租包装物的成本或摊销额等。

3. 营业税金及附加

营业税金及附加指企业经营活动应负担的相关税费，包括营业税、消费税、城市维护建设税、资源税和教育费附加等。

4. 销售费用

销售费用指企业在销售商品和材料、提供劳务过程中发生的各项费用，包括保险费、包装费、展览费和广告费、商品维修费、预计产品质量保证损失、运输费、装卸费等以及为销售本企业商品而专设的销售机构（含销售网点、售后服务网点等）的职工薪酬、业务费、折旧费等经营费用。企业发生的与专设销售机构相关的固定资产修理费用等后续支出，应在发生时计入销售费用。

5. 管理费用

管理费用指企业为组织和管理生产经营活动而发生的各种管理费用，包括企业在筹建期间发生的开办费、董事会和行政管理部门在企业的经营管理中发生的或者应由企业统一负担的公司经费（包括行政管理部门职工薪酬、物料消耗、低值易耗品摊销、办公费和差旅费等）、工会经费、董事会费（包括董事会成员津贴、会议费和差旅费等）、聘请中介机构费、咨询费（含顾问费）、诉讼费、业务招待费、房产税、车船使用税、土地使用税、印花税、技术转让费、矿产资源补偿费、研究费用、排污费等。企业生产车间（部门）和行政管理部门等发生的固定资产修理费用等后续支出，应在发生时计入管理费用。

6. 财务费用

财务费用指企业为筹集生产经营所需资金等而发生的筹资费用，包括利息支出（减利息收入）、汇兑差额以及相关的手续费、企业发生或收到的现金折扣等。

二、营销费用

营销成本费用指企业由产品最初所有者到最终所有者的营销过程中花费的代价，是企业利润的必要投入。

企业营销费用包括如下方面：

1）直接推销费用，包括直销人员的工资、奖金、差旅费、培训费、交际费等。

2）促销费用，包括广告费、产品说明书印刷费、赠奖品费用、展览会费用、促销人员工资等。

3）仓储费用，包括租金、维护费、折旧、保险、包装费、存货成本等。

4）运输费用，包括托运、装卸费等，如自有运输工具，则要计算折旧、维护费、燃料费、牌照费、保险费、司机工资等。

5）其他营销费用，包括营销管理人员工资等。

以上各项费用中，促销费用能对企业产生深远而重大的影响，尤其是广告费开支。促销能扩大企业知名度，帮助企业建立知名品牌，为企业获取超额利润创造条件。企业应将广告费等促销开支视为一项长期投资项目进行管理。促销费用具体包括：①广告费，指企业在报纸、杂志、电视、广播、网络等媒体上介绍自己的产品而支付的费用；②人员推销费，包括资料费、销售人员差旅费、佣金、工资等；③销售促进费，指企业运用各种短期诱因，鼓励购买或销售产品而发生的费用，包括折价、赠品、推销金等；④广告性赞助，指对各种体育运动、文化活动的赞助支出，目的是为产品及企业自身提供宣传机会。

第三节　营销利润

会计上的利润指企业在一定会计期间的经营成果。利润包括收入减去费用后的净额、直接计入当期利润的利得和损失等。

直接计入当期利润的利得和损失，是指应当计入当期损益、会导致所有者权益发生增减变动的、与所有者投入资本或者向所有者分配利润无关的利得或者损失。

1. 营业利润

营业利润＝营业收入－营业成本－营业税金及附加－销售费用－管理费用
－财务费用－资产减值损失＋公允价值变动收益(－公允价值变动损失)
＋投资收益（－投资损失）

其中，营业收入指企业经营业务所确认的收入总额，包括主营业务收入和其他业务收入。

营业成本指企业经营业务所发生的实际成本总额，包括主营业务成本和其他业务成本。

资产减值损失指企业计提各项资产减值准备所形成的损失。

公允价值变动收益（或损失）指企业交易性金融资产等公允价值变动形成的应计入当期损益的利得（或损失）。

投资收益（或损失）指企业以各种方式对外投资所取得的收益（或发生的损失）。

2. 利润总额

利润总额＝营业利润＋营业外收入－营业外支出

其中，营业外收入是指企业发生的与其日常活动无直接关系的各项利得。营业外支出是指企业发生的与其日常活动无直接关系的各项损失。

3. 净利润

净利润＝利润总额－所得税费用

其中，所得税费用指企业确认的应从当期利润总额中扣除的所得税费用。

企业的营销利润主要由企业的营销毛利扣除相关的营销费用之后，剩余的就是企业的营销利润。

营销毛利=营业收入－营业成本

营销利润=营销毛利－营销费用

营销利润指在整个营销过程中，与营销有关的收入扣除成本费用之后的余额。在整个过程中我们并不能完全剥离出营销利润。

第四节　商品流通企业的收入、成本与利润

一、商品流通企业的收入

对于商品流通企业，像商场、超市这样的企业，包括主营业务销售收入和其他业务收入。

商业企业的主营业务销售收入，包括各种销售方式下的销售收入之和。通常商业企业的经销方式主要包括以下几种：

1. 经销

经销（trade），亦称定约销售，指由生产厂商或出口商与经销商签订经销协议，按

协议的规定范围经销商品。按西方商品流通理论而论，经销商（trader，也称为商人、中间人）包括批发商（wholesaler）与零售商（retailer）两类商人。他们拥有商品的所有权，承担经营风险。经销以经销权是否具有排他性，可分为多头经销、独家经销与总经销（或叫包销）3 种形式。其共同特点是厂商或出口商与经销商之间已实际发生买卖关系，商品所有权已发生转移，通过差价获得利润。经销商通过经销形式可以得到厂商或出口商的优惠条件。对于独家经销、总经销而言，还可以享有特定地区范围内商品专营的权利。如此建立起正常合理、风险共担、利益共享的合作关系。

2. 代销

代销（agency）指一个企业为另一个企业或个人代理销售商品的一种交易方式。代销商品的主体就是委托方。在代销活动中，代理商与委托人只是委托代理关系，而没有发生商品所有权的转移。代理商只有在代理期间有商品的处理权，并且得以委托方的名义来进行，通过代销获得成交金额一定比例的代销费，即代销报酬。代销双方通常要签订协议。代销方不承担风险，其主要职责是促成交易。因此，代销商或代理商，属于居间商（mediator）的一种。

3. 联销

联销（jointly selling）是由两个以上不同经营单位按自愿互利的原则，通过一定的协议或合同，共同投资建立联营机构，联合经营某种销售业务，按投资比例或协议规定的比例分配销售效益。联销各方共同拥有商品的所有权。

其他业务收入，包括联销销售、承包到各个柜台的固定收入、出租柜台的收入，以及其他的收入。

二、商品流通企业的成本和费用

商品流通企业的成本基本上都是商品的进价成本。

商品流通企业的费用包括经营费用、管理费用和财务费用。

1. 经营费用

企业的经营费用包括运输费、装卸费、养路费、包装费、保险费、展览费、广告费、劳动手续费、租赁费、保管费、售后服务费以及为销售而设立的销售机构员工工资、福利费、差旅费。

2. 管理费用

企业的管理费用包括管理人员的工资、福利费、工会经费、职工教育经费、业务招待费、印花税以及相关税金、技术转让费、无形资产摊销、咨询费、诉讼费、坏账准备、折旧费、各种保险费用和住房公积金等。

3. 财务费用

企业的财务费用包括利息、汇兑损益、金融机构手续费以及筹集生产经营资金发生的其他费用。

三、商品流通企业的利润

商品流通企业的利润由商品销售利润、代购代销和联销收入、其他业务利润、投资收益、补贴收入、营业外收支净额和以前年度损益调整七部分构成。利润总额扣减所得税后为净利润。

（一）商品销售利润

商品销售利润是商业企业从经营商品的购销业务中取得的利润。它与代购代销和联销收入一起形成企业主营业务利润，是构成商业企业利润的主要内容。它由商品销售收入，商品销售成本，经营费用，商品销售税金及附加等因素构成。其计算公式如下：

商品销售利润＝商品销售收入－销售折扣与折让－商品销售成本－经营费用
－商品销售税金及附加

（二）代购代销和联销收入

代购代销和联销收入加上商品销售利润构成主营业务利润。因此，它也是商业企业主营业务利润的组成部分。

（三）其他业务利润

其他业务利润指企业除商品销售以外的其他业务收入抵减其他业务成本后的净收入。

其他业务利润＝其他业务收入－其他业务支出

商业企业的主营业务利润与其他业务利润之和减去管理费用、财务费用和汇兑损失就构成营业利润。

营业利润的计算方式为

营业利润＝主营业务利润＋其他业务利润－营业费用－管理费用－财务费用－汇兑损失

利润总额＝营业利润＋投资收益＋营业外收入－营业外支出

净利润＝利润总额－所得税

小　结

营销收入、成本费用和利润是企业进行营销评价时候主要参照的指标，即它们是企业评价营销的业绩时候的主要财务依据。这部分内容和财务上一致，但是却不完全相同。通过本章的学习，要求了解了收入和成本利润的内容，重点营销收入、营销成本费用和利润的内容。可以为以后各章节学习打下基础。

1. 什么是收入？如何确认收入？
2. 营销收入包括哪些内容？
3. 费用都包括哪些内容？
4. 怎样计算企业的营销利润？

实训项目一　商场发生的销售收入、成本费用、利润

【实训目标】

1. 熟悉商场的成本内容，能够确定商场的成本费用。
2. 掌握利润的计算方式。

【实训内容与形式】

1. 根据商场的实际情况，让学生担当各个部门的负责人。
2. 每个负责人归纳自己部门发生的成本费用。
3. 销售部门归纳自己的总收入。
4. 根据收入减去成本费用，等于利润这一恒等式计算利润。

主要采取分组和调查的形式。

【实训要领】

1. 各个部门都根据自己部门的情况，罗列所有成本费用项目，不能漏项。
2. 专门人员进行归纳汇总并计算。

【成果与检测】

1. 教师根据个人表现和认真程度，给予一定的评价。
2. 根据结果和实际的情况进行对比，给出另一部分分数。
3. 最后教师根据表现和结果，给出最后得分。

实训项目二　三明治中的成本费用和利润

【实训目标】

1. 熟悉成本内容，能够确定成本费用。

2. 掌握利润的计算方式。

【实训内容与形式】

1. 要求每个人准备制作三明治原料。

2. 每个人归纳制作三明治所发生的成本费用。

3. 包括外包装在内的成本费用，根据市场价格计算利润。

4. 根据价格减去成本费用，等于利润这一恒等式计算利润。

5. 主要采取分组实践操作。

【实训要领】

1. 准备做三明治所需要的各种材料，发给我们每一组，并要我们在知道成本的情况下制作。

2. 做三明治时考虑到外观、包装等因素，合理定价，并求出如果这些三明治都能卖出，所得到的利润是多少。

3. 想方设法把制作的三明治销售出去。

【成果与检测】

1. 教师根据个人表现和认真程度，给予一定的评价。

2. 制作最好、销售最佳的一组为胜。

3. 最后教师给出最后得分。

第3章

营销结算方式及凭证的填写

学习目标

1. 理解支票、本票、汇票的特点和结算范围。
2. 掌握支票、本票、汇票的结算流程。
3. 掌握委托收款、托收承付的含义及结算流程。
4. 掌握结算凭证填写的注意事项。

技能训练目标

1. 培养学生对几种结算方式的实际应用能力。
2. 提高学生的核算结算的操作能力。

案例导入

销售人员的职责是销售本单位生产的产品，而银行结算是财务人员的工作，两者似乎无关，其实不然。销售人员推销本单位的产品，是为了收回产品成本，并实现产品增值。这就是说，销售人员推销产品，是要收回货款的，而货款的结算又是必须通过买卖双方单位的开户银行才能实现的。因此，销售人员有必要掌握一些最基本的结算知识，否则，尽管付出了诸多辛苦，费了极大周折，也可能因银行结算种类选用不当，造成货款迟收，甚至无望收回。那么，销售人员应掌握哪些银行结算的基础知识呢?

首先，银行结算分为同城结算和异地结算。如果销售人员在本地区销售自己的产品，那么只能选用同城结算。同城结算项下，共有以下几种结算方式：转账支票、本票、承兑汇票、同城委托收款。

一般情况下，选用支票结算的量较大，但使用过程中出现的问题也较多。为了最大限度地提高支票结算的质量，销售人员在收到买方交来的支票后，应注意销售人员收到了买方交来的支票，并不一定意味着就收回了货款，要预防对方提供的支票是空头支票或者加盖的图章与预留银行印鉴不符。

在协商买卖事宜时，如果付款人要货较急，而对买方的信誉又不是太了解，销售人员可选用本票结算。本票有代现金的作用，收款单位开户银行见到付款单位开户银行开立的本票即将货款给收款单位收账，因此，本票结算是收回货款保险系数最大的方式。

如果买方临时资金紧张，但又确实想购买货方的产品，货方又想出售自己的产品，以扩大销路，但又对买方的信誉不太了解，这时便可选用承兑汇票结算方式。而委托收款结算方式则是一种保险度不高的方式，在签订销售合同时应尽量避免使用该种结算方式。

如果买方是本地区之外的客户，则只得选用异地结算方式。异地结算方式共有5种，分别是汇兑、汇票、承兑汇票、托收承付、委托收款。

汇兑结算方式的选用要视情况而定，如果合议发货前预收货款，则最好选用汇兑方式，货方见款后发货。如果是发货后结算，则最好不用该种方式，因为买方收到货后，支付不支付货款的主动权便掌握在了买方手里。

汇票结算是收回货款保险系数最高的方式，汇票有代现金的作用，可以视同于现金。

采用汇票结算的性质是一手交钱，一手交货。

托收承付结算方式是货方发货后托收货款，买方不能随意拒付货款，因为付款单位开户银行对拒付理由作严格的审查，如理由不足，则不会同意其拒付。在承付期满后，如果付款人不能承付托收款项，还要支付罚金，归货方所有。为此，销售人员若想采用托收承付结算方式，则一定要与付款人订立符合《经济合同法》的经济合同，双方都须在合同上加盖公章予以认可，并且合同条款要明确，要对货物的数量、质量、品种、规格、价格、到站等等作出详尽的规定，结算方式栏要注明是托收承付结算，付款期也应在合同上写明。这样，付款银行便可依据明确的合同对付款人的拒付理由作细致的审查，避免货款无理遭拒付。

至于委托收款结算方式，因付款人可按自己的意愿来决定是否支付所托收的款项，且付款单位开户银行不负责审查拒付理由，因此，用这种方式收款的保险系数不高，只适宜用于业务往来较多、信誉良好、双方互相了解且互相信任的购货单位。

第一节　营销结算方式

一、支票结算

（一）支票简介

1. 支票的含义

支票（cheque，check）是出票人签发，委托办理支票存款业务的银行或者其他金融机构在见票时无条件支付确定的金额给收款人或持票人的票据。

从以上定义可见，支票是以银行为付款人的即期汇票，可以看作汇票的特例。支票出票人签发的支票金额，不得超出其在付款人处的存款金额。如果存款低于支票金额，银行将拒付。这种支票称为空头支票，出票人要负法律上的责任。

开立支票存款账户和领用支票，必须有可靠的资信，并存入一定的资金。支票可分为现金支票和转账支票。支票一经背书即可流通转让，具有通货作用，成为替代货币发挥流通手段和支付手段职能的信用流通工具。运用支票进行货币结算，可以减少现金的流通量，节约货币流通费用。

2. 一张支票的必要项目

1）“支票”字样。
2）无条件支付命令。
3）出票日期及出票地点（未载明出票地点者，出票人名字旁的地点视为出票地）。
4）出票人名称及其签字。

5）付款银行名称及地址（未载明付款地点者，付款银行所在地视为付款地点）。
6）付款人。
7）付款金额。

3. 支票的特点

1）使用方便，手续简便、灵活。
2）支票的提示付款期限自出票日起 10 天。
3）支票可以背书转让，但用于支取现金的支票不得背书转让。

4. 适用范围

同城票据交换地区内的单位和个人之间的一切款项结算，均可使用支票。

5. 申办程序

1）开立支票存款账户，申请人必须使用其本名，并提交证明其身份的合法证件。
2）开立支票存款账户，申请人应当预留其本人的签名式样和印鉴。
3）开立支票存款账户和领用支票，应当有可靠的资信，并存入一定的资金。

（二）支票结算的流程

支票结算的流程如图 3.1 所示。

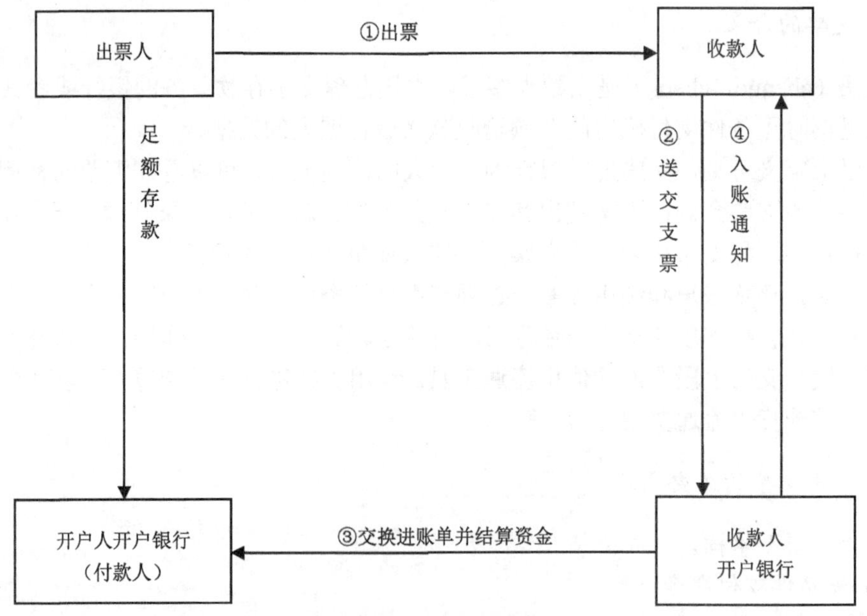

图 3.1　支票流转程序

贪污犯刘某落网记

刘某所在的化肥厂是个县办小厂，年利润仅500万元左右，而刘某连续四年贪污人民币累计达1000万元以上，而且连续被评为先进工作者。刘某既为财务科长，又兼做出纳员。其惯用的手法是用转账支票进行贪污，如刘某用转账支票一次将150万元的巨款顺利汇出，用刘某自己的话说："如果有严格的汇款审批制度，这笔款是汇不出去的，因为这笔款既无合同，又没有取得对方的实物和供货证明"。

二、本票结算

（一）本票的含义

本票是出票人签发的，承诺自己在见票时无条件支付确定的金额给收款人或者持票人的票据。本票是由出票人约定自己付款的一种自付证券，其基本当事人有两个，即出票人和收款人，在出票人之外不存在独立的付款人。

1. 银行本票的特点

无论单位和个人凡需要在同一票据交换区域支付各种款项的，都可以使用；由银行签发，保证兑付，信誉高，支付功能强。

2. 银行本票结算的有关规定

1）银行本票可以用于转账，注明"现金"字样的银行本票可以用于支取现金。

2）申请人或收款人为单位的，银行不得为其签发现金银行本票。

3）银行本票的提示付款期限自出票日起最长不得超过两个月。可以在票据交换区域内将银行本票背书转让。

3. 银行本票的结算程序

1）申请人应向银行提交"银行本票申请书"。

2）出票银行受理银行本票申请书，收妥款项签发银行本票。

3）申请人取得银行本票后，即可向填明的收款单位办理结算。

4）收款企业在将收到的银行本票向开户银行提示付款时，应填写进账单，连同银行本票一并交开户银行办理转账。

（二）本票结算的流程

本票结算的流程如图3.2所示。

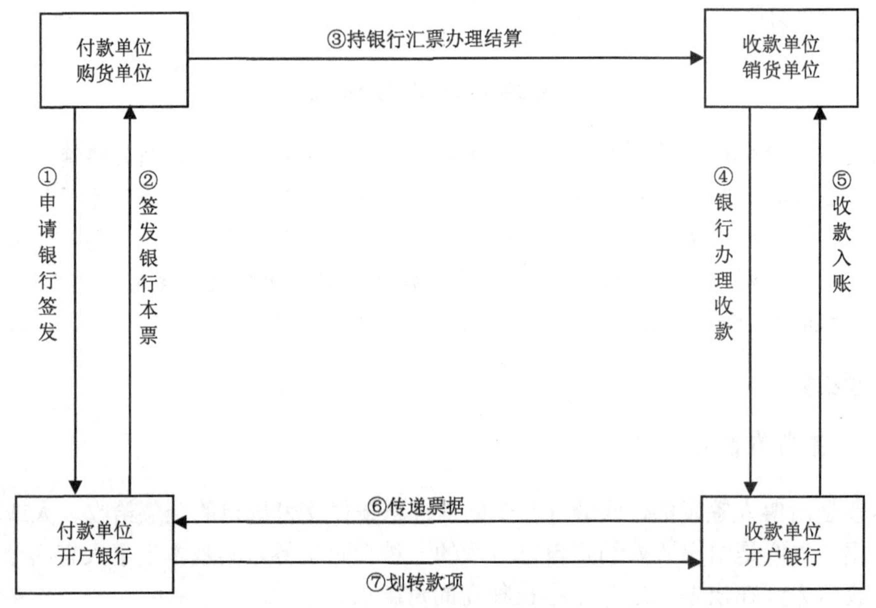

图 3.2　本票结算的流程

补充知识

不定额本票凭证一式两联，第一联卡片，第二联本票。
定额本票分为存根联和正联。

三、委托收款结算

（一）委托收款的含义

委托收款是收款人委托银行向付款人收取款项的结算方式。

单位和个人凭已承兑商业汇票、债券、存单等付款人债务证明办理款项的结算，均可以使用委托收款结算方式。委托收款在同城、异地均可以使用。委托收款结算款项的划回方式，分邮寄和电报两种，由收款人选用。

1. 签发委托收款凭证必须记载的事项

1）表明“委托收款”的字样。
2）确定的金额。
3）付款人名称。
4）收款人名称。
5）委托收款凭据名称及附寄单证张数。

6）委托日期。

7）收款人签章。

欠缺记载上列事项之一的，银行不予受理。

委托收款以银行以外的单位为付款人的，委托收款凭证必须记载付款人开户银行名称；以银行以外的单位或在银行开立存款账户的个人为收款人的，委托收款凭证必须记载收款人开户银行名称；未在银行开立存款账户的个人为收款人的，委托收款凭证必须记载被委托银行名称。欠缺记载的，银行不予受理。

2. 委托

收款人办理委托收款应向银行提交委托收款凭证和有关的债务证明。

3. 付款

银行接到寄来的委托收款凭证及债务证明，审查无误办理付款。

1）以银行为付款人的，银行应在当日将款项主动支付给收款人。

2）以单位为付款人的，银行应及时通知付款人，按照有关办法规定，需要将有关债务证明交给付款人的应交给付款人，并签收。

付款人应于接到通知的当日书面通知银行付款。

按照有关办法规定，付款人未在接到通知日的次日起 3 日内通知银行付款的，视同付款人同意付款，银行应于付款人接到通知日的次日起第 4 日上午开始营业时，将款项划给收款人。

付款人提前收到由其付款的债务证明，应通知银行于债务证明的到期日付款。付款人未于接到通知日的次日起 3 日内通知银行付款，付款人接到通知日的次日起第 4 日在债务证明到期日之前的，银行应于债务证明到期日将款项划给收款人。

银行在办理划款时，付款人存款账户不足支付的，应通过被委托银行向收款人发出未付款项通知书。按照有关办法规定，债务证明留存付款人开户银行的，应将其债务证明连同未付款项通知书邮寄被委托银行转交收款人。

（二）委托收款的流程

委托收款的流程如图 3.3 所示。

四、汇票结算

（一）汇票的含义

汇票是出票人签发的，委托付款人在见票时或者在指定日期或者在将来可以确定的日期，向收款人或持票人无条件支付确定金额的票据。汇票的当事人，有出票人、付款人和收款人。其中，出票人可以同时是收款人。出票人是签发汇票并将其交付与他人之人。汇票签发后，出票人对收款人及正当持票人承担当汇票提示时付款人一定承兑或付款的保证责任。在汇票未经承兑之前，出票人是汇票的主债务人。付款人又称受票人，是根据出票人的命令支付票款之人。但在远期汇票，付款人在作出承兑前只是从债务人，汇票承兑后，付款人成为主债务人，出票人退居从债务人地位。收款人是有权收取票款之人，亦即汇票的债权人。收款人如果遭到拒付，有权向出票人追索票款。

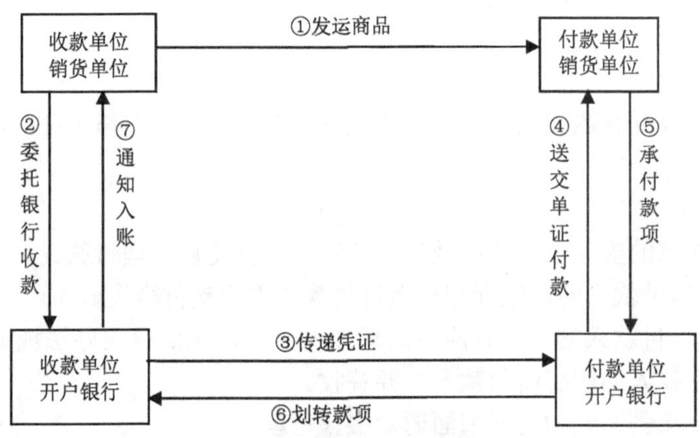

图 3.3　委托收款结算程序

汇票的种类如下：

1）按出票人不同，可分成银行汇票和商业汇票。银行汇票（bank's draft），出票人是银行，付款人也是银行。商业汇票（commercial draft），出票人是企业或个人，付款人可以是企业、个人或银行。

2）按是否附有包括运输单据在内的商业单据，可分为光票和跟单汇票。光票（clean draft），指不附带商业单据的汇票。银行汇票多是光票。跟单汇票（documentary draft），指附有包括运输单据在内的商业单据的汇票。跟单汇票多是商业汇票。

3）按付款日期不同，汇票可分为即期汇票和远期汇票。汇票上付款日期有四种记载方式，即见票即付（at sight）、见票后若干天付款（at days after sight）、出票后若干天付款（at days after date）、定日付款（at a fixed day）。若汇票上未记载付款日期，则视作见票即付。见票即付的汇票为即期汇票。其他三种记载方式为远期汇票。

4）按承兑人的不同，汇票只可分成商业承兑汇票和银行承兑汇票。远期的商业汇票，经企业或个人承兑后，称为商业承兑汇票。远期的商业汇票，经银行承兑后，称为银行承兑汇票。银行承兑后成为该汇票的主债务人，所以银行承兑汇票是一种银行信用。

汇票的基本要求如下：

1）银行汇票。银行汇票的要式必须齐全。出票金额、出票日期、收款人名称不得更改；银行汇票的提示付款期限为出票日起 1 个月。

2）商业汇票。必须具有真实必然关系或债权债务关系，才能使用商业汇票；银行汇票的要式必须齐全，出票金额、出票日期、收款人名称不得更改；商业汇票的提示付款期限，自汇票到期日起 10 日。

（二）银行汇票

银行汇票是汇款人将款项交存当地出票银行，由出票银行签发的，由其在见票时，按照实际结算金额无条件支付给收款人或持票人的票据。

1. 银行汇票的特点

适用范围广泛，单位和个人向异地支付各种款项都可以使用；票随人到，使用灵活和兑现性强等。

2. 银行汇票的结算程序

1）应按规定填写“银行汇票申请书”交出票银行。

2）银行收妥款项后向申请人签发银行汇票。

3）申请人持银行汇票向收款单位办理结算。

4）收款人开户银行审核无误后，办理转账。

5）收款人开户银行与付款人开户银行之间清算资金；有多余款的，由申请人开户银行主动收入申请人账户中。

银行汇票结算程序如图 3.4 所示。

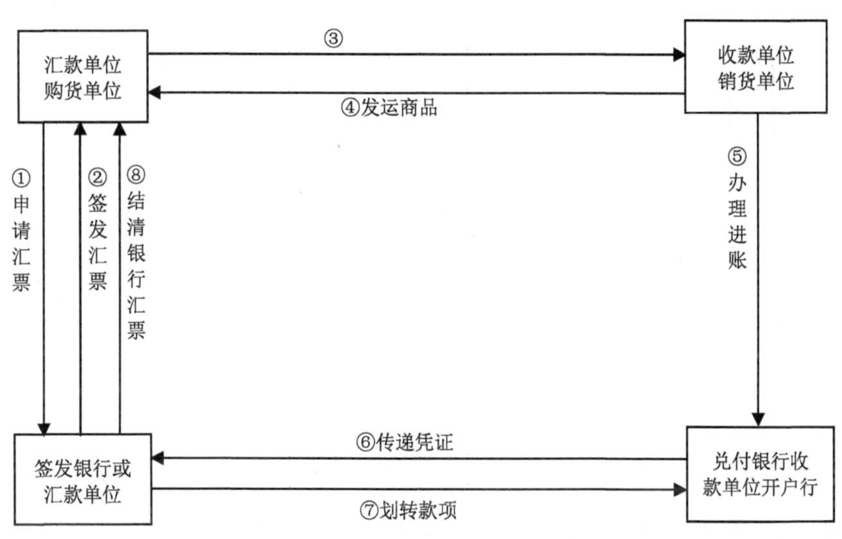

图 3.4　银行汇票结算程序

（三）商业汇票

1. 商业承兑汇票

商业承兑汇票是由收款人签发、付款人承兑，或由付款人签发并承兑的票据。商业承兑汇票的承兑人是付款人，也是交易中的购货单位。

商业承兑汇票的结算程序为：付款单位填制并承兑商业承兑汇票，收款单位收到商业承兑汇票，审核无误即按合同发运商品。在汇票到期日凭汇票委托开户银行收款，即填制委托收款凭证，连同商业承兑汇票一并交开户银行办理托收手续。收款单位开户银行将委托收款凭证及商业承兑汇票寄交付款人开户银行，委托其代收货款。付款单位于汇票到期日之前，必须将票款足额交存银行，以备到期支付。付款人开户银行接到收款人开户银行转来的委托收款凭证及商业承兑汇票后，于汇票到期日，将票款从付款人账户内付出，划转给收款人开户银行并通知付款人。收款人开户银行接到付款单位开户银行划回的票款后，将委托收款凭证的收账通知联加盖“转讫”章交收款人，通知收款人款已收妥。商业承兑汇票结算程序如图 3.5 所示。

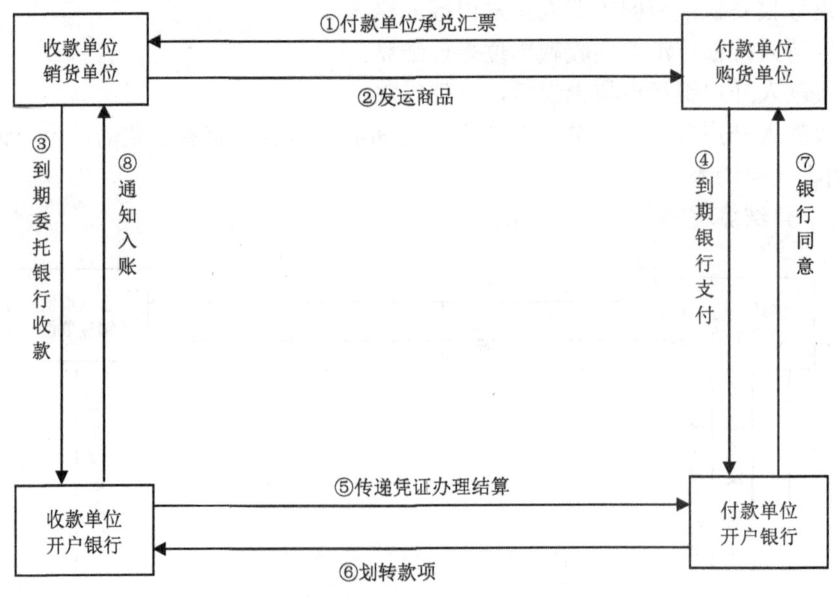

图 3.5　商业承兑汇票结算程序

2. 银行承兑汇票

银行承兑汇票是由在承兑银行开立存款账户的存款人（承兑申请人）签发，并由承兑申请人向开户银行申请，经银行审查同意承兑的票据。银行承兑汇票的出票人是购货企业，承兑人和付款人是购货企业的开户银行。

银行承兑汇票的出票人应于汇票到期前将票款足额交存银行。承兑银行应在汇票到期日支付票款。如果出票人于汇票到期日未能足额交存票款的，承兑银行凭票向持票人无条件付款。银行承兑汇票结算程序如图 3.6 所示。

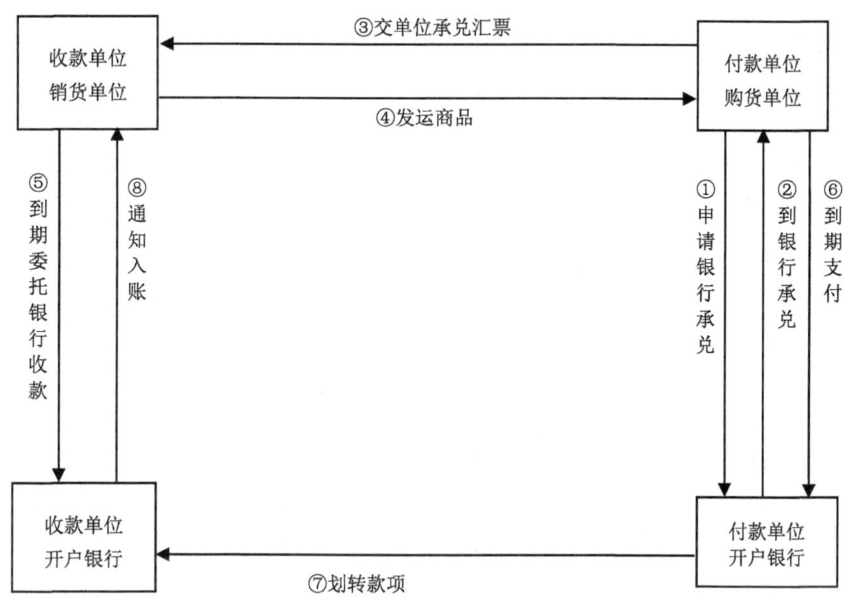

图 3.6　银行承兑汇票结算程序

汇票凭证一式四联，第一联卡片，第二联汇票，第三联解讫通知，第四联多余款收账通知。

五、托收承付结算

（一）托收承付概述

1. 托收承付的含义

托收承付是根据购销合同由收款人发货后委托银行向异地付款人收取款项，由付款人向银行承认付款的结算方式。

使用托收承付结算方式的收款单位和付款单位，必须是国有企业、供销合作社以及经营管理较好，并经开户银行审查同意的城乡集体所有制工业企业。

办理托收承付结算的款项，必须是商品交易以及因商品交易而产生的劳务供应的款项。代销、寄销、赊销商品的款项，不得办理托收承付结算。

2. 签发托收承付凭证必须记载的事项

1）表明“托收承付”的字样。
2）确定的金额。
3）付款人名称及账号。
4）收款人名称及账号。
5）付款人开户银行名称。
6）收款人开户银行名称。
7）托收附寄单证张数或册数。
8）合同名称、号码。
9）委托日期。
10）收款人签章。

托收承付凭证上欠缺记载上列事项之一的，银行不予受理。

3. 托收

收款人按照签订的购销合同发货后，委托银行办理托收。

1）收款人应将托收凭证并附发运证件或其他符合托收承付结算的有关证明和交易单证送交银行。收款人如需取回发运证件，银行应在托收凭证上加盖“已验发运证件”戳记。

2）收款人开户银行接到托收凭证及其附件后，应当按照托收的范围、条件和托收凭证记载的要求认真进行审查，必要时，还应查验收付款人签订的购销合同。凡不符合要求或违反购销合同发货的，不能办理。审查时间最长不得超过次日。

4. 承付

付款人开户银行收到托收凭证及其附件后，应当及时通知付款人。通知的方法，可以根据具体情况与付款人签订协议，采取付款人来行自取、派人送达、对距离较远的付款人邮寄等。付款人应在承付期内审查核对，安排资金。

承付货款分为验单付款和验货付款两种，由收付双方商量选用，并在合同中明确规定。

1）验单付款。验单付款的承付期为 3 天，从付款人开户银行发出承付通知的次日算起（承付期内遇法定休假日顺延）。

付款人在承付期内，未向银行表示拒绝付款，银行即视作承付，并在承付期满的次日（法定休假日顺延）上午银行开始营业时，将款项主动从付款人的账户内付出，按照收款人指定的划款方式，划给收款人。

2）验货付款。验货付款的承付期为 10 天，从运输部门向付款人发出提货通知的次日算起。

对收付双方在合同中明确规定，并在托收凭证上注明验货付款期限的，银行从其规定。

付款人收到提货通知后，应即向银行交验提货通知。付款人在银行发出承付通知的次日起 10 天内，未收到提货通知的，应在第 10 天将货物尚未到达的情况通知银行。在第 10 天付款人没有通知银行的，银行即视作已经验货，于 10 天期满的次日上午银行开始营业时，将款项划给收款人；在第 10 天付款人通知银行货物未到，而以后收到提货通知没有及时送交银行，银行仍按 10 天期满的次日作为划款日期，并按超过的天数，计扣逾期付款赔偿金。

采用验货付款的，收款人必须在托收凭证上加盖明显的“验货付款”字样戳记。托收凭证未注明验货付款，经付款人提出合同证明是验货付款的，银行可按验货付款处理。

3）不论验单付款还是验货付款，付款人都可以在承付期内提前向银行表示承付，并通知银行提前付款，银行应立即办理划款；因商品的价格、数量或金额变动，付款人应多承付款项的，须在承付期内向银行提出书面通知，银行据以随同当次托收款项划给收款人。

付款人不得在承付货款中，扣抵其他款项或以前托收的货款。

（二）托收承付的流程

托收承付的流程如图 3.7 所示。

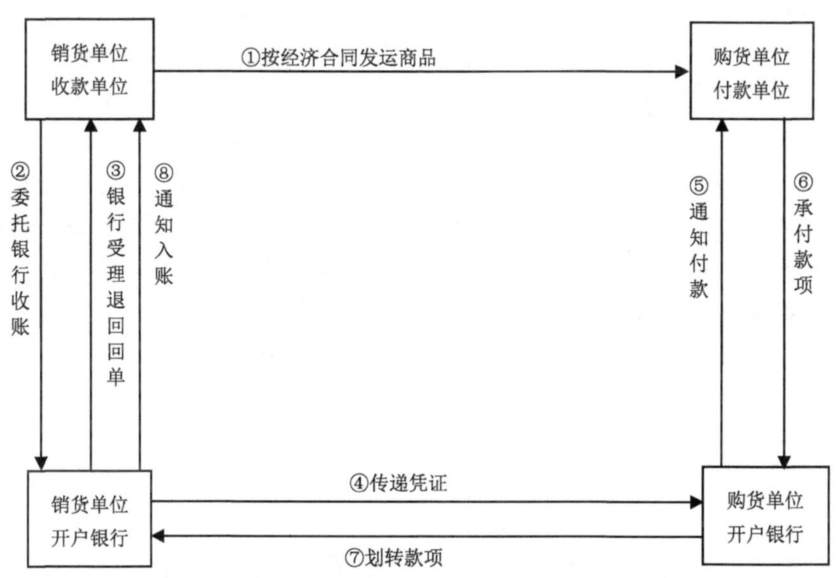

图 3.7　异地托收承付结算程序

案例学习

银行支票填写不完整必须到法院进行止付公示？

某天上午，沈先生来到朝阳公安分局经济科报案。4天前他丢了一张支票，尽管他一天之内去了3次银行，但最终仍被人划走两万多元。

沈先生说，1月12日下午4时许，沈先生拿到了另一家公司给自己公司开具的一张两万余元的支票，还没来得及填上自己的账户，当天晚上就发现支票丢了。次日上午9时，沈先生和出票公司的出纳带着公章一起来到支票开户行中国银行双井支行挂失，银行工作人员说要先去法院立案，银行才能办理挂失手续。沈先生立刻赶往朝阳法院，被告知要出示公司营业执照的复印件。10时许，回来取执照的沈先生又来到双井支行，出示了已经填好的法院“公示催告申请书”，请求银行将账户暂时冻结。下午1时许，沈先生赶到法院发现法院下午不办公，无奈只好又来到银行，工作人员一查发现账上已被划走了两万余元，时间是下午2时之前。

“丢了支票银行办不了挂失，我眼睁睁地看着钱被划走，太气人了！银行说他们等法院办理完手续再冻结账户是保护收款人的利益，可我才是真正的收款人啊！”沈先生感到很不理解，信息时代犯罪手段都升级了，为什么防范措施却跟不上呢？

今天上午，记者来到中国银行双井支行，工作人员坚持说他们必须要等到法院的“止付公示”才能办理，此前则不能办理挂失。一名工作人员说，之前也有一位客户发生了支票丢失的情况，立刻去法院办理了“止付公示”，然后银行就暂停了支付。

记者随后拨打了中国银行的客服电话，客服人员都表示，支票丢失后应先到开户行申请挂失，申请后支票就不会被划走；然后失主再到法院办理相关手续，12日内会收到法院发出的“止付通知书”，算是正式挂失。因为客服人员的解释与支行的解释不尽相同，随后记者又向工商银行的客服电话询问了相同的问题，期望得到印证。工商银行的客服人员特别强调说，只有填写完整的支票才能到开户行办理挂失，不符合挂失条件的必须先到法院进行“止付公示”，才能到银行办理“止付”。

（资料来源：china.findlaw.cn/info/jingjifa/55515.html）

问题：

1. 出票人发现支票丢失，应该如何做？
2. 如果票据填写不全，银行应该如何做？

第二节　营销结算凭证的填写

由于各种结算凭证是办理转账结算和现金收付的重要依据，直接关系到资金结算的准确性、及时性和安全性，同时各种结算凭证还是银行、单位和个人记录经济业务、明确经济责任的书面证明，因此各单位和有关个人必须按照规定认真填写银行结算凭证。

一、票据凭证填写的注意事项

1）认真、完整填写凭证内容。对于结算凭证上所列的收、付款人和开户单位名称、日期、账号、大小写金额、收付款地点、用途等应逐项认真填写。收、付款人名称的填写要与其在银行开户的名称完全一致。一不写简称；二不添字漏字；三不写别字。个人姓名做到“三统一”：凭据上的、名章上的、身份证上的完全一致。

2）规范填写凭证金额数字。在填写票据和凭证时，必须做到：要素齐全，内容真实，数字正确，字迹清楚，不潦草，不错漏，严禁涂改。单位和银行的名称用全称（异地结算应冠以有省（自治区、直辖市）、县（市）字样）等要求。

3）“用途”栏的填写注意两点。其一，收付款的用途一定要和收付款单位的生产、经营性质相吻合。其二，收付款项的用途要做到即明确又详细。如“贷款”应填为“钢材款”、“成衣款”、“还款”等字样，以防银行当成单位之间借用资金而发生退票。

军队一类保密单位使用的银行结算凭证可免填用途。

二、票据签章的特殊规定

票据和银行结算凭证的戳记应注意使用印泥，不宜使用印油，以防出现印记不清。“付款人开户银行”处改手工填写为银行加盖条章。凡购买的支票等票据未盖银行名称条章的，应到银行补盖上。

三、正确填写票据和结算凭证的基本规定

在填写票据和结算凭证时，银行对结算凭证的金额大小写要求极为严格，不按规范填写，银行将不予受理。

1）中文大写金额数字应用正楷或行书填写，如壹、贰、叁、肆、伍、陆、柒、捌、玖、拾、佰、仟、万、亿、元、角、分、零、整（正）等字样。不得用一、二（两）、三、四、五、六、七、八、九、十等填写。

2）中文大写金额数字到“元”为止的，在“元”之后，应写“整”（或“正”）字，在“角、分”之后可以不写“整”（或“正”）字。

3）中文大写金额数字前应标明“人民币”字样，大写金额数字应紧接“人民币”字样填写，不得留有空白。大写金额数字前未印“人民币”字样的，应加填“人民币”三字。在票据和结算凭证大写金额栏内不得预印固定的“仟、佰、拾、万、仟、佰、拾、元、角、分”字样。

阿拉伯小写金额数字中有“0”时，中文大写应按照汉语语言规律、金额数字构成和防止涂改的要求进行书写。举例如下：

1）阿拉伯数字中间有“0”时，中文大写金额要写“零”字。如￥1409.50，应写成人民币壹仟肆佰零玖元伍角。

2）阿拉伯数字中间连续有几个“0”时，中文大写金额中间可以只写一个“零”字。如￥6007.14，应写成人民币陆仟零柒元壹角肆分。

3）阿拉伯金额数字万位或元位是“0”，或者数字中间连续有几个“0”，万位、元位也是“0’，但千位、角位不是“0”时，中文大写金额中可以只写一个零字，也可以不写“零”字。如￥1680.32，应写成人民币壹仟陆佰捌拾元零叁角贰分，或者写成人民币壹仟陆佰捌拾元叁角贰分；又如￥107 000.53，应写成人民币壹拾万柒仟元零伍角叁分，或者写成人民币壹拾万零柒仟元伍角叁分。

4）阿拉伯金额数字角位是“0”，而分位不是“0”时，中文大写金额“元”后面应写“零”字。如￥16 409.02，应写成人民币壹万陆仟肆佰零玖元零贰分；又如￥325.04，应写成人民币叁佰贰拾伍元零肆分。

5）阿拉伯小写金额数字前面，均应填写人民币符号“￥”。阿拉伯小写金额数字要认真填写，不得连写分辨不清。

6）票据的出票日期必须使用中文大写。为防止变造票据的出票日期，在填写月、日时，月为壹、贰和壹拾的，日为壹至玖和壹拾、贰拾和叁拾的，应在其前加“零”；日为拾壹至拾玖的，应在其前加“壹”。如 1 月 15 日，应写成零壹月壹拾伍日。再如 10 月 20 日，应写成零壹拾月零贰拾日。

7）票据出票日期使用小写填写的，银行不予受理。大写日期未按要求规范填写的，银行可予受理，但由此造成损失的，由出票人自行承担。

当前商业结算已经很少出现现金交易，除非是数额较小。支票、本票、托收承付、汇票、委托收款等营销结算方式是营销过程中必然会接触到的，这些结算方式各自都有自己的特点，有不同的适用对象，利用这些结算方式有利于节约时间，保证信誉。通过本章的学习，了解几种结算方式，几种结算方式的处理流程。能够正确填写几种结算方式的凭证。

思考题

1. 简述汇票、本票、支票的结算范围。
2. 简述几种结算方式下拒付款情况。
3. 填写结算方式凭证注意事项有几种？

案例分析

汇票调包，真假难防

被告人陈某是东莞人，他伙同李某等人以真假汇票调包的方式搞诈骗。今年4月14日，李某化名“李威廉”，自称是某公司亚太区财政主管，与刘某（另案处理）到湖南某铝厂驻佛山办事处购买铝锭，商定好价格并采用汇票结算。次日，李某到工商银行某支行以“杨某”名义存入90万元，并开了一张收款人为某铝业有限公司、票面金额为90万元的银行汇票，随后伪造了一张相同的银行汇票。4月16日下午，被告人陈某伙同李某和邓某（另案处理），携带真假汇票到湖南某铝厂驻佛山办事处。为骗取对方信任，李某还主动与该办事处的职员前往附近的工商银行网点对汇票进行查验。验证属实后，李某吩咐被告人陈某联系货车运载铝锭，邓某与某铝业办事处经理商谈合作业务以拖延时间，自己则找借口离开，用真汇票将90万元提走。此后被告人陈某、邓某在该办事处装载两货车价值924 180元共61.78吨的铝锭，在给付了90万元的假汇票和人民币24 180元给对方经理后，两人跟车离去。幸好该办事处经理非常警觉，收到汇票后即前往银行查验，发觉受骗，立即报警，被告人陈某被人赃并获。

问题：

1. 如何分辨真假票据？
2. 在使用票据结算时候应该注意哪些问题？

实训项目

实训项目一　填写结算凭证

【实训目标】

1. 对于各种营销结算凭证填写的训练。
2. 区别不同情况下使用不同结算凭证。

【实训内容与形式】

1. 学生能够识别支票、本票、汇票、托收承付、委托收款。
2. 给出几种结算凭证票样，能够按照要求填写结算凭证。
3. 主要形式为实际操作。

【实训要领】

1. 此次实训的主要目标是要同学们都结算凭证的填写。
2. 在填写结算凭证时候，注意结算凭证的各项要求，要符合我国票据法，不能随意乱填写，特别是大小写，和票据金额。

【成果与检测】

1. 参照实际凭证，对学生的表现进行考核。
2. 给出恰当的评分，尤其在票据法要求的几点注意事项。

实训项目二　绘制结算方式流程

【实训目标】

1. 了解各种营销结算凭证流程。
2. 能够绘制流程图。

【实训内容与形式】

1. 学生能够绘制支票、本票、汇票、托收承付、委托收款流程图。
2. 站在收款人和付款人的角度做流程图。

【实训要领】

1. 此次实训的主要目标是要同学们都绘制结算凭证的实际操作流程。
2. 绘制时候注意各方的责任。

【成果与检测】

1. 参照实际流程，对学生的表现进行考核。
2. 给出恰当的评分，计入平时成绩。

第二篇 企业营销核算与绩效评价

第4章

企业营销核算概述

学习目标

1. 了解营销活动效益评价指标体系包括的内容。
2. 掌握营销核算效益分析的定性分析方法。
3. 掌握营销核算效益分析的定量分析方法。

技能训练目标

1. 定量分析相关方法的应用。
2. 定性分析相关方法的应用。

案例导入

朋友老马打来电话，说食品厂办了八年，本来应该有300万的盈利，由于自己管理不善，在销售核算与控制上有很大的纰漏，产生了近百万的呆账。老马怀疑是不是营销核算与效益评价指标体系出了问题。你可以给他提出一些合理化建议吗？能帮他提出一个完整的营销核算与效益评价指标体系吗？

第一节　营销核算与效益分析的基本内容

从营销活动及营销效益的概念出发，依据营销活动完整性及效益评价指标体系设计的原则，一个完整而系统的营销活动效益评价指标体系应该包括如图4.1所示的四个方面的内容。

一、反映企业营销状况的指标

1. 收入年度计划完成情况指标

它表现为某一年度收入的实际数与计划数之比。该指标值越大，则说明企业营销效益越好，反之，则越差。

2. 市场份额指标

根据菲利普·科特勒的分类，具体又可分为：

1）总的市场份额，它是指企业的销售在行业总销售中所占的比例。

2）服务市场份额，它是指企业的销售在其所服务的市场，即对企业产品发生兴趣并为企业营销努力所触及的市场总销售中所占的比例。

3）相对市场份额，它又有两种计算口径：一是将企业的销售与三个最大竞争者的总销售之比；二是将企业的销售与最大竞争者之比。该指标值越大，则说明企业营销效益越高，反之，则越低。在实际应用时，可根据研究目的，选择其中的一个指标加以应用即可。

3. 营销开支比率指标

它表现为营销费用与收入额之比，该指标值则是越小越好。

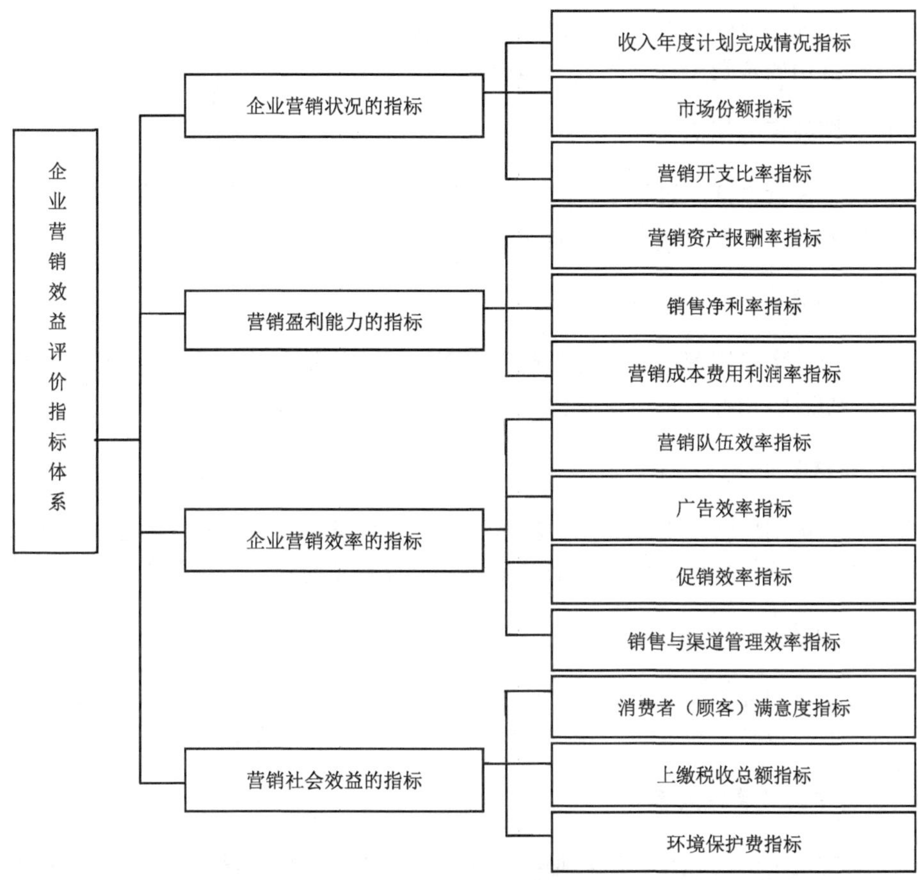

图 4.1　企业营销活动效益评价指标体系

二、反映营销盈利能力的指标

1. 营销资产报酬率

营销资产报酬率是企业所实现的利润与营销资产平均总额的比率。这一比率越高，说明企业的营销盈利能力越高，企业的营销效益越好。

2. 销售净利率

销售净利率是企业所实现的利润与销售收入净额的比率。这一比率说明销售利润占销售收入的比例。比率高，表明企业通过营销活动赚取利润的能力强，企业的营销效益好。

3. 营销成本费用利润率

营销成本费用利润率是企业的销售利润与营销成本费用总额的比率。这个比率高，说明企业为获取利益而付出的代价小，盈利能力强。

因此，通过这个比率不仅可以评价企业盈利能力的高低，营销效益的大小，也可以评价企业对营销成本费用控制的能力和经营管理。

三、反映营销效率的指标

营销效率是营销活动过程中，公司对所占有的各项营销资源的利用程度。它是营销效益的重要内容，一般可从四个方面加以考察。

1. 营销队伍效率

营销队伍效率可用营销人员的劳动生产率表示。它等于企业所实现的收入与营销人员数之比。通过该指标，可以反映营销人员单位劳动时间实现收入的状况。

2. 广告效率

广告效率可用广告效益率表示。它等于企业所实现的业务收入或者业务量增长与广告费用额之比。该指标值的大小，从一定程度上反映了企业广告费用的利用效率。

3. 促销效率

促销效率可用促销效益率表示。它等于企业所实现的业务收入与促销成本之比。该指标值的高低，反映了企业每一次促销活动及其成本对销售的影响。

4. 销售与渠道管理效率

一个经常发生的问题是，当企业客户增长率及业务量高速增长时，渠道管理的效率可能会下降，从而导致顾客对企业有意见并最终使企业形象受损或使得业务量下降。因此，在营销活动中，有必要对于销售与渠道管理给予足够的关注。

四、反映营销社会效益的指标

1. 消费者（顾客）满意度

在具体操作时，可用退网率、投诉率之和来测度消费者（顾客）的满意度。其和越大，则消费者（顾客）的满意度越差，反之，则越好。

2. 上缴税收总额

通过该指标，可以反映企业的营销活动满足政府利益的程度。

3. 环境保护费

通过该指标，可以反映企业的营销活动满足生态环境利益的程度。

第二节 营销核算与效益分析的基本方法

企业营销核算效益分析的基本方法是定性分析、定量分析。定性分析简便易行，比较灵活，但由于着重于人的经验和判断分析能力，所以容易受主观因素影响。定量分析是指在已掌握了较完备的历史资料的基础上，运用一定的数学方法来分析的方法。定量分析的方法很多，有比较法、结构分析法、回归分析法、线性规划法、盈亏分析法、经济批量法等，下面介绍几种常见的分析方法。

一、定性方法

一般来说，建立指标体系的定性方法主要如下：

（一）高级经理意见法

高级经理意见法是依据销售经理（经营者与销售管理者为中心）或其他高级经理的经验与直觉，通过一个人或所有参与者的平均意见得到销售指标体系的一种方法。

销售经理通常积累了丰富的销售管理经验或从事过多年的销售工作，对市场、对竞争对手有足够的了解，因此，会在原有销售指标体系的基础上进行补充与丰富。对强势销售经理来说，销售指标体系往往是其贯彻销售策略的重要工具。

高级经理意见法不需经过精确的设计即可简单迅速地建立起一套指标体系，操作起来比较简单，能充分体现企业目标在销售指标体系中的指导作用，保证企业目标的实现。不过，这种定性方法的最大缺点在于行政命令意味较浓，并不能保证得到销售人员的支持，有时还会有失偏颇。

在销售管理实务中，通过高级经理意见法来确定指标体系中销售指标内容与权重的情况会多一些。

（二）销售人员意见法

销售人员意见法是汇总销售人员的各种意见而建立一套指标体系。销售人员最贴近市场，对产品是否畅销、滞销比较了解，对产品花色、品种、规格、式样的需求等都比较了解，对销售指标的大小有足够的发言权，更重要的是销售人员是负责实施指标体系的主体，因此，许多企业都通过听取销售人员的意见来推测某些销售指标的大小。

销售人员意见法比较简单明了，容易进行，能充分调动销售人员参与销售指标管理

的积极性，而且销售人员对企业所确定的销售指标大小往往比较有信心去完成。不过，在一般情况下，根据销售人员意见的推测所得到的指标体系必须经过进一步修正才能利用，这是因为销售人员可能对企业的总体规划缺乏了解，或者是对全局市场的把握有所欠缺，或者是受知识、能力或兴趣影响而对销售指标体系有所偏颇。例如，如果涉及到具体的销售指标大小，有些销售人员为了能超额完成销售指标而会故意压低预测数字，这样会导致总体销售指标偏小，不利于企业积极扩张与发展。另外，销售人员不太乐于接受规范的销售指标管理，更倾向于销售指标简化，这样不太有利于科学管理和规范管理的推行。

（三）模仿跟随法

模仿跟随法就是指企业模仿采用行业竞争领先企业的销售指标体系，并根据企业自身的实际情况进行一些调整。例如，在碳酸饮料市场上，两大可乐公司是针尖对麦芒的竞争，相对而言，百事可乐公司就可以参考可口可乐公司的情况予以挑战，有时甚至是可口可乐公司关注什么，百事可乐公司就想努力超过或赶上。

当然，获得行业竞争领先企业的指标体系的方式一定要合理合法。随着市场化程度的进一步加强，行业内各企业相互学习将会进一步加强。

（四）零基预算法

零基预算是费用预算的一种主要方法，其全称叫做“以零为基础的编制计划和预算的方法”，最初是由美国德州仪器公司的彼得·派尔在20世纪幻年代提出来的。

零基预算法的基本原理是：对于任何一个预算期，任何一种费用项目的开支数，不是从原有的基础出发，即根本不考虑基期的费用开支水平，而是一切以零为起点，从实际需要与可能出发，逐项审议各种费用开支的必要性、合理性以及开支数额的大小，从而确定各项费用的预算数。

零基预算法一般遵循以下三个步骤：

1）要求各部门的所有员工根据本企业预算期内的战略目标和各部门的具体任务详细讨论预算期内需要发生哪些费用项目，并对每一费用项目编写一套方案，提出费用开支的目的，以及需要开支的数额。

2）对每一费用项目进行“成本-效益分析”，将其所费与所得进行对比，用来对各个费用开支方案进行评价，然后把各个费用开支方案在权衡轻重缓急的基础上分成若干层次，排出先后顺序。

3）按照上一步骤所定的层次与顺序结合预算期间可运用的资金来源分配资金，落实预算。

在销售指标管理中，销售经理提出销售活动必需的费用，并且对这些活动进行投入产出分析，优先选择那些对组织目标贡献大的活动。这样反复分析，直到把所有的销售活动按贡献大小排序，然后将费用按照这个序列进行分配。这样有时贡献小的项目可能得不到费用。另外，使用这种方法需经过反复论证才能确定所需的预算，进而得到销售费用指标的大小。零基预算由于冲破了传统预算方法的框框限制，以"零"为起点来观察分析一切费用开支项目，确定预算金额，因而具有以下优点：

1）可以合理有效地进行资源分配，将有限的经费用在关键之处。

2）可以充分发挥各级管理人员的积极性和创造性，促进各预算部门精打细算，量力而行，合理使用资金，提高资金的利用效果。

3）特别适用于产出较难辨认的服务性部门预算的编制与控制。

不过，由于一切支出均以零为起点进行分析与研究，因而编制预算的工作量很大，费用较高，而且评级和资源分配具有主观性，容易引起部门间和上下级间的矛盾。

二、定量方法

（一）比较法

比较法又称对比法，它是把相关的指标或事物进行对比，用以说明和反映两个指标或事物之间的联系、差异，并分析其原因，提出改进措施。

比较法的前提是指标的可比性，对比指标所采用的指标内容、计算方法、基础条件等应当可比，不可比较的指标只有通过一定的换算，转换为具有可比性的指标才能进行比较。如可用相对数来代替绝对数进行比较；价值比较时，应考虑资金的时间价值，进行等值变换后再进行比较等。

比较法有绝对数和相对数两种指标，前者反映差异的数量，后者反映差异的程度。

绝对数比较：

$$\text{实际数}-\text{参照数}=\text{差异数}$$

相对数比较：

$$\frac{\text{实际数}-\text{参照数}}{\text{参照数}}=\text{差异率}$$

企业中常用的对比相对数有计划完成相对数、比较相对数、比例相对数、结构相对数、强度相对数等。

1. 计划完成相对数

计划完成相对数用以分析计划完成的程度，从而反映企业生产经营的效益或计划编制的水平，其计算公式为

$$\text{计划完成相对数}=\frac{\text{本期实际完成数}}{\text{本期计划数}}$$

2. 比较相对数

比较相对数的两个数值，可以互为分子和分母。

1）横向比较，指同类现象在不同空间同一指标的对比，说明此类现象在同一时期不同总体间发展的不平衡程度。

$$比较相对数=\frac{某总体某指标数值}{另一总体同一指标数值}$$

例如，两个门市部某季的销售额：甲门市部为 238 万元，乙门部为 256 万元，则

$$甲门市部销售额为乙门市部的百分比=\frac{238}{256}\times100\%=92.44\%$$

$$乙门市部销售额为甲门市部的百分比=\frac{256}{238}\times100\%=107.56\%$$

2）纵向比较，指同一现象在不同时间同一指标的对比，说明此类现象在不同时间上的变化。

$$比较相对数=\frac{某一时间指标数值}{另一时间同一指标数值}$$

例如，甲门市部本年销售额为 238 万元，上年销售 200 万元，则

$$本年销售额为上年的百分比=\frac{238}{200}\times100\%=119\%$$

$$上年销售额为本年的百分比=\frac{200}{238}\times100\%=84.03\%$$

3. 比例相对数

比例相对数是同一总体中不同部分数量对比的比值，用以分析总体内各个局部、各组之间的比例关系和协调平衡状况，其计算公式为

$$比例相对数=\frac{总体中某一部分数值}{总体中另一部分数值}$$

这一指标常用比例来表示，如新老产品的比例为 1.05:1 或 105:100，均为同一个比例相对数，只是前者以 1 为基数，后者以 100 为基数。

区别比例相对数与比较相对数，应视进行对比的两个指标是同属一个总体还是分属两个总体。如产品的新老比例，是产品中新产品和老产品这两部分之比，属于比例相对数；而两个工厂相同指标的对比，则是比较相对数。

4. 结构相对数

结构相对数说明某一经济指标各个组成部分占总体的比重，其计算公式为

$$结构相对数=\frac{部分数值}{总体数值}$$

5. 强度相对数

强度相对数指两个有联系的不同总体的总量之比，用以说明现象的强度、密度或普遍程度，其计算公式为

$$强度相对数=\frac{某一总体的总量}{另一有联系总体的总量}$$

这一指标常用复名数表示，如人均产量为 100 件/人，商业网点密度为 2 个/千人等。

（二）结构分析法

结构分析法又称构成分析法，就是将经济现象的内部各组成部分（因素）与整体进行分解分析的一种方法。

结构分析法有分组法、因素分析法、平衡分析法、ABC 分析法等。

1. 分组法

分组法指按某一标准将研究对象分成若干不同性质的组成部分，将相同性质的现象归纳在一起，在分组的基础上通过计算结构相对数来说明事物的构成状况。

2. 因素分析法

因素指组成事物的基本成分。因素分析法就是从数量方面研究导致经济现象变动的各个因素及其影响程度和方向的方法。

因素分析的方法有很多，主要如下：

（1）连环替代法（又称因素替代法）

连环替代法是把影响某一经济现象的几个相互联系的因素，逐个分解测定，把其中一个因素作为可变，其他因素当作不变，顺序地逐个进行替代，以测定各因素对该经济现象的影响程度。其步骤是：

1）确定该经济现象受哪些因素的影响并列出计算关系式。

2）将各项因素依次替代计算，求出不同数值。

3）比较不同数值的差异，表明各因素对经济现象的影响程度。

在运用连环替代法时要注意替代顺序，不同的替代顺序计算结果不一样。一般原则是先替代数量指标，再替代质量指标；同类指标中先替代基本指标，后替代从属指标。比如材料费用指标是取决于材料消耗量和材料价格两个因素的影响，分析时应先替代材料消耗量指标，因为材料消耗量的增减变化，不会影响材料价格的升降；再如工人人数和工人工作的日数都是数量指标，但工人工作日数指标是工人人数与每人工作日数的乘积，因而工人人数是基本因素，工人工作日数是由它派生出来的，是从属因素，故替代

时应先替代工人人数，后替代工人工作日数。

例如，某公司的上期资料和本期资料如表 4.1 所示用连环替代法分析运费增加的原因。

表 4.1　资料

项目	上期 ①	本期 ②	差异 ③=②−①	差异百分比 ④=$\frac{③}{①}$×100%
货运量/吨	100	140	+40	40%
运输里程/公里	25	22	-3	-12%
运价/元	8	10	+2	+25%
运费总额/元	20 000	30 800	+10 800	+54%

运费总额=货运量×运输里程×运价

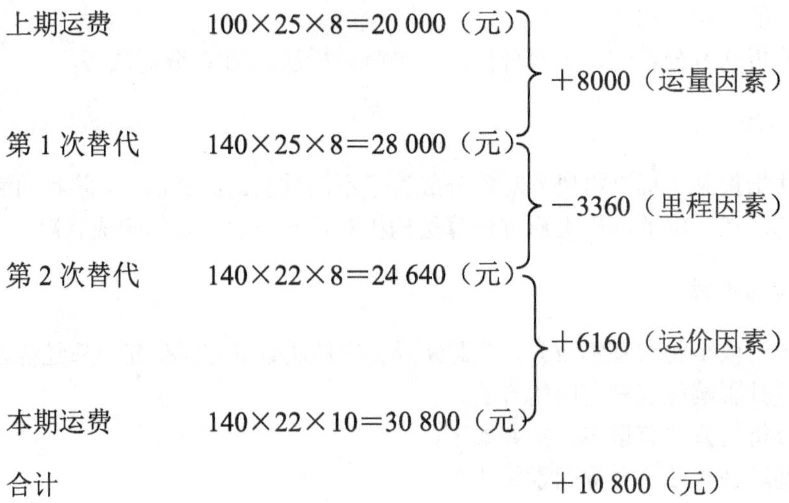

由计算可知，本期运费比上期运费增加了 10 800 元，其中由于货运量的增加而增加运费 8000 元，由于运输里程的减少而减少运费 3360 元，而运价的升涨使运费增加 6160 元，三个因素共同作用的结果，使本期运费比上期增加 10 800 元。

注：第一次替代是用本期货运量替代上期货运量，假定其他因素不变，然后用第一次替代的指标与上期指标比较，其差额反映运量因素变动的影响；第二次替代是在第一次替代基础上，用本期运输里程替代上期运输里程，假定其他因素不变，然后用第二次替代指标与第一次替代指标比较，其差额反映运输里程因素变动的影响；本期运费就是在第二次替代的基础上用本期运价替代上期运价，然后用本期运费与第二次替代指标比较，其差额反映运价因素变动的影响。将各因素变动的影响数相加，即等于期数与上期数的总差异。

（2）差额分析法

差额分析是连环替代法的一种简化形式，即将连环替代法中的计算某因素变动后的指标值以及将本次计算结果与前次计算结果相比较这两步合并为一步，直接利用各因素的变动量（也称差额）来计算对指标的影响程度。其分析原则与连环替代法基本相同，只是要先计算出各因素的差额，然后将此差额代入指标表达式计算其对指标的影响。

以上例的资料，采用差额法分析运费增加10 800元的原因，计算过程如下：

上期运费　100×25×8＝20 000（元）

运量因素　（140－100）×25×8＝＋8000（元）

里程因素　140×（22－5）×8＝－3360（元）

运价因素　140×22×（10－8）＝＋6160（元）

合计　＋10 800（元）

显然，计算结果与连环替代法一致。由于差额分析法计算简便，因而应用较广泛。

3. 平衡分析法

一般的平衡分析方法分为单项平衡分析和综合平衡分析。单项平衡分析专题性较强。如某一项物资的供需平衡分析、居民货币收支的平衡分析等。单项平衡分析的要点，是把握期初数加本期收方发生数与本期付方发生数加期末数之间的关系，并从这种关系中去掌握期初数与期末数之间的对比关系。综合平衡分析的综合性强，它是研究复杂总体内部的平衡关系。将各项资金来源与各项资金运用综合在一起进行平衡分析，就可以了解各项来源的资金被用于何处，各项用途的资金来自何方。又如利用资产与负债和所有者权益的平衡关系，可以分析资产的构成和企业的偿债能力。在平衡分析基础上运用连环替代法或差额分析法，还可查明各经济指标对分析对象的影响程度及方向。

4. ABC分析法

ABC分析法（又称重点控制法、分类管理法或巴雷特分析法）是将分析对象（资金、物料、产品或商品等）分类后测定主次，实行分类管理、重点控制，从而使分析对象结构合理。

这种归类分析的方法很有用，用于产品生产，可以促进生产有重点地进行，用于商品、资金或物资储备，可以管好商品物资，节约资金占用。

（三）平均分析法

平均分析的基本内容是计算平均数，主要有算术平均数（含简单算术平均数、加权算术平均数、调和算术平均数）、几何平均数、众数和中位数等。在这几种平均数中，算术平均数最常用，但用哪种算术平均数，要视不同要求而定。如计算实际储蓄存款综合利率，则应用加权算术平均数，如果用简单算术平均法则易脱离不同期限存款结构的变动状况。几何平均数较多用于计算平均增长速度。众数和中位数是较简单的确定平均数的方法，它的精确度一般不高。

运用平均分析法，要与分组分析相结合，这样可揭示总体各部分比重及变化，分析经济现象结构变动对总平均指标的影响。要与变异分析相结合。变异分析是运用全距、平均差、均方差等指标对总体总标志值差异程度进行分析的方法。平均分析与变异分析是正好相反的两种分析方法。前者研究事物现象的一般水平和一般趋势；后者分析事物现象的差异程度和不平衡状况。两者结合，可以在平均指标揭示现象发展的一般水平的基础上，通过标志变动度测定，补充说明平均指标代表性高低以及现象发展的节奏性和稳定性程度的高低。

（四）动态分析法

动态分析法是研究经济现象在时间上的变动，它是从发展观点来研究经济现象的变化及其趋势。动态分析中的常用指标如下：

$$发展速度=\frac{报告期数值}{某期数值}$$

$$平均发展速度=\sqrt[时期数]{\frac{报告期数值}{基期数值}}$$

$$平均增长速度=平均发展速度-1$$

例如，某商店2000年销售额为250万元，2005年为400万元，则

$$五年的发展速度=\frac{400}{250}=160\%$$

$$平均每年发展速度=\sqrt[5]{1.6}=1.099$$

$$平均每年增长速度=1.099-1=9.9\%$$

（五）时间序列分析法

时间序列分析法是利用变量与时间存在的相关关系，通过对以前历史数据的分析来预测将来的数据，其假设前提是由历史发展可推断未来趋势。常用的两种时间序列分析方法是：趋势分析法和指数平滑预测法。例如，销售量这个销售指标的大小计算通常就是通过时间序列分析法进行推测，具体做法是根据年或月的次序将历史销售数量进行排列，然后假设可以通过历史数据推测未来，这样企业的销售量会平稳地增长，通过建立方程或画图可直观地得到销售量指标的大小。

（六）回归和相关分析法

通过两种事物或两个指标之间的直接或间接的因果关系来推测某个销售指标的大小就可运用回归和相关分析法，这种相关更多的是一种统计相关。相关分析用于决定某个销售指标是否与某种或某些变量相关，这种关系的程度可以通过相关系数（r）来标度。相关系数的范围在−1到+1之间，正负表示正相关还是负相关。

总之，营销效益各种评估方法的过程和原理都是相同的，即首先确定评估要素，制定评估标准；然后通过不同形式的评估方法，确定企业在营销活动的完成程度和达到的营销水平；最后根据评估结果修正企业营销战略和战术，使企业营销工作达到更高的水准，成为新的起点，这样循环往复的螺旋式上升使企业不断超越自我、完善营销水平。

通过对本章的学习，使学生初步了解营销活动效益评价指标体系的内容，掌握营销核算效益分析的定性方法，重点是营销核算效益分析的定量方法，从而学会在实际营销中运用这些基本理论去指导营销实践，也为进入下面章节奠定基础。

1. 简述营销活动效益评价指标体系包括的内容。
2. 简述营销核算效益分析的定性分析方法。
3. 简述营销核算效益分析的定量分析方法。

婴儿尿布与啤酒的故事

在一个夏季，全球第一大零售商沃尔玛的管理者发现那段时间里婴儿尿布和啤酒的销量持续拔高，如果在一般的商店也许就会被忽略过去。但沃尔玛超市的管理者没有轻易放过这个现象。他们立即对这个现象进行了分析和讨论，并且派出了专门的队伍在卖场内进行全天候的守候观察，最后，这个现象的谜底终于水落石出。原来，购买这两个产品的顾客一般都是年龄在25～35周岁的青年男子，由于孩子尚在哺乳期，所以每天下班后他们都会遵太太的命令到超市里为孩子购买婴儿纸尿裤，每当这个时候，他们大都会为自己顺带买回几瓶啤酒。数据统计表明在购买婴儿尿布的顾客中，60%也购买了啤酒。沃尔玛的管理者立即针对这一现象采取了行动：将卖场内原来相隔很远的婴儿用品区与酒类饮料区的空间距离拉近，减少顾客的行走时间。根据本地区新婚新育家庭的消费能力的调查结果，对这两个产品的价格进行了再一次的调整，使价格更具有吸引力。并向一些购物达到一定金额的顾客赠送婴儿奶嘴及其他小礼品。

通过对目标顾客有针对性的营销策略的运用，不但大大提升了原有顾客的满意度，而且还吸引了商圈内其他竞争对手超市的同类顾客的光临。该店的啤酒和婴儿尿布的销售都取得了相当不错的业绩。

问题：

1. 在工作中，如何发现类似“婴儿尿布和啤酒的销量相联系”的信息？
2. 通过案例，如何善于发现顾客潜在的需求，并立即去满足他们？

实训项目　评价比较法指标

【实训目标】

通过实训，能够熟练掌握并运用比较法指标。

【实训内容与形式】

1. 以自愿为原则进行分组，以6～8人为一组。
2. 每组推选临时负责人，初步组建“××××大学生模拟公司”。
3. 以公司为单位，对下列比较法指标进行讨论，并要充分交流。

1）绝对数比较：实际数－参照数＝差异率。

2）相对数比较：$\dfrac{\text{实际数}-\text{参照数}}{\text{参照数}}=\text{差异率}$。

企业中常用的对比相对数指标有计划完成相对数、比较相对数、比例相对数、结构相对数、强度相对数等。

【实训要领】

1. 在选择评价比较法指标时候，尽量找到指标应用侧重点。
2. 小组中有适当争论（当需要时，能够提出并坚持自己的观点，不随波逐流），又迅速达成一致（而非不负责任的苟同）。

【成果与检测】

1. 教师根据公司讨论中的表现评估打分。
2. 评估各公司组织状况的好坏。

练一练

某企业2000年销售额为100万元，2005年为180万元，请计算该企业五年的发展速度、平均每年的发展速度、平均每年的增长速度。

第5章

营销核算技术

学习目标

1. 掌握销售预算内容与编制方法。
2. 理解销售费用的分类。
3. 掌握客户资信状况的定性与定量分析。
4. 理解保本点与保利点的计算。

技能训练目标

1. 销售预算水平方法的运用。
2. 如何进行应收账款跟踪管理。
3. 保本与保利分析能力的训练。

案例导入

预算怎么做？企业的预算在企业的经营活动中有着怎样的重要性？如何编制企业的预算才能避免超预算的经营？编制预算为什么？

最重要也是最基本的一点是，预算为大家提供了一个共同努力的方向。预算可以将企业的经营目标分解为一系列具体的经济指标，使生产经营目标进一步具体化，并落实到企业的各个部门，这样企业的董事会和全体员工就有了共同努力的方向。

预算还能帮助企业控制成本。通过对下一年度作出预算，定下经营指标并逐层下达销售、生产指标，并据此控制成本。

在预算编制之前，企业的董事会通常会召集市场部、销售部、生产部、财务部等相关部门的负责人会议，通过对市场预测、分析，并结合上年度的实际生产销售情况，定出下一年度的销售指标。销售指标已定，与之相配套的生产采购预算，资金预算等的编制就可以开始了。

第一节　销售预算

一、销售预算及其作用

1. 销售预算

销售预算用来反映公司销售活动中费用方面的问题，它把费用与销售目标的实现联系起来。销售预算是一个财务计划，它包括完成销售计划的每一个目标所需要的费用，以保证公司销售利润的实现。

销售预算是在销售预测完成后才进行的。销售目标被分解为各个层次的子目标，一旦这些子目标确定后，其相应的销售费用也被确定下来。销售预算和销售预测的执行保证了预测期间利润的实现。

销售预算的基本过程如图 5.1 所示。

2. 销售预算的作用

（1）计划作用

销售费用预算是销售过程中主要的计划和控制工具。对销售计划中不同项目的费用提供具体的数字化指导，使销售人员可以在一定的销售费用内来实现销售目标，从而保证利润的实现。但是如果环境有了变化，就需要销售经理调整预算以争取各种机会，保证公司长期目标的实现。

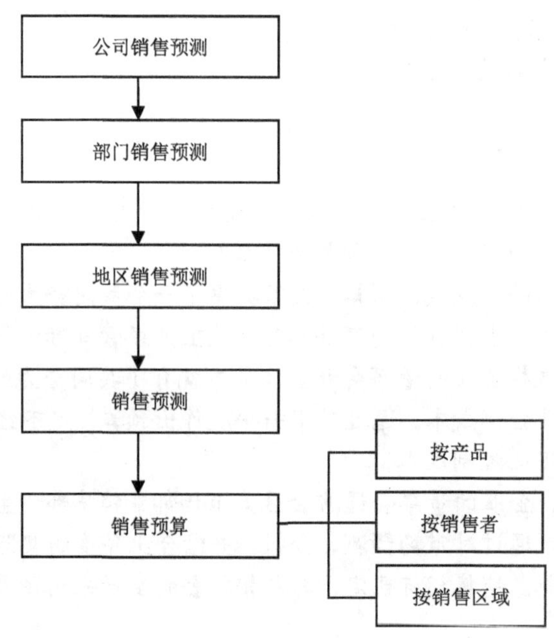

图 5.1 销售预算的基本过程

（2）协调作用

销售经理利用销售预算可以协调各个方面的活动。销售活动需要费用，而费用又是有限的，因此为了合理地使用费用，需要协调各部门活动，使有限的费用发挥最大的作用。

（3）控制作用

销售预算可以增加销售人员的责任感。销售目标与销售费用的对照可以衡量销售任务完成的质量，有助于评价销售计划的优缺点，有利于销售经理识别问题，及时采取正确的行动。

（4）心理作用

通常销售人员注重更多的是销售量，而不是利润，销售预算可以使两者的重要性都体现出来。如果预算设计合理，可以激励销售人员争取利润大的客户，销售利润高的产品。

二、销售预算的内容

销售费用总是以实现利润为基础的，因此它存在一个容许的限度，所以了解预测期间销售收入、销货成本、销售费用及销售利润的关系，在确定销售费用时可以更加客观合理。

1. 销售收入预算

此处虽名为销售收入，实质上是以销货净额为主，销售净额=销售收入－销售退回与折让。所以，另需设立退货与折让的预算。假若将减价（相当折让）列入销售收入的项目中，就需设立退货预算，以决定销售净额预算。

由于销售净额预算已经决定，所以先求退货预算，然后再求销售收入预算。其中，退货预算值的求法是根据退货率的趋势决定退货率，然后再求退货预算值、退货率与退货额及销售收入，求法如下：

$$退货率=\frac{退货额}{销售收入}$$

$$退货额=销售收入\times退货率$$

$$销售收入=销售净额\times（1－退货率）$$

2. 销售成本预算

根据销售数量乘以每单位产品的制造成本（或每单位商品的采购成本），可得销售成本。

如表 5.1 所示，比较销售成本计划与实绩值，用以作为销售部门的实绩评价。另外，只有采用公司内的转账价格为销售成本才能说明销售部门、制造部门的业绩，即可立即算出销售部门与制造部门的毛利，各为 36 与 6，显示销售部门借助制造部门的力量而达成了毛利目标值。

表 5.1　销售成本预算

项目	计划	实绩	销售	制造
销售收入	200	196	196	160
销售成本	160	154	160	154
销售毛利	40	42	36	6

在此基础上，需先决定公司内的转账价格，再乘以销售计划数量，再求销售成本预算。

另外，按地域别编订销售成本预算时，由于各地域的包装费用不一致，于是导致每单位产品制造成本不同的情况，所以，在决定地域销售成本之前，必须调查清楚成本产生的原因。

3. 销售毛利预算

从销售收入预算减去销售成本预算，即可求得销售毛利预算。在确定销售毛利预算之前，应检查销售毛利是否足以抵偿企业所需的一切经费。另外，尚需依产品别、地域别及部门别，求毛利贡献度以便订立计划。

4. 营业费用预算

订立营业费用预算之前，首先需表明销售收入目标的内容，或达成目标所需的销售方针通过销售配额来使销售收入目标值具体化，并且依据销售方针明示销售活动内容，甚至营业费用也是依销售活动内容而估计。

营业费用的定义因广狭而有所不同，广义是指市场活动（营销）成本，而狭义则指销售部门的费用。一般损益所表示的营业费用内容指的是市场活动成本。

决定营业费用的方法有以下五种：

（1）以过去实绩为准的方法

本法最实际且最简单，但不应完全依赖过去的实绩，而不考虑到下年度可能实施的新政策。

（2）依据销售收入或销售毛利目标值的方法

这是根据营业费用与销售收入的比率，或营业费用与毛利的比率，来估计营业费用的方法。

（3）依是否随销售收入而变化的决定法

有些营业费用随销售收入的增减而屡有变更，有的则大多固定在某数值上。可用 $y=a+bx$ 的算式来表示二者的关系，将销售收入目标值代入 x 中，即可求算营业费用。

另外，亦可将各种营业费用，分为固定费用与变动费用两种，然后再依变动费用求变动费用率，最后求算营业费用：

营业费用＝固定销售费用＋销货收入×变动的销售费用率

（4）依据单位数量求算的方法

这是根据销售数量单位（如每车、每吨等）的营业费用为标准，借以估计总营业费用的方法。

采用本法时，若单位名称因品种而异，就需按照品种别来估计营业费用，然后再求总营业费用。最后，营业费用的估计值，是配合着各费用项目的个别估计值及总范围而决定的。

个别估计各营业费用时，确认营业费用项目，是前提条件。掌握各营业费用时，最适用的是按照发生形态去掌握营业费用。其代表性项目有：

1）变动营业费用。销售条件费、促销费、广告宣传费、运费、交际费等。

2）固定营业费用。营业部门的人事费、折旧费、租金、保险费等。

下面介绍较具代表性的项目估计：

1）销售条件费用。这是交易时所发生的费用，如销售折旧损失、以旧换新损失、扣除利息减价等。如汽车的销售就是最典型的例子，销售条件费完全随销售收入的增减而变动，可依每单位数量，或费用对销售收入的比率为基准来决定。等销售收入目标值决定之后，即可估计销售条件费，但请注意，宜考虑业界动向与目标，然后再作最后的决定。

2）佣金费用。又称提成、销售奖金。习惯上按照销售收入的多寡来决定，具有变动成本的性质，所以，视其与销售收入的关系来决定。佣金费用的确定基准有两种即销售数量与销售金额。

3）运费。运费是指销售运费，因运交商品给顾客而发生的费用。其中，多以汽油费用等变动费用为主，这些运费可与地域、月、产品的销售计划相配合而估计，但一般多根据费用与销货收入的比率或每物量单位的费用来估计。

4）广告费。有关广告费的估计法，有下列几种销货收入汇率法、销货单位法、纯益汇率法、实绩标准法、竞争者对抗法、付款能力法等。至于何种方法最优，则视企业的情况而异。另外，广告费用虽具有变动成本的特征，但由于媒体不同，有时必须事先决定一年为期的订约额。一年为期的订约额，就具有固定成本的性质。

5）促销费用。印制目录、邮费、赠品费、推销员的训练费用等一般都要个别估计。

6）人事费。估计人事费用时首先应考虑下年度的调薪率（下年度与今年之比）。人事费指的是销售人员的人事费，只有不是采用绝对的提成或佣金制度，就可视为固定成本。

7）折旧费用。这是来源于有形固定资产的费用，需按照各个单位一一估计然后再决定总额。本折旧费用属于纯粹的固定成本性质。

8）其他营业费用。交际费、旅费、交通费、水电费、保险费等，除需参考过去的资料之外，尚需考虑未来的使用状况，个别地加以估计。

估计汇总上述各种费用项目，与营业费用容许的范围相比较，如果在容许限度之内，当然没什么问题。即使是稍微超越若干，也还可以补救，但如果超出太多，就要采取相应措施了。

缩减费用时，应避免缩减和促销有关而且直接影响销售收入的费用，如销售活动所需的汽油费、销售人员的差旅费等。因这些费用与未来的发展有密切的关系，故应谨慎考虑，如避免删减工作人员的人事费，宜从不直接影响促销费用的项目着手删减。

5. 经营纯益预算

销售毛利减去营业费用，等于营业纯益，故估计营业费用之后，需重新确认营业纯益，预测是否能够达到预定的金额。

按产品、地域、部门，与适用之别掌握营业纯益，如此即可求出营业纯益贡献度，其效用与销售毛利贡献度一样，都有利于制定计划与评价。

在销售部门中，营业纯益是考核该部门业绩的一项标准，故可将营业纯益视为贡献利益。

三、确定销售预算水平的方法

某项销售预算的水平取决于其在公司营销组合的重要性，在许多公司销售部门是唯一实现收入的部门，这些收益影响着其他部门的活动，所以，销售部门的预算常常具有优先权。一般情况下，只有当销售预算确定后，营销活动的具体内容才可以逐步确定下来。

销售经理总是力图用各种方法确定销售预算水平。有时用一种方法无法精确表示销售预算时可采用多种方法配合使用。

1. 最大费用法

总费用减去其他部门的费用，余下的全部作为销售预算。这个方法最大的缺点在于费用偏差太大，在不同的计划年度，销售预算也不同，不利于销售经理进行计划。在实际应用过程中最大费用法会引发很多问题，因此很少被采用。

2. 销售百分比法

用这种方法确定销售预算时，最常用的做法是用去年的费用与销售百分比结合今年的销售预测量来确定销售预算，另外一种作法是把最近几年的费用，销售百分比加权平均，其结果作为今年的销售预算。

销售百分比法往往忽视了公司的长期目标，不利于公司大胆开拓市场。例如，公司为增加销售额需要增加新的销售人员，但短期内这种决策的效果显示不出来，有可能增加了费用和销售百分比，为了不影响短期业绩，许多公司可能不增加销售人员。而从长期来看，增加人员可以提高销售量，扩大占有率，有可能降低费用和销售百分比。有时只重视短期目标有可能导致销售量下降、费用下降、而费用下降带动销售量下降的恶性循环，因此还需要更为灵活大胆的预算管理方法。

3. 同等竞争法

同等竞争法是以行业内主要竞争对手的销售费用为基础来制订的。同意用这种方法的销售经理都认为销售成果取决于竞争实力，用这种方法必须对行业及竞争对手有充分的了解，做到这点是需要及时得到大量的行业及竞争对手的资料，但通常情况下得到的资料都是反映往年的市场及竞争水平状况，如 2008 年发表的购买力指数可能实际上是 2006 年的信息，所以用这种作法分配销售预算有时不能达到同等竞争的目的。

4. 边际收益法

边际收益是每增加一位销售人员所获得的收益。由于销售潜力的存在，随着销售人员的增加，其收益会越来越少，而每个销售人员的费用是大致不变的，因此存在一个点，再增加一个销售人员，其收益和费用接近，再增加销售人员，费用反而比收益要大。边际收益法要求销售人员的边际收益大于零。边际收益法也有一个很大的缺点，在销售水平、竞争状况和市场其他因素变化的情况下，确定销售人员的边际收益是很困难的。

四、预算编制的方法

在此仅介绍弹性预算、零基预算、滚动预算三种预算编制方法。

1. 弹性预算

所谓弹性预算，就是在编制费用预算时考虑预算期间业务量可能发生的变动，编制出一套能适应多种业务量的费用预算，以便分别反映不同业务量情况下所应开支的成本费用水平。由于这种预算是随着业务量的变化作机动调整，本身具有弹性，故称为“弹性预算”或“变动预算”。

弹性预算与按约定业务量水平编制的预算相比有两个显著的特点：一是弹性预算是按预算期内某一相关范围内的可预见的多种业务量水平确定不同的预算额，从而扩大了预算的适用范围，便于预算指标的调整。二是弹性预算是按成本的不同性态分类列示的，便于在预算期终了时将实际指标与实际业务量相应的预算额进行对比，使预算执行情况的评价与考核建立在更加客观和可比的基础上，能更好地发挥预算的控制作用。

由于未来业务量的变动会影响到收入、成本费用和利润等各个方面，因此，弹性预算从理论上说适用于全面预算中与业务量相关的各种预算，但从实有的角度来看，主要用于编制弹性成本预算和弹性利润预算，一般采用成本预算后利润预算的顺序进行编制。现以成本的编制预算为例，说明其编制程序。

首先是确定某一相关范围，预计在未来期间内业务量水平将在这一相关范围内变动。弹性预算的业务量范围应视企业或部门的业务量变化情况而定，一般来说，可定在正常生产能力的 70%～110%，或以历史上的最高业务量或最低业务量为其上下限。当然，如果企业正处于快速发展阶段，则因具体情况而论。

其次是要选择业务量的计量单位。编制弹性预算要选用一个最能代表本部门生产经营活动水平的业务量计量单位。如以手工操作为主的车间就应选用人工工时作为业务量的计时单位。

接下来是按照成本性态分析的方法将企业的成本分为固定成本和变动成本两大类，并确定成本函数。

最后是确定预算期内各业务量水平的预算额。

2. 零基预算

零基预算全称为“以零为基础的编制计划和预算的方法”，最初是由美国德州仪器

公司的彼得·派尔提出来的，目前已被西方国家广泛采用，作为费用预算的一种主要方法。

其他编制费用预算的方法一般都是以基期的各种费用项目的实际开支数为基础，然后对预算期间可能会使各费用项目发生变动的有关因素加以仔细考虑，最终确定出它们在预算期间应增减的数额。如编制费用预算是在现有基础上增加一定的百分率，就叫做“增量预算法”，如果是在现有基础上减少一定的百分率，叫做“减量预算法”。

零基预算法与传统的增量或减量预算法截然不同，它的基本原理是：对于任何一个预算期，任何一种费用项目的开支数，不是从原有的基础出发，即根本不考虑基期的费用开支水平，而是一切以零为起点，从实际需要与可能出发，逐项审议各种费用开支的必要性、合理性以及开支数额的大小，从而确定各项费用的预算数。零基预算法一般遵循以下三个步骤：

第一，要求各部门的所有员工根据本企业预算期内的战略目标和各部门的具体任务详细讨论预算期内需要发生哪些费用项目，并对每一费用项目编写一套方案，提出费用开支的目的，以及需要开支的数额。

第二，对每一费用项目进行“成本-效益分析”，将其所费与所得进行对比，用来对各个费用开支方案进行评价，然后把各个费用开支方案在权衡轻重缓急的基础上分成若干层次，排出先后顺序。

第三，按照上一步骤所定的层次与顺序结合预算期间可运用的资金来源分配资金，落实预算。

零基预算由于冲破了传统预算方法的框框限制，以“零”为起点来观察分析一切费用开支项目，确定预算金额，因而具有以下优点：一是可以合理有效地进行资源分配，将有限的经费用在关键之处；二是可以充分发挥各级管理人员的积极性和创造性，促进各预算部门精打细算，量力而行，合理使用资金，提高资金的利用效果；三是特别适用于产出较难辨认的服务性部门预算的编制与控制。然而，由于一切支出均以零为起点进行分析与研究，因而编制预算的工作量很大，费用较高，而且评级和资源分配具有主观性，容易引起部门间的矛盾。

3. 滚动预算

前面介绍的两种销售预算编制方法通常是定期（如一年）编制的，其优点是与会计年度相配合，便于预算执行结果的考核与评价，但是，这种定期预算也有一定的缺陷：一是定期预算多是在其执行年度开始前的两三个月进行，难于预测预算期的某些活动，特别是对预算期的后半阶段，往往只能提出一个较为笼统的预算，从而给预算的执行带来种种困难。二是预算中所规划的各种经营活动往往在预算期内发生变化，而定期预算却不能及时调整，从而使原有的预算显得不适应。三是在预算执行的过程中，由于受预期的限制，便管理人员的决策视野局限于预算期间的活动，从而不利于企业长期稳定的发展。

滚动预算又称永续预算或连续预算，其基本特点是预算期是连续不断的，始终保持一定的期限（如一年）。凡预算执行过一个月后，即根据前一月的经营成果结合执行中发生的新情况，对剩余的 11 个月加以修订，并自动后续一个月，重新编制新一年的预算。这样逐期向后滚动，连续不断地以预算的形式规划未来的经营活动。

滚动预算的要点在于预算期与会计年度相脱节，始终保持 12 个月或四个季度的预算。与传统的定期预算相比，滚动预算具有以下特点：一是可以保持预算的连续性与完整性，使有关人员能从动态的预算中把握企业的未来，了解企业的总体规划和近期目标；二是可以根据前期预期执行的结果，结合各种新的变化信息，不断调整或修订预算，从而使预算与实际情况更适应，有利于充分发挥预算的指导和控制作用；三是可以使各级管理人员始终保持对未来 12 个月甚至更长远的销售活动做周密的考虑和规划。当然，采用滚动预算法的工作量较大，相应成本也较高。

4. 编制销售预算的步骤模式

像编制销售计划一样，销售预算的方式也有两种：自上而下的方式和自下而上的方式。但两种方式的优缺点也像编制销售计划时所显示出来的一样，因此，很多公司也是同时采用两种方法进行对照，使销售预算更加支持公司目标及销售任务的实现。

自上而下制定销售预算时，主管人员会考虑到公司战略及目标，在进行了销售预测以后，对公司可以利用的费用有了一个大概的了解，然后根据要实现的目标和要进行的活动，选择一种或多种决定销售预算水平的方法草拟预测，分配给各个部门。

自下而上制定销售预算时，销售人员总是根据上一年度的预算结合今年的销售配额，用惯用的方法计算出销售预算，提交销售经理。

应该看到，销售预算也是为实现公司战略目标而设置的，而公司的战略目标是会根据环境的变化而调整的，因此，销售预算也不是一成不变的，应随着市场状况的变化而改变，抓住市场机遇，使销售预算不仅是一项约束条件，而是作为迎接挑战的武器。

第二节　销售费用的控制

一、销售费用控制概述

销售费用的控制是当前企业销售管理的一个重要问题。从经济学角度来看，销售费用属于交易费用的范畴，可以说是微观意义上的交易费用，即企业从事每笔交易所需的费用。从会计学的角度来看，销售费用属于期间费用的范围。期间费用是与一定期间相

联系的费用，包括销售费用、管理费用和财务费用。销售费用是指销售过程中发生的费用，它与生产产品的数量没有什么联系，未来的收益情况也不明确，如企业支付的广告费用究竟在今后哪个会计期间获得收益是难以确定的。所以在会计处理上销售费用不计入成本，均采用发生期立即确认的原则，在发生期末将“销售费用”账户余额转到“本年利润”账户。

销售费用是支撑销售活动的前提，现在越来越多的企业认为销售费用不仅仅是一种支出，而且是一种投资。比如，销售人员的报酬是一项开支，但他们是企业的资产，企业在他们身上的投资越多，表现在对销售人员培训的资金投入，他们在本企业工作经验的价值，如果辞职的替代费用以及企业为留住他们而提供的各种福利和额外津贴。同样，广告也是企业的一种投资行为，今天支持的广告费用在将来的某一段时期是能够得到回报的。

随着企业经营活动的市场化程度不断提高，企业销售活动更趋向于建立以销售经理为中心的系统性组织，销售费用的绝对值呈现递增趋势是毫无疑问的。但是，有些销售费用的增长是由一些不合理现象所造成的。如不公正的竞争环境、企业销售人员的不规范行为等，这也是销售费用控制的主体。

二、销售费用的分类

销售费用是在销售过程中发生的、为实现销售收入而支付的各项费用，其种类很多，我们可按其发生的时间、费用特性和业务项目进行分类。

按照发生时间的先后，销售费用可分为售前费用、售中费用和售后费用。售前费用包括市场调研费用、公关费用、广告费用、培训费用，以及为这些售前活动而支付的人员报酬；售中费用包括储存费用、包装费用、订货会费用、差旅费、推销人员报酬以及宣传材料印刷费用等；售后费用包括售后信息处理、维修材料费用、用户培训费用等。

根据费用本身的特性，按其与销售量的关系，销售费用又可分为固定销售费用和变动销售费用。固定销售费用即不随销售量而变化的费用，如销售人员工资、销售机构固定资产折旧费等。变动销售费用是随销售量变化而变化的费用，如佣金、运输费、包装费等。

按照业务项目，销售费用还可分为销售人员报酬、广告费用、公关费用、业务费用、售后服务费用、销售物流费用。这种分类与会计报表相一致，销售总费用即各业务项目费用之和。由于按此分类易于计算，大多数企业均按此分类预算销售费用，但在每一业务项目中又需依据各项费用的特性，分别计算固定费用和变动费用。

根据销售过程涉及的各项业务内容，销售费用的构成如下：

1. 销售人员的报酬

销售人员的报酬是销售费用的重要组成部分，报酬水平的高低以及报酬形式或构成的不同直接影响着销售活动的最终效果。销售人员报酬一般由基本工资、奖金（包括佣金和利润提成）、福利（包括保险）、特殊奖励等构成，其中基本工资和福利属固定费用，奖金和津贴属于变动费用，按业务量比率提取。

2. 广告费用

广告是树立企业形象、增强竞争能力、扩大销售的重要手段，也是当前许多快速流转品企业销售费用的主体。广告费用是企业用于广告活动中的各种费用，包括广告策划费用、媒体费、制作费、管理费及杂费等。

3. 公关费用

公关活动也是一种主要的营销工具，由于它具有新闻价值，可信度高，因而其成本效果有时甚至超过广告。公关活动的形式是灵活多样的，所需费用也千差万别，多少不一。通常我们将公关费用分为公关公司费用、公关人员报酬、赞助费用、会议费用（新闻发布会、展览会）、庆典活动费等。

4. 业务费用

业务费用是指销售人员从事具体业务工作所需的费用，它一般包括培训费、差旅费、会议费、业务招待费、销售折扣与折让、坏账损失、印刷费等。

5. 售后服务费用

售后服务费用一般包括消耗材料与燃料动力费、工资及附加费、顾客损失赔偿费和部分管理费等。

6. 销售物流费用

如果企业没有将物流外包，则销售物流费用一般包括库存费用、包装费用和运输费用。

三、销售费用的管理程序

销售费用管理可以看作是一项系统工程，从编制销售预算开始，到售后的统计分析，销售费用管理涉及整个销售活动的方方面面，大体上可以分为以下几个步骤：

1）建立销售费用的管理制度。制度是管理的基础，销售工作自由度高，销售费用难以估计和审查，因此，制定相应的销售费用管理制度来规范销售环节各部门人员的行为是非常必要的。在制度比较健全的企业里，销售费用管理制度通常包括销售人员报酬制度、广告费用管理制度、仓储费用管理制度、公关费用管理制度、差旅费用管理制度、培训费管理制度、招待费用管理制度、折扣折让制度、应收账款管理制度、售后服务费用管理制度等。

2）进行销售费用预算。根据市场调研，了解竞争对手销售费用预算与构成，结合

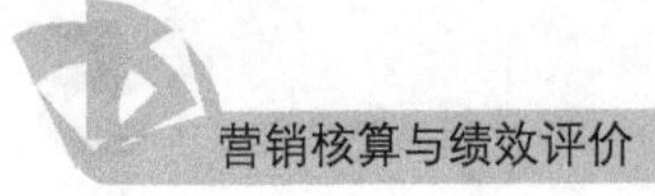

本企业历年的销售费用统计资料与计划年度的经营目标，采用科学合理的预算方法，编制出计划年度销售费用的预算方案，并视每一销售活动对实现销售收入贡献度大小分配销售费用。

3）对销售费用的控制。销售费用管理应贯穿销售过程的始终，对每一项销售费用的支出依据销售费用管理制度进行动态管理。不同销售费用项目其数额大小不一，控制的效益亦不相同，因此，在实际上可遵循，突出重点，兼顾一般的原则，重点掌控主要的销售费用支出。

4）分析销售费用的执行情况。一定时期后，将销售费用的实际支出，情况与预算方案进行比较，计算偏差大小，分析偏差产生的原因，并将分析结果作为下一个计划年度编制费用预算的基础，具体如图 5.2 所示。

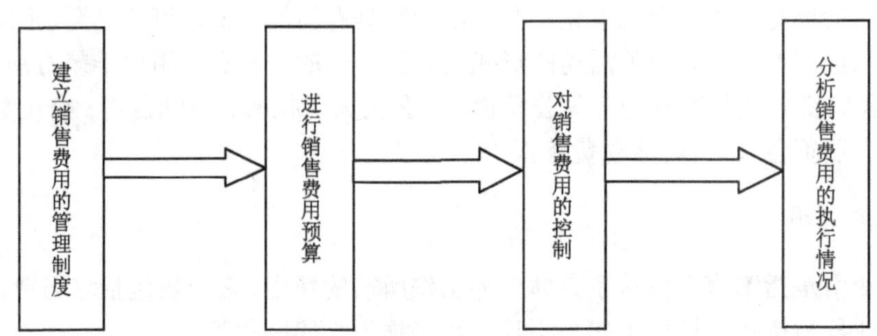

图 5.2　销售费用管理的工作流程

节省销售费用最有效的方法是提高工作的有效性及针对性。分析市场，寻找最有希望的市场区域及客户，有针对性地拜访是提高效率的可行方法，另外，采用新的营销方法（如电话营销等）来降低费用，同时了解客户习惯，如客户什么时间开销售会议，什么时间与之交往成交机会大一些等，避免访问时间与客户接待时间的不协调，使访问无效。销售预算的制订有助于提高销售人员的利润意识，使成本发生的可控性增强，有利于企业利润目标的实现。

有的企业还把销售费用控制与销售人员的薪酬进行挂钩，把销售费用的控制程度作为一个考核指标。

四、销售费用的规范控制

销售经理及销售人员应每月对自己负责的费用进行监督，填写费用报表和进行偏差分析，及时发现问题，采取措施。如销售人员费用过高时，可调整访问路线，降低住宿标准等方法（见表 5.2～表 5.4）。

表 5.2　区域费用估计

项　　目	费　　用
1.主要计量区域	
2.计划销售量	
3.住宿费	
4.餐饮费	
5.租车费	
6.杂费	
7.娱乐费	
8.其他费	
9.促销费	
10.总费	
11.所有计量费	
12.总个区域计划费用	
13.百分比	
14.薪金费	
15.所有区域费用	
16.实际区域费用	

表 5.3　分公司销售费用预算明细

编制部门：　　　　　　　　　　　预算期间：　　　　　　　　　　　单位：元

<table>
<tr><th rowspan="2">类别</th><th rowspan="2">费用项目</th><th colspan="2">预算依据 1%</th><th rowspan="2">预算金额</th><th colspan="3">支付时间</th></tr>
<tr><th>占收入</th><th>比上期+、-</th><th>上旬</th><th>中旬</th><th>下旬</th></tr>
<tr><td rowspan="14">固定费用</td><td>一、经常性项目</td><td></td><td></td><td></td><td></td><td></td><td></td></tr>
<tr><td>租赁费</td><td></td><td></td><td></td><td></td><td></td><td></td></tr>
<tr><td>广告费</td><td></td><td></td><td></td><td></td><td></td><td></td></tr>
<tr><td>其中：媒体广告</td><td></td><td></td><td></td><td></td><td></td><td></td></tr>
<tr><td>宣传物品</td><td></td><td></td><td></td><td></td><td></td><td></td></tr>
<tr><td>促销活动费用</td><td></td><td></td><td></td><td></td><td></td><td></td></tr>
<tr><td>其他广告宣传费</td><td></td><td></td><td></td><td></td><td></td><td></td></tr>
<tr><td>办公费</td><td></td><td></td><td></td><td></td><td></td><td></td></tr>
<tr><td>挂靠管理费</td><td></td><td></td><td></td><td></td><td></td><td></td></tr>
<tr><td>员工保险支出</td><td></td><td></td><td></td><td></td><td></td><td></td></tr>
<tr><td>上级分摊费用</td><td></td><td></td><td></td><td></td><td></td><td></td></tr>
<tr><td>其中：</td><td></td><td></td><td></td><td></td><td></td><td></td></tr>
<tr><td>折旧</td><td></td><td></td><td></td><td></td><td></td><td></td></tr>
</table>

续表

类别	费用项目	预算依据1%		预算金额	支付时间		
		占收入	比上期+、-		上旬	中旬	下旬
固定费用	递延资产摊销						
	二、非经常性项目						
	教育培训费						
	行政扣罚损失						
	低值易耗品						
	小计						
变动费用	工资及福利						
	差旅及交通费						
	电话费						
	交际应酬费						
	运输及装卸搬运费						
	小计						
税金	增值税						
	增值税附加						
	其他税金						
	小计						
财务费用							
销售费用合计							

审批：　　　　　　　　　　　　　　　　　　　　　　　　　　编制人：

表5.4　集团销售费用预算汇总

编制部门：　　　　　　　　　　　　　　　　　　　　　　　　单位：元

类别	费用项目	分公司合计				总部合计				占收入%	比上年同期+、—
		上旬	中旬	下旬	合计	上旬	中旬	下旬	合计		
固定费用	一、经常性项目										
	租赁费										
	广告费										
	其中：媒体广告										
	宣传物品										
	促销活动费用										
	其他广告宣传费										
	办公费										

续表

类别	费用项目	分公司合计				总部合计				占收入%	比上年同期+、一
		上旬	中旬	下旬	合计	上旬	中旬	下旬	合计		
固定费用	挂靠管理费										
	员工保险支出										
	上级分摊费用										
	其中：										
	折旧										
	递延资产摊销										
	二、非经常性项目										
	教育培训费										
	行政扣罚损失										
	低值易耗品摊销										
	小计										
变动费用	工资及福利										
	差旅及交通费										
	电话费										
	交际应酬费										
	运输及装卸搬运费										
	小计										
税金	增值税										
	增值税附加										
	其他税金										
	小计										
财务费用											
销售费用合计											

审批：

第三节　收款的管理

一、授信流程

1. 设定信用额度审批权限

授予信用额度是信用管理部门内部的职责，但为了避免丢掉获得订单的时机，企业应当采取灵活应变措施，对大区的业务人员可以授予一定的临时信用额度审批权限。为了避免各大区业务人员擅自审批授信额度，造成分散在各大区的风险在整个企业集中，应该规定大区业务人员一年内的累计授信额度，并规定如果授信在一年内失误超过 3 次，即取消该大区业务人员的临时信用额度审批权限。为了加强控制，大区业务人员在授予客户临时信用额度以后，必须报信用管理部门备案，由信用管理部门进一步审核。对销售部门经理可以授予高于大区业务人员的临时信用额度审批权限和累计授信额度。由于销售部门经理的临时授信审批额度大，发生风险造成的损失也大，所以规定在一年之内授信失误超过 2 次即取消其临时授信额度审批权。

销售经理掌握详细的客户信息，有条件和权力对信用额度提出质疑。

2. 客户提交信用额度申请表

客户提交的信用额度申请表应该包括如下内容：客户全称、详细地址、付款联系人姓名、联系电话、公司成立时间和从业历史、银行对客户评价、供应商对客户评价、估计进货额、要求信用额度、最新经注册会计师审计的财务报表、接受本企业的信用条件或条款项目的说明、分销商个人担保条款等。

为了较快地取得其他供应商对客户的评价及客户情况的描述，可以由销售人员选择客户若干特征编成表格，向其他供应商咨询客户资信状况。

3. 批准或拒绝客户信用额度申请

在决定是否批准客户的信用额度申请之前，首先要对客户的资信状况进行评价，根据评价的结果确定是否接受客户的信用额度申请。如果批准客户的申请，应当尽快告知客户，同时告知客户本企业对提前付款的现金折扣政策，鼓励其提前支付货款。如果拒绝客户的申请，也应当尽快告知对方，为了避免伤害客户感情，为今后与该客户往来留下余地，应该委婉地说明本企业的信用政策，争取得到对方的理解，同时表达希望通过其他方式销售货物给对方的愿望。

4. 调整赊销额度

客户的状况每时每刻都在发生变化，为了使授予客户的信用额度与客户的资信状况一直保持一致，企业每隔半年就要对客户进行重新审核，对客户的信用额度进行相应调整。另外，从客户方面来讲，如果客户要求提高信用额度，或者订单超出额度，企业都要考虑修改对该客户的信用额度，修改与否取决于对客户最近一次评价的结果。如果发现客户有异常变动可能影响其偿付货款时，企业也要对客户重新进行评价，修改对该客户的信用额度甚至停止对其进行赊销。

对客户授信必须有严格的权限划分，明确责任，同时必须严格按照授信流程办理，只有这样才能使信用额度管理规范化。

二、客户资信状况的定性分析

对事物的认识总是从定性认识开始，对客户资信状况的评价是从对客户若干特征的定性分析开始的。定性分析就是对客户的若干特征进行大致的判断，由于选择特征的不同，又派生出许多模型。

1. 运用 LAPP 模型对客户资信状况进行定性分析

LAPP 模型考查的客户信用特征是流动性、活动性、盈利性和潜力。LAPP 模型的名称来源于客户这四个特征的英文单词第一个字母的大写。

1）流动性。流动性是指客户的资产变为现金偿还负债的能力大小，主要用流动比率或者速动比率来衡量。其中速动比率比流动比率更具有代表性，因为流动比率的计算包含了存货项目，而存货有可能是积压的不能适销对路的产品，而速动比率则剔除了存货项目，因而更能反映客户的短期偿债能力。

2）活动性。活动性是指客户应付市场的能力，包括客户产品在市场上的竞争能力、占有的市场份额、科技开发能力、筹资能力等。

3）盈利性。盈利性是指客户从产品销售或提供劳务过程中获得利润的能力。考查的主要指标是主营业务利润率、总资产利润率、成本利润率等相对指标；此外还有利润总额、主营业务利润总额等绝对指标。对于企业赊销来说，绝对指标更具有实际的意义。

4）潜力。是指客户未来的发展前景，考查的指标有销售增长率等。企业还可以通过对客户生产产品所处产品生命周期的阶段、客户所在行业的分析，对客户的发展潜力做定性的评价。

企业可以根据客户的这四个信用特征对客户的资信状况得出一个大致的结论，对客户形成一个大概的印象。

2. 运用特征分析模型对客户资信状况进行定性分析

客户的特征有很多，结合国外的经验及我国的国情，我们认为可以从以下 19 个方面对客户进行资信状况定性分析。当然企业可以根据具体情况予以取舍。

1）组织管理水平。良好的组织结构是客户管理水平的保障，分析客户的这一个特征是要看客户是否具有健全的法人治理结构。对这一特征进行评价时要分析客户的股东结构和股东背景、经济组织形式、内部管理组织结构等。良好的组织管理水平需要优秀的管理人员来组织实施，高素质的管理人员是客户具有较高管理水平的人力保障。

2）产品特性。应该考查客户产品在同行业中的地位和水平；客户产品的质量；客户产品的价格水平是否被市场认可；客户产品是否多样化；客户产品的成本结构如何，如果成本中的固定成本比例很高，则说明如果客户产品销量小，经营风险就较大；是否存在替代产品以及替代产品对客户产品的影响；客户产品处于产品生命周期的哪一个阶段；客户产品所在行业的发展走势；是否有新产品开发计划等。

3）市场竞争能力。客户的市场竞争能力要靠物美价廉的商品做基础但这还不是全部。考查客户的这一特征时要考虑的是：市场营销人员的能力；客户产品或服务是否有良好的市场前景；市场扩张或萎缩的可能性；在质量和价格上是否有竞争力；客户所处市场的规模和深度；客户所占有的市场份额大小；客户所销售产品是否有较强的季节性；市场的地理位置扩展状况等。

4）经营状况。主要考查的是客户的生产状况、经营方式、结算方式、主要供应商的状况、经销商或代理商的状况、销售额增长状况、主营业务增长状况等。

5）发展潜力。对客户这一特征的分析要求对客户有多方面的了解和分析，包括客户的发展历史、当前的生产经营状况和市场状况、所处行业的发展走势、产品市场状况、市场对客户产品需求偏好的变化、客户是否已经开始开发替代产品等方面。

6）交易赢利率。由于固定的销售费用的存在，使得只有在达到一定的销售量后，企业才可能获得满意的获利率。因此，企业优先考虑与可以获得更大利润的客户进行交易。需要注意的是，对这个特征的考查不涉及客户本身规模的大小。

7）交易条件。这一点是客户对企业提供的产品质量、款式、包装、运输条件、结算方式等所提出的条件。如果客户提出的条件过于苛刻，则企业在赊销过程中要付出较大的代价，获得的收益就会相应降低。但如果客户对交易条件的要求过于宽松，企业则应当警惕是否有诈骗的嫌疑。

8）对企业形象的影响。这一特征是指与某一个客户进行交易可能会对企业自身在市场上的形象产生影响，也就是说如果争取到该客户会提高本企业的社会知名度，有助于进一步开拓市场，那么企业就应当积极争取这类客户。

9）对市场竞争力的影响。这一特征是指某些客户能够使企业取得在市场上的有利竞争地位，企业对这些客户要放弃暂时的利益而降低条件与其进行交易。

10）担保能力。如果客户在信用条件之外还能提供部分担保，如提供资产担保、交付定金、出具银行保函、第三方提供担保、提交质押品等，则客户支付货款的可能性大大增加，企业对其赊销就多了一层保障。企业需要注意的是要预防客户把资产进行多次抵押，进行诈骗。

11）企业对客户的依赖程度。如果企业生产的产品销售对象只限于某些特定客户，则企业对其依赖性较强，不容易找其他客户替代。在这种情况下，对客户进行赊销时，就要放松信用条件，尽量维持稳定的合作关系，否则，企业就有可能丧失巨大的销售份额。

12）客户对供应商的依赖程度。如果客户的原料主要来自于几个供应商，并且选择的余地并不大，那么客户对生产成本的控制能力就弱，从而影响客户产品的市场竞争力。

13）行业在供应链中的位置。供应链描述的是从原材料生产开始到生产出最终商品并进入最终消费者手中的整个过程。一般认为，一个行业如果处于供应链的中间部分是最脆弱的，风险也就越大。

14）付款是否及时。对这一特征的考查，可以从客户同本企业进行交易过程中的付款表现获得信息，还可以从公共部门或银行获得这些特征信息。

15）银行信用评价。企业可以通过获得银行对客户的信用评级、客户在银行的贷款情况、是否有贷款拖欠、是否有能力获得银行的资信证明或银行保函等对这一特征进行考查。

16）获利能力。就是客户在经营过程中，在补偿成本基础上获得利润的能力。客户的这一特征及其发展趋势可以通过分析损益表了解。如何分析损益表，在后面的章节中有详细介绍。

17）现金流量评价。利润只是基于权责发生制计算出来的，有可能和实际的现金流量发生一定程度的错位，例如销售在没有收回现金的情况下就确认收入，但这些应收账款有可能无法收回，即使能够收回，在客户需要现金支付时也无法满足要求。不少账面赢利的企业因为现金不足而陷入财务危机，最终破产。

18）偿债能力。对这个指标的考查主要是分析客户的短期偿债能力，建议增加资产负债率、产权比率等。需要注意的是这两种比率只是在资产负债表表内反映出来的。企业还需要对表外融资业务进行分析，例如通过客户的会计报表附注，可以分析客户有没有租赁资产以及金额大小。

19）资本总额。资本充足率高的客户发生破产的可能性低，资本是债权的保障，就是说一旦客户破产，资本首先用于偿还负债。对于赊销来说资本总额比资本充足率更具有相关性。

应当说特征分析模型是在非常全面的基础上对客户资信状况所进行的评价。通过对客户特征的分析，企业就可以对客户资信状况做出正确判断。

三、客户资信状况的定量分析

在上面已经介绍了通过对客户特征的考查以对客户资信状况进行分析。在定性分析的基础上，我们还可以对客户的19个特征进行定量分析。具体步骤如下：

1）分别对客户的每一个特征打分，每个特征总分为100分。

2）根据每个特征与该赊销相关的程度，分别规定一定的权重，全部特征权重之和为100%。需要说明的是企业要根据自身特点确定权数分配。

3）计算每个特征的得分。它等于每个特征的评分乘以该特征的权重。

4）把每个特征的加权得分相加，得出对该客户的总得分。

5）根据对客户信用的评分，对客户进行评定，如表5.5所示。

表 5.5　对客户进行评定

特征名称	评分	权重/%	加权评分
组织管理水平	80	6	4.8
产品特征	85	6	5.1
市场竞争能力	90	7	6.3
经营状况	80	6	4.8
发展潜力	85	4	3.4
交易赢利率	80	6	4.8
交易条件	70	5	3.5
对市场吸引力的影响	80	5	4.0
对市场竞争力的影响	80	4	3.2
担保能力	75	4	3.0
对客户的依赖程度	80	5	4.0
对供应商的依赖程度	60	4	2.4
行业在供应链中的位置	80	3	2.4
付款是否及时	90	7	6.3
银行信用评价	90	5	4.5
获利能力	80	6	4.8
现金流量评价	90	7	6.3
偿债能力	85	6	5.1
资本总额	70	4	2.8
合计	——	100	81.5

四、应收账款的跟踪管理

应收账款的跟踪管理是现代企业信用管理的一项重要组成部分，它属于继制定信用政策、批准赊销的事前控制之后的事中控制。

应收账款的跟踪管理就是从赊销过程开始，到应收账款到期日，对应收账款的整个回收过程实施严格的跟踪、监督，确保客户正常支付货款，从而最大限度地降低逾期应收账款的发生率。

1. 实施应收账款跟踪管理的好处

1）有利于与客户及时沟通，保持良好的业务关系。在我国大量的货款拖欠案中，有相当一部分是由于双方在货物质量、包装、运输、货运以及结算上产生纠纷导致的。应收账款跟踪管理的出发点就是以合作的态度与客户进行沟通，及时了解客户的反应、要求，解决可能产生的纠纷。这样，就为客户按时付款清除了障碍，维护了与客户的良好业务关系。

2）给习惯性拖欠的客户施加一定的压力。我国企业中拖欠货款、贷款或税款的现象非常普遍。有些企业拖欠货款并非恶意拖欠，属于习惯性拖欠。对这类客户，在整个应收账款回收过程中，要与之保持密切联系，经常提醒、催促付款，使之感觉到债权人的压力。在这种情况下，面对众多债权人，客户会选择管理严格的债权人优先付款。

3）及时发现信誉不良和恶意拖欠的客户。通过与客户保持不断的联系，可以及早发现一些拖欠货款的不良征兆，如客户经营困难、人事机构调整、法律纠纷、资产转移等，以便及早采取应对措施。

4）有利于及时收回货款，缩短应收账款的回收期限，减少坏账损失，保证资产的流动性和安全性。实施应收账款的跟踪管理，给客户不断施加压力，监督客户付款，可最大限度地收回货款，减少坏账发生的可能性，从总体上缩短应收账款的回收期限，减少企业坏账损失——花费在收回拖欠账款上的时间、人力、物力和财力，保证资产的流动性和安全性。

2. 应收账款跟踪管理的实施

1）在出货日，建立应收账款档案。企业可预先设计统一编号的“四联赊销责任书”，载明欠款单位、法定代表人、经手人、地址、电话、发货日期、货名、规格、数量、金额、本单位经办人、责任人和款到日等内容。

在出货日，第一联业务人员存根，第二联交给客户信用管理人员归档，第三联财务入账，第四联用于记录责任人回款情况。第四联平时留在财务部门，把欠款额登记在回款记录的借方，交款时记贷方，并由收款人签章。

随时结出欠款额，欠款结清后抽取第四联退给责任人，并根据回款情况对相关人员进行奖惩。

2）货到日的查询。业务人员估计货到日，要主动以电话或传真与客户取得联系。询问客户是否收到货物，根据发货单查收货物数量是否正确，包装是否损坏，接货是否顺利等。业务人员要表示对客户是否收到货物的关切，并注意客户是否有异常反应，同时记下到货日期。若客户发来传真，要保留并归档。

3）货到 1 周后，对货物满意度的查询。此时，业务人员要再次以电话、传真或信函方式与客户取得联系。询问客户对货物的查收情况，例如，订单货物的规格、型号、种类、数量是否正确，货物在运输过程中是否有损坏、变质等意外情况发生，客户对货物质量是否满意等。

正常的客户如果对货物有什么不满会马上做出反应；而蓄意拖欠的客户此时的反应可能是含糊其辞或做出某种暗示，其提出的一些问题往往是以后纠纷的起因，拖欠的借口。所以这时业务人员要仔细分析客户的反应和提出的问题，辨别其真实目的，以便尽快采取措施。

4）提醒客户付款到期日。在货款到期前 1 周，业务人员要再一次与客户联系，视客户情况，选择录音电话、传真、电报、快信甚至登门拜访等方式。了解客户对交易的满意程度，并提醒客户货款的到期日，了解客户的支付能力，同时暗示客户按时付款的必要性。注意客户对按时付款的反应，并保留客户的来电、来函等资料，以备日后必要时作为法律诉讼的依据。

5）货款到期日的催收。在货款到期日的一两天内，应与客户直接联系，询问其是否已将货款汇出，如还没汇出，询问其原因。对按期付款的客户给予感谢和鼓励性的回复，进一步加强与客户的良好关系。对未能按期付款的客户，以函电形式进行催收或亲自上门了解情况。

小提示

这一阶段要保持与客户的良好关系，措辞要礼貌、周到、严谨，并体现出对按期收款的关切和信心。

6）及时报告到期未付的情况。如果客户在超过货款到期日 3 天仍未付款，业务人员应将逾期未付的客户名称、金额、未付原因等情况立即报告经理和财务部门，以便将发生逾期欠款的客户纳入早期逾期应收账款催收管理范围。

注 意

实施应收账款跟踪管理，就是要以合作的、非敌对的态度与客户沟通，对客户施加适当的压力，督促其付款，从而最大限度地提高应收账款的回收率。

五、应收账款的回收方式

若在货款到期日企业没有收到客户的付款，应该立即着手进行催收。下一步的工作就是选择恰当的应收账款回收方式。追讨欠款的基本方法主要有以下四种：

1. 企业自行追讨

企业自行追讨，是处理拖欠时间不长的应收账款的首选方式。可选用的方法有电话收款、收账信收款和上门追讨三种。这种通过双方协商清偿债务的方式主要适用于债权债务关系比较明晰，各方对拖欠债务的事实无争议或争议不大的情况，而且这种方式简便、易行，能够及时地解决问题。

小提示

企业自行追讨，追账成本最小，也利于维护双方当事人的良好业务关系。但自行追讨的力度不大，对恶意拖欠客户的作用不太明显。

2. 委托专业机构追讨

如果客户一再拖欠，企业自行追讨一段时间后仍没有实质性的效果，而又不想马上诉诸法律时，企业可以委托专业机构代为追讨。这些机构包括律师事务所、会计师事务所、收账公司等专业机构。委托专业机构代为追讨有以下好处：

1）加大追讨力度。专业收账机构具有丰富的收账经验和知识，对每一类的拖欠都会制定一套有效的措施，灵活性强，手段多样化，对客户的压力逐渐增加。无论是在追讨形式和实际追讨效果上，还是对债务人的心理压力上，有远远大于企业自行追讨的力度。

2）节约成本和费用。企业在产生逾期账款拖欠后，已经负担了相当大的损失，从心理上说，就不愿支付过多的追讨费用，造成更大的损失。而专业收账机构除收取小比例的手续费外，一般都采用“不追回账款，不收取佣金”的收费政策，这对客户来说，是一种减少损失而又不必冒额外损失的风险的方法。

3）有利于维护客户关系。委托专业机构收款，由第三方与客户进行沟通、交涉，双方贸易纠纷并没有公开，较之诉讼等造成与债务人关系恶化的法律手段，不严重损害买卖双方的合作关系，便于日后与客户修复业务关系，为将来的再次合作留有余地。

3. 仲裁追讨

此方式适用于双方纠纷导致的账款拖欠。申请仲裁有以下好处：

1）程序简便。仲裁实行“一裁终局”制度，没有上诉或再审程序，裁决自做出之日起立即发生法律效力，具有强制执行力。因而仲裁程序简化、审理时间较短、争议解决的效率提高。简易程序由独任仲裁员审理，审理期限更短，效率更高。小额争议自动适用简易程序，争议金额大的案件经当事人协商同意也可以适用简易程序。

2）充分自治。选择仲裁方式，当事人可享有最大限度的自主权，包括自主选择仲裁机构、仲裁员、仲裁地点、仲裁所使用的语言、仲裁规则以及仲裁所适用的法律。

3）易于执行。1958 年联合国在纽约通过的《关于承认和执行外国仲裁裁决公约》（简称《纽约公约》）为国际社会提供了一项普遍接受的、简便的承认及执行外国仲裁裁决的制度。根据该公约的规定，缔约国的仲裁裁决能直接申请在 145 个缔约国法院予以强制执行。

4）为当事人保密。仲裁审理不公开进行。未经当事人的同意和仲裁庭的允许，第三人不可旁听案件审理，仲裁程序及裁决不公布于媒体。另外，裁决一经做出即发生法律效力，裁决是终局的，对双方当事人均有约束力。任何一方当事人均不得向法院起诉，也不得向其他任何机构提出变更仲裁裁决的请求。

与诉讼相比，仲裁避免了繁杂的程序和巨大的成本，可以节省时间和金钱，能够尽快解决问题。但它仅适用于双方都自愿以仲裁解决问题的情况。

4. 诉讼追讨

通过法律诉讼收回应收账款，由于程序复杂，通常要拖一年或者半年以上，与其他方式相比效率最低。同时，这也是冲突性最强的方法，会导致与客户关系的完全破裂；诉讼的法律费用很高，而且随着时间增加，没有确定数目。

但通过法律诉讼收回应收账款的优点也是明显的，就是说它具有强制性，可以用法律的威严强制不遵守信用规则的客户承担其所应尽的义务。法律诉讼是企业为收回欠款所作的最后努力。当企业与客户发生债务纠纷，协商、调节无法达成一致；或者双方不愿采用仲裁方式解决，客户无理拒不付账时，企业可诉诸法律解决。

企业应根据自己的实际情况，客户欠款的金额、拖欠时间、客户情况、专业机构收费情况等因素综合考虑，选择有针对性的、恰当的回收方式。

第四节　保本与保利分析

一、本量利分析的基本公式

1．本量利的基本关系式

本量利分析主要考虑的相关因素包括固定成本总额、单位变动成本、销售量、单价、销售收入和营业利润等。这些关系可表达为

营业利润＝销售收入－销售成本

＝销售收入－（固定成本＋变动成本）

＝单价×销售量－单位变动成本×销售量－固定成本

＝（单价－单位变动成本）×销售量－固定成本

2．贡献边际及相关指标的计算公式

（1）贡献边际的表现形式

贡献边际指产品的销售收入与相应的变动成本之间的差额（记作 Tcm），也称边际贡献、贡献毛益、边际利润。贡献边际除了可以用总量指标表示外，还有单位贡献边际（记作 cm）和贡献边际率（记作 cmR）两种表现形式。其中，单位贡献边际指产品的销售单价与单位变动成本的差额，贡献边际率指贡献边际占销售收入的百分比。

（2）贡献边际指标的计算公式

贡献边际三种表现形式的公式为

贡献边际＝销售收入－变动成本

＝单位贡献边际×销售量

＝销售收入×贡献边际率

$$单位贡献边际=单价-单位变动成本$$
$$=贡献边际/销售量$$
$$=销售单价\times贡献边际率$$

$$贡献边际率=\frac{贡献边际}{销售收入}$$
$$=单位贡献边际/单价$$

引入贡献边际指标之后，可以将本量利基本关系式写成

$$营业利润=贡献边际-固定成本$$
$$=单位贡献边际\times销售量-固定成本$$

（3）贡献边际指标的性质

从公式可以看出，贡献边际虽然不是企业的营业利润，但它与企业营业利润的形成有着密切的关系。只有当贡献边际补偿固定成本还有剩余时，企业才会实现盈利，否则就可能出现亏损。

贡献边际是一个反映盈利能力的指标，亦或是一个反映能为营业利润做多大贡献的指标。

（4）变动成本率

与贡献边际率密切相关的指标是变动成本率。所谓变动成本率（用 bR 表示），指变动成本占销售收入的百分比，公式是

$$变动成本率=\frac{变动成本}{销售收入}$$
$$=\frac{单位变动成本}{单价}$$

将贡献边际率与变动成本率联系起来，有以下关系成立：

$$贡献边际率+变动成本率=1$$

可见，贡献边际率和变动成本率属于互补性质，变动成本率越高，贡献边际率越低、盈利能力越小；反之，变动成本率越低，贡献边际率越高，盈利能力越强。

以上指标和计算公式及其变型，应用十分广泛，因此，必须在理解的基础上熟练掌握，以便灵活运用。

［例 5.1］　已知某企业 1998 年只生产 A 产品，单价为 10 元/件，单位变动成本为 6 元/件，全年固定成本为 30 000 元，当年生产量为 12 000 件。

要求：计算贡献边际指标、变动成本率和营业利润。

解：　单位贡献边际＝10－6＝4（元/件）

$$贡献边际总额 = 4 \times 12\,000 = 48\,000（元）$$

$$贡献边际率 = 4/10 = 40\%$$

$$变动成本率 = 1 - 40\% = 60\%$$

$$营业利润 = 48\,000 - 30\,000 = 18\,000（元）$$

二、保本分析

1. 保本分析的基本概念

保本是一个用于概括企业在一定时期内收支相等、不盈不亏、利润为零的专门术语。当企业恰好处于收支相等、不盈不亏、利润为零的特殊情况时，企业恰好处于保本状态。

保本分析是研究当企业恰好处于保本状态时本量利关系的一种定量分析方法。它是本量利分析的核心内容之一，也是确定企业经营安全程度和进行保利分析的基础，又称盈亏平衡分析、损益两平分析、两平分析等。保本分析的内容包括确立保本点、评价企业经营安全程度和保本状态的判定。

2. 保本点的含义及其确定

保本点是使企业达到保本状态时的业务量的总称（记作 BEP）。即在该业务量水平下，企业的收入正好等于全部成本；超过这个业务量水平，企业就有盈利；反之，低于这个业务量水平，就会发生亏损。在我国，保本点又被称作盈亏临界点、盈亏平衡点、损益两平点、够本点等。

单一品种的保本点有两种表现形式：一种是保本点销售量，一种是保本点销售额（简称保本额）。它们都是标志企业达到保本状态的销售业务量指标。在以平面直角坐标系为基础的单一品种保本图上，保本点是由保本量和保本额的坐标值决定的。在单一品种条件下，确定保本点就是计算保本量和保本额数值或确定其位置的过程。

在单一品种条件下确定保本点，主要有三种方法，即图解法、基本等式法和贡献边际法。

（1）图解法

图解法是指通过绘制保本图来确定保本点位置的一种方法。典型的保本图需要绘制在平面直角坐标系中。

图解法的基本原理是当总收入等于总成本时，企业恰好保本，在平面直角坐标系内画出销售收入线和销售总成本线，若两条线相交，其交点就是保本点。

具体作图步骤如下：

1）在单一品种情况下，将平面直角坐标系的横轴作为销售量轴，纵轴作为销售收入和总成本轴。

2）在坐标系上，以单价 p 为斜率，过原点。画一条直线 $y=px$，即销售收入线。

3）根据固定成本的水平在 y 轴上标出截距 a，以单位变动成本 b 为斜率，过坐标点（0，a）画一条直线 $y=a+bx$，即总成本线。

当单价大于单位变动成本时，销售收入线与总成本线相交于 BEP 点，其坐标为（xo，yo），则 BEP 点为保本点，其中 xo 为保本量，yo 为保本额。

此法的优点在于形象、直观、通俗易懂，但由于手工绘图的局限性，保本量和保本额需要在坐标轴上读出来，因此结果不会十分准确。

（2）基本等式法

基本等式法又称方程式法，指在本量利基本关系式的基础上，根据保本点的定义，先求出保本量，再推算保本额的一种方法。其原理是：当利润为零时，企业恰好保本。

有关公式如下：

$$保本量=\frac{固定成本}{单价-单位变动成本}$$

$$保本额=单价\times 保本量$$

此法能克服图解法的缺点，但必须先计算保本量，才能进一步算出保本额。

［例 5.2］ 资料如例 5.1，要求按基本等式法计算保本点。

解：

$$保本量=\frac{30\ 000}{10-6}=7500（件）$$

$$保本额=10\times 7500=75\ 000（元）$$

（3）贡献边际法

贡献边际法指利用贡献边际与业务量、利润之间的关系计算保本量和保本额的一种方法。其原理是：当贡献边际等于固定成本时，企业恰好保本。

有关公式如下：

$$保本量=\frac{固定成本}{单位贡献边际}$$

$$\begin{aligned}保本额&=单价\times 保本量\\&=\frac{固定成本}{贡献边际率}\\&=\frac{固定成本}{1-变动成本率}\end{aligned}$$

［例 5.3］ 资料如例 5.1，要求按贡献边际法计算保本点。

解：

$$单位贡献边际=10-6=4（元）$$

$$贡献边际率=\frac{4}{10}=40\%$$

$$保本量=\frac{30\ 000}{4}=7500（件）$$

$$保本额=\frac{30\ 000}{40\%}=75\ 000（元）$$

三、企业经营安全程度评价

1. 安全边际指标及其运用

安全边际是根据实际或预计的销售业务量（包括销售量和销售额两种形式）与保本业务量（包括保本量和保本额两种形式）确定的定量指标。有绝对量和相对量两种表现形式，其中绝对量包括安全边际量（记作 MS 量）和安全边际额（记作 MS 额）；相对量为安全边际率（记作 MSR）。

计算公式分别为

$$安全边际量=实际或预计销售量-保本量$$

$$安全边际额=实际或预计销售额-保本额$$

$$安全边际率=\frac{安全边际量}{实际或计划销售量}=\frac{安全边际额}{实际或计划销售额}$$

安全边际量与安全边际额的关系如下：

$$安全边际额=单价\times安全边际量$$

安全边际指标都是正指标，数值越大，企业经营安全程度越高，所以安全边际和安全边际率可用来评价企业经营的安全程度。西方国家评价企业经营安全程度的一般标准如表 5.6 所示。

表 5.6　企业经营安全性评价标准

安全边际率	10%以下	10%～20%	20%～30%	30%～40%	40%以上
安全程度	危险	值得注意	较安全	安全	很安全

2. 保本作业率

保本作业率又叫危险率，是指保本点业务量占实际或预计销售业务量的百分比。其计算公式为

$$保本作业率=\frac{保本量}{实际或计划销售量}=\frac{保本额}{实际或计划销售额}$$

安全边际率与保本作业率的关系是

$$安全边际率+保本作业率=1$$

某些西方国家评价企业经营安全程度不用安全边际率，而用保本作业率。保本作业率指标都是反指标，数值越小，企业经营安全程度越高。

［例 5.4］ 评价企业经营安全程度指标的计算举例。用例 5.1 所提供资料。要求：计算该企业安全边际指标、企业保本作业率、企业经营安全程度。

解：

$$安全边际量=12\,000-7500=4500（件）$$

$$安全边际额=10\times12\,000-75\,000=45\,000（元）$$

$$安全边际率=\frac{4500}{12\,000}=37.5\%$$

$$保本作业率=\frac{7500}{12\,000}=62.5\%$$

因为安全边际率为 37.5%，所以可以判定该企业的经营状况为安全。

保本状态的判定：从完整的意义上看，在一定时期内，若某企业不盈不亏、收支相等、利润为零、贡献边际等于固定成本，安全边际各项指标均为零、保本作业率为 100%，则可以判定该企业一定处于保本状态。

四、保利分析

1. 保利分析的意义

保本分析以企业利润为零，不亏不盈为前提，保本是企业生产最基本的条件，是企业安全经营的前提。但企业的经营目标不在于保本，而是尽可能地获取利润，达到一定的盈利目标，所以保利才是企业生产的真正目的，也只有在盈利存在的条件下，才能充分揭示成本、业务量和利润之间的正常关系。通过保利分析，可以确定为了实现目标利润而应该达到的目标销售量和目标销售额，从而以销定产，使企业明确短期经营方向。

2. 保利点的含义

保利点是指在单价和成本水平确定的情况下，为了达到一定的目标利润而应达到的业务量。保利点也有保利量和保利额两种，保利量是实现目标利润应达到的销售量，保利额是实现目标利润应达到的销售额，目标利润记作 TP。

3. 保利点的计算

$$保利量=\frac{固定成本+目标利润}{单价-单位变动成本}$$

$$=\frac{\text{固定成本+目标利润}}{\text{单位边际贡献}}$$

$$\text{保利额}=\text{保利量}\times\text{单价}$$

$$=\frac{\text{固定成本}+\text{目标利润}}{\text{单位边际贡献}}\times\text{单价}$$

$$=\frac{\text{固定成本}+\text{目标利润}}{\text{边际贡献率}}$$

［例 5. 5］ 按例 5.1 所提供的资料，假设目标利润为 20 000 元，其他条件不变。要求按贡献边际法计算保利点。

解：

$$\text{保利量}=\frac{30\,000+20\,000}{4}=12\,500\text{（件）}$$

$$\text{保利额}=\frac{30\,000+20\,000}{40\%}=125\,000\text{（件）}$$

由上面计算表明，企业为了实现 20 000 元的目标利润，保利销售量应达到 12 500 件，保利销售额应达到 125 000 元。

上述保利点没有考虑所得税的影响，若要考虑所得税，企业真正可支配的盈利是税后利润，税后利润=目标利润×（1—所得税税率），因此，在考虑所得税的情况下，上述公式目标利润应为税后利润÷（1—所得税税率）来代替。

第五节　营销核算用表

一、销售计划与货款回收计划表

（一）销售计划用表

销售计划用表的使用使得销售计划变得更加清晰，易于定制和管理，有利于销售人员具体的销售操作。

1. 月别、商品别销售额计划表

（1）掌握商品别构成比率实绩

由上年度同月实绩或三年间同月实绩而来的商品别、商品群别构成比率，须如表 5.7 加以分析，确实掌握其倾向。这样就可以明白畅销商品或是获利商品了。

表 5.7　月别商品销售额计划

<table>
<tr><th colspan="3" rowspan="2">商品别</th><th colspan="2">去年同月</th><th colspan="2">1 月计划</th></tr>
<tr><th>销售金额/千元</th><th>构成比/%</th><th>销售金额/千元</th><th>构成比/%</th></tr>
<tr><td rowspan="20">月间总销售额</td><td rowspan="7">畅销商品群</td><td>小计</td><td></td><td></td><td></td><td></td></tr>
<tr><td>（1）</td><td></td><td></td><td></td><td></td></tr>
<tr><td>（2）</td><td></td><td></td><td></td><td></td></tr>
<tr><td>（3）</td><td></td><td></td><td></td><td></td></tr>
<tr><td>（4）</td><td></td><td></td><td></td><td></td></tr>
<tr><td>（5）</td><td></td><td></td><td></td><td></td></tr>
<tr><td>（6）</td><td></td><td></td><td></td><td></td></tr>
<tr><td rowspan="6">高利润率商品群</td><td>小计</td><td></td><td></td><td></td><td></td></tr>
<tr><td>（1）</td><td></td><td></td><td></td><td></td></tr>
<tr><td>（2）</td><td></td><td></td><td></td><td></td></tr>
<tr><td>（3）</td><td></td><td></td><td></td><td></td></tr>
<tr><td>（4）</td><td></td><td></td><td></td><td></td></tr>
<tr><td>（5）</td><td></td><td></td><td></td><td></td></tr>
<tr><td rowspan="6">销售、利润率均不佳的商品群</td><td>小计</td><td></td><td></td><td></td><td></td></tr>
<tr><td>（1）</td><td></td><td></td><td></td><td></td></tr>
<tr><td>（2）</td><td></td><td></td><td></td><td></td></tr>
<tr><td>（3）</td><td></td><td></td><td></td><td></td></tr>
<tr><td>（4）</td><td></td><td></td><td></td><td></td></tr>
<tr><td>（5）</td><td></td><td></td><td></td><td></td></tr>
<tr><td colspan="2">总计</td><td></td><td></td><td></td><td></td></tr>
</table>

（2）以商品构成比率政策，修正构成比率

对于以往三年间或去年同月的商品别、商品群别构成比率可以依据商品构成修正经营方针、有关人员的意见、需求预测等加以修正。经过修正后的月别商品构成比率须每月都有明确的设定，这就是制作商品别计划时的基础作业。

（3）以经过修正的商品构成比率，制作商品别计划

把这种修正的商品构成比率乘以月销售额计划（总额）就是商品别的销售额计划。如此每月制作月别的详细商品别销售额计划就可以当作月份销售额预算的基本资料加以利用了。

2. 单位别、客户别销售额计划表

1）要掌握单位别、客户别的构成比率。如表 5.8 所示，分析以往三年间或是去年同月份的单位别、客户别的构成比率（在当月的总计中所占比率），然后注意其倾向。

2）修正单位别、客户别构成比率。

3）已修正过的构成比率制作单位别、客户别的销售额计划。如此经过修正后的构

成比率，是符合包括预测或方针等实际状态的，所以只要乘以当月的销货总额，立刻就可以成为单位别销售额计划或客户别销售额计划，如此的各种计划就可以成为当月份的实行计划（实行预算）了。

表 5.8　单位别、客户别销售额计划

单位别	顾客		去年同月		1 月计划	
			销售金额/千元	构成比/%	销售金额/千元	构成比/%
A 支店	客户A级	①				
		②				
		③				
		④				
		⑤				
	小　计					
	B级客户	①				
		②				
		③				
		④				
		⑤				
	小　计					
	C级客户					
	其　他					
	合　　计					
B 支店	A级客户	①				
		②				
		③				
		④				
		⑤				
	小　计					
	B级客户	①				
		②				
		③				
		④				
	小　计					
	C级客户					
	其他					
	合　　计					

（二）销售费用计划表

1. 综合计划下的销售管理费用

1）销售变动费中的各科目均须决定对销售额的比率，与年度销售额计划相乘，以制作销售费用计划。

2）销售固定费须参考以往的实绩等，按照各科目别制作计划。通常用比率来拟订计划是不妥当的。

2. 各月别销售变动费计划的制作方法

按月别销售乘上年度变动费各种科目计划中所设定的对销售额的比率就是各月别销售变动费计划了。

3. 各月别销售固定费计划的制作方法

以年度合计所计划的各固定费科目金额除以 12 个月，就可作为月别经费来制作计划。

奖金、折旧费、利息等也应该同样作为月别经费来计划。

具体如表 5.9 所示。

表 5.9　销售费用计划

<table>
<tr><td colspan="4" rowspan="3">项　目</td><td colspan="5"></td></tr>
<tr><td colspan="2">年间合计</td><td colspan="2">1 月</td><td>……</td></tr>
<tr><td>金额/千元</td><td>构成比/%</td><td>金额/千元</td><td>构成比/%</td><td>……</td></tr>
<tr><td rowspan="17">销售费合计</td><td colspan="2" rowspan="10">销售变动费</td><td>（1）销售手续费</td><td></td><td></td><td></td><td></td><td></td></tr>
<tr><td>（2）运费</td><td></td><td></td><td></td><td></td><td></td></tr>
<tr><td>（3）包装费</td><td></td><td></td><td></td><td></td><td></td></tr>
<tr><td>（4）保管费</td><td></td><td></td><td></td><td></td><td></td></tr>
<tr><td>（5）燃料费</td><td></td><td></td><td></td><td></td><td></td></tr>
<tr><td>（6）销售促进费</td><td></td><td></td><td></td><td></td><td></td></tr>
<tr><td>（7）广告宣传费</td><td></td><td></td><td></td><td></td><td></td></tr>
<tr><td>（8）消耗品费</td><td></td><td></td><td></td><td></td><td></td></tr>
<tr><td>（9）其他</td><td></td><td></td><td></td><td></td><td></td></tr>
<tr><td>小　计</td><td></td><td></td><td></td><td></td><td></td></tr>
<tr><td rowspan="7">销售固定费</td><td rowspan="7">（1）销售人员费</td><td>①薪金</td><td></td><td></td><td></td><td></td><td></td></tr>
<tr><td>②奖金</td><td></td><td></td><td></td><td></td><td></td></tr>
<tr><td>③法定福利费</td><td></td><td></td><td></td><td></td><td></td></tr>
<tr><td>④保健费</td><td></td><td></td><td></td><td></td><td></td></tr>
<tr><td>⑤各种津贴</td><td></td><td></td><td></td><td></td><td></td></tr>
<tr><td>⑥其他</td><td></td><td></td><td></td><td></td><td></td></tr>
<tr><td>小　计</td><td></td><td></td><td></td><td></td><td></td></tr>
</table>

续表

<table>
<tr><td colspan="4" rowspan="3">项　目</td><td colspan="5"></td></tr>
<tr><td colspan="2">年间合计</td><td colspan="2">1月</td><td>……</td></tr>
<tr><td>金额/千元</td><td>构成比/%</td><td>金额/千元</td><td>构成比/%</td><td>……</td></tr>
<tr><td rowspan="9">销售费合计</td><td rowspan="9">销售固定费</td><td rowspan="9">（2）销售固定经费</td><td>①旅费交通费</td><td></td><td></td><td></td><td></td><td></td></tr>
<tr><td>②交际费</td><td></td><td></td><td></td><td></td><td></td></tr>
<tr><td>③通讯费</td><td></td><td></td><td></td><td></td><td></td></tr>
<tr><td>④折旧费</td><td></td><td></td><td></td><td></td><td></td></tr>
<tr><td>⑤修缮费</td><td></td><td></td><td></td><td></td><td></td></tr>
<tr><td>⑥保险费</td><td></td><td></td><td></td><td></td><td></td></tr>
<tr><td>⑦利息</td><td></td><td></td><td></td><td></td><td></td></tr>
<tr><td>⑧其他</td><td></td><td></td><td></td><td></td><td></td></tr>
<tr><td>小　计</td><td></td><td></td><td></td><td></td><td></td></tr>
</table>

（三）货款回收计划表

1. 与销售额计划同步制作货款回收计划

在表5.10的销售计划栏，只要把月别销售额转入就行。然后分析以往的回收实绩，同时参考账款回收政策，制作回收计划和赊销款余额计划。

2. 依据本表制作客户回收计划

实际上仅凭表5.10还不能说是很好的回收计划。为使每月的回收计划都能实现，还须根据表5.10的回收计划表，制作每月的客户别回收计划，以便管理推销员依计划去收取货款。

3. 销货总债权滞留日数缩短化的计划

如何提高表5.10所列的回收率是很重要的。不过，所回收的货款票据期限比以前更长了，那么即使回收率提高了，实际上也变得毫无意义了。因此，依照以下算式来缩短债权的滞留日数是很重要的。

$$\text{销货总债权留日数}=\frac{\text{赊销款余额}+\text{应收票据余额}}{\text{每日平均销货额}}$$

$$\text{回收率}=\frac{\text{本月回收计划合计}}{\text{月初赊销款余额}+\text{本月销货计划}}\times 100\%$$

$$\text{回收不良率}=\frac{\text{两个月以上的赊销款}}{\text{月初赊销款余额}+\text{本月销货计划}}\times 100\%$$

表 5.10 赊销款回收计划

月别	销售计划/千元	回收计划				赊销款余额/千元	回收率/%	回收不良率/%
		现金	90日以内票据/千元	90日以上票据/千元	合计/千元			
1								
2								
3								
4								
5								
6								
7								
8								
9								
10								
11								
12								

注：现金之中包括支票、邮政汇票、预付支票。

二、销售日常用表

（一）店·所·科别收支计划表

店·所·科别收支计划如表 5.11 所示。

表 5.11 店·所·科别收支计划

单位：千元

部门别			1 销售额	2 变动费	3 边际利益	4 销售固定费	5 部门直接利益	6 回收额
销售本部合计		计						
		实						
		%						
	本公司计	计						
		实						
		%						
	本公司第 1 科	计						
		实						
		%						
	本公司第 2 科	计						
		实						
		%						

续表

部门别			1 销售额	2 变动费	3 边际利益	4 销售固定费	5 部门直接利益	6 回收额
销售本部合计	北京支店	计						
		实						
		%						
	上海营业厅	计						
		实						
		%						

注：1.计——计划、实——实绩、%——达成率＝$\frac{\text{实绩}}{\text{计划}}$。

2. 变动费是采购成本（包括公司内购买）、包装运费、燃料、车辆费的合计。
3. 边际利益=1－2。
4. 销售固定费是薪资费用、销售经费、利息等的合计。
5. 部门直接利益=3－4。

（二）销售日报表

销售日报表如表 5.12 所示。

表 5.12 销售日报表

编号	客户名称	接洽人	订货名单	等级	数量	单价	金额	交货日期	其他接洽记录
1									
2									
3									
4									
5									
6									
	合计								
本月营业目标:		收款总计:		已完成目标累计:			未完成目标累计:		
市场动态 品质反应									
总经理			经理		主管			制表	

使用目的：记录销售信息、备忘。

（三）销货明细表

销货明细如表 5.13 所示。

表 5.13 销货明细

日期:				经理		副经理		经办		填表	
客户名称		代理商		制造号码							
商品名称		商品规格		出口条件							

续表

数量		单价		总价		佣金率	
包装规格						交货地点	
制造说明						预定出口期	
包装说明						装车标记	

本表适合大客户和大宗交易使用，使用目的为记录客户、销售产品、运输信息、备忘。

（四）营业报表

营业报表如表 5.14 所示。

表 5.14 营业报表

	月目标·实绩						
		目标	实绩	达成率	与上月比	实绩	
销售额							
毛利							
回收率							

活动报告

本月记载事项

本表由地区级销售经理填写。

使用目的：记录销售信息、备忘。

（五）月份销售实绩统计表

月份销售实绩统计如表 5.15 所示。

表 5.15 月份销售实绩统计

姓名	销售额	销货退回	销货折让	销货报损	销货净额	成本	毛利	个人费用				部门分摊	净利益	收款记录			成效
								薪金	旅费	其他	合计			应收	实收	未收	

本表由销售人员填写。

使用目的：销售月度统计、销售工作的月度总结、审核销售人员的工作效率、评估绩效依据。

（六）客户增减分析表

客户增减分析如表 5.16 所示。

表 5.16　客户增减分析

销售金额等级	直接客户数量					间接客户数量					直接客户销售额				间接客户销售额			
	原有	新增	删除	现有	增加	原有	新增	删除	现有	增加	原客户	新客户	本期销售	上期销售	原客户	新客户	本期销售	上期销售
万～ 万																		
万～ 万																		
万～ 万																		
万～ 万																		
万～ 万																		
万～ 万																		
万～ 万																		
万～ 万																		
万～ 万																		

本表由销售人员按月或季度填写。

使用目的：记录销售信息、分析客户销售结构、备忘。

通过对本章的学习，使学生初步了解销售预算内容与编制方法、销售费用的分类，掌握客户资信状况的定性与定量分析，重点难点是保本点与保利点的计算，培养学生对销售预算方法的运用，如何进行应收账款跟踪管理。在实际营销中巧妙运用这些基本理论去指导营销实践，以获得更好的营销效果。

1. 简述销售预算的作用。
2. 简述销售预算的内容。
3. 简述销售费用管理的程序。
4. 如何进行应收账款跟踪管理。

安得物流的应收款管理

脱胎于美的集团的安得物流公司是国内最早开展现代物流集成化管理的第三方物流企业之一，2002年的销售额将近3亿元，在同行中名列前茅。在销售收入快速增长的同时，应收账款和财务风险也水涨船高，从去年下半年开始，该公司强化了应收账款的管理，应收账款的平均回收期进入今年3月份以来已经从原来的90多天下降到75天左右，比同行少了一个月左右。

物流企业经营者只有强化应收款管理，最大限度地降低坏账风险，企业才能健康发展。应收款管理比销售还重要，起码与销售同样重要。

安得公司虽然一直以来非常重视应收账款的风险控制，但作为一家只有三年历史的企业天然就有先做大规模做出影响的压力和动力，为了做大规模，以前还是比较追求营业额的增长，风险也因此加大，不过，从去年开始，公司进一步强化了应收款的风险控制，严格推行经过近三年摸索而形成的自己一整套的信用管理体系，这套信用管理体系的核心就是客户评审制度。

一是事前评估。各分公司的业务部门在开拓新客户的时候，必须对客户进行信用调查，了解一个潜在客户相关的信用资料并认为值得与其合作且风险在可控的范围内之后，才会进一步商谈合作的意向和合作的具体条款。然后通过公司规定的合同审批流程，各部门在明确的职责范围内对合同和客户进行综合评审。其中运营部将从收益的角度对合同的价格、毛利率等进行评估，如果认为没问题，运营部部长签字确认。第二步交由财务部审查，主要是评估回款周期是否合理，如果没问题，由财务部长签字确认后交给支持部进行下一个环节的审查，就是法律风险评估，主要审查合同条款有没有法律陷阱，是否公平，万一不能合作后，退出的风险和退出成本有多高，比如余款和押金怎么收等。这个环节如果没问题，由部长签字确认后交给主管副总经理审查，再没问题才由总经理审查。三个部的部长和两位正副总经理共同组成合同管理委员会，对于合同都是一票否决，就是任何一个委员否决，都无法签合同，除非重新与客户沟通，争取调整相应条款以使公司的利益和风险得到最大的保障。

二是事中评估。一般是在合同执行三四个月后进行，通过各部门组织的跨部门评估小组对该客户进行综合评估，对于价格偏低导致毛利贡献不理想的客户，安得就会一方面检讨自己成本控制是否有效，另一方面对于确实没有合理毛利贡献的客户，就果断停止合作。在合同执行过程中，财务部门根据客户的业务量和信用情况授予一定的信用额度，并随时对客户信用情况给予监控。如果应收款达到这个额度而客户没有及时付款，就必须督促客户付款并停止向该客户提供物流服务。为保险起见，在合同

执行的过程中，财务部门每周都会以内部催款通知书的形式，通知客户经理和分公司的负责人负责的客户的欠款和信用状况，并提醒重点关注接近信用限度的客户的动态和经营状况。

三是事后跟踪。在应收账款的管理上，美的集团内部考核所规定的较高的坏账准备金提取率，也迫使经营人员和财务人员尽量防患于未然。按照美的坏账管理制度，业务发生超过三个月尚未收回的应收款就算逾期账款，需要提取30%坏账准备金，预期6个月的坏账准备金提取率高达50%，也是最高的提取率，预期9个月以上，就算是死账。同时，美的集团内部设有财务中心，属下各级法人机构钱款的进出必须经过财务中心，如果像安得这样的属下机构出现逾期账款，财务中心也会向安得公司的管理层施加压力，要求尽快追款。

（资料来源：中国经营报.2004-8-21，稍作修改）

问题：

1. 如何做好事前、事中、事后的评估与跟踪？

2. 通过案例，你对应收款的管理有什么新的理解？

实训项目一　销售费用的分类与管理

【实训目标】

培养学生对销售费用的分类与管理的能力。

【实训内容与形式】

1. 以自愿为原则进行分组，以6～8人为一组。

2. 每组推选临时负责人，初步组建“××公司××（大学生模拟物流）公司”。

3. 以公司为单位，实地调查一家企业。看看这家企业销售费用是如何分类的？企业销售费用预算是如何做的？是否每一业务项目中又需依据各项费用的特性，分别计算固定费用和变动费用？

【实训要领】

1. 每个小组分别写出销售费用调查计划书交给教师审阅评估，此环节非常重要，学生所作计划书“可行性极差”，教师应要求学生重新制定。

2. 此次实训的主要目标是不论个人还是小组，同学们都应迅速地进入角色，完成相关任务，对完成效果好的小组和个人进行表扬。

【成果与检测】

1. 评估各公司组织状况的好坏。

2. 教师根据各公司完成的文字材料和实际效果及讨论中的表现评估打分。

实训项目二　销售计划与货款回收计划表

【实训目标】

进行销售计划与货款回收计划表等表填写的训练。

【实训内容与形式】

1. 以自愿为原则进行分组，以 6～8 人为一组。

2. 每组推选临时负责人，初步组建“××公司××（大学生模拟）公司”。

3. 去本市一家企业进行调查，实地了解企业相关数据资料的基础上，进行销售计划与货款回收计划表等表填写的训练。

【实训要领】

1. 此次实训的主要目标是不论个人还是小组，同学们都应迅速地进行调查，对完成效果好的小组和个人进行表扬。

2. 小组中有适当争论（当需要时，能够提出并坚持自己的观点，不随波逐流），又迅速达成一致（而非不负责任的苟同）。

【成果与检测】

1. 教师与模拟公司负责人负责对学生的表现进行考核。

2. 评估各公司组织状况的好坏。

3. 教师根据各公司完成的文字材料和实际效果及讨论中的表现评估打分。

练一练

1. 某公司只生产一种产品，2007 年销售收入为 5000 万元，税前净利为 480 万元，2008 年该公司预计降低 10%的销售量，将导致税前净利减少 75%，如果 2008 年与 2005 年产品单价均为 2.5 万元/件，且单位变动成本与固定成本总额维持不变。

要求：预测 2008 年该公司的保本销售量。

2. 某公司只销售一种产品，2008 年单位变动成本为 18 元/件，变动成本总额为 72 000 元，共获税前净利 16 000 元，若该公司计划于 2009 年维持销售单价不变，变动成本率仍维持 2008 年的 40%。

要求：

1）预测 2009 年的保本销售量。

2）若 2009 年计划销售量比 2008 年提高 10%，则可获得多少税前利润。

3. 某公司 2008 年销售收入为 120 000 元，销售成本为 150 000 元，其中包括固定成本 90 000 元。若 2009 年计划增加广告费 4500 元，若产品单价仍为 30 元/件。

要求：

1）预测 2009 年该公司的保本销售额。

2）若该公司计划 2009 年实现目标利润 30 000 元，则目标销售金额应为多少？

第6章

企业营销核算与效益分析

学习目标

1. 掌握营销核算定量指标。
2. 掌握营销核算定性指标。
3. 掌握销售额指标的确定方法。
4. 掌握销售费用指标的确定方法。

技能训练目标

1. 如何进行销售额（量）指标的核算与效益分析。
2. 如何进行销售费用率指标的核算与效益分析。
3. 如何进行市场占有率指标的核算与效益分析。

案例导入

随着科学技术的发展，越来越先进的精密医疗设备进入医院，给医院的经济效益和社会效益提供了可靠的保证。医疗设备的效益分析在医疗设备全程管理中具有举足轻重的地位，它贯穿于医疗设备运行的整个过程。一方面，它分析评价在用医疗设备的工作状况，以便采取措施提高其使用率；另一方面，它指导医院的医疗设备规划和立项，将医院有限的资金用在最有效益的项目上。

对大型设备的使用效益分析，有选择性地对部分大型设备进行分析，如磁共振、直线加速器、螺旋 CT、全自动生化仪、腹腔镜、体外碎石机、高压氧舱等大型设备逐月进行效益分析。具体做法是：每月 10 日前对上个月各科室的大型设备的使用情况进行统计，并将设备的使用情况记录在大型医疗设备本上，内容包括当月设备总收入、该设备治疗人数、该设备维修情况，分别进行列表汇总，这样做到了对每个科室每个月医疗设备的使用情况、效益情况一目了然，对每台医疗设备的使用情况、效益情况了如指掌，通过对设备的效益进行分析说明，可以知道收入和支出的范围能达到多少时，设备的月利润最高。

第一节　企业营销核算的常用指标

只有知道了存在哪些营销核算指标才有可能在销售管理实务中选择合适的指标进行实施。在本书的框架中，我们根据营销核算指标是否可以量化计算分为营销核算定量指标和营销核算定性指标。

一、营销核算的定量指标

定量销售指标是销售管理中最常用到的一大类销售指标，主要原因是这些指标可以简便地进行计算与控制。一般来说，营销核算定量指标有图 6.1 所示的几类。

1. 销售量或销售额指标

销售量或销售额是最常用的一类定量销售指标，也是最基本和最基础的一类销售指标。销售量与销售额密切相关，可以相互推算得到，常把二者合二为一来对待。

销售量或销售额指标最为直观，一目了然。绝大多数企业在设定销售指标时都会用到销售量或销售额指标。相对而言，销售量或销售额指标简明易懂，方便计算。对销售人员来说，每个销售人员都必须在指定期限内完成一定量的销售量或销售额指标，这样才能保证其销售成本（如工资等）的支出。不过，销售量或销售额的计算在实际操作中还是存在一些不足，或者说是在实际操作中还存在一些困惑。例如，销售量或销售额是根据订单来计算还是根据发货量来计算？近几年网络公司、上市公司虚增业绩的重点就在于计算销售额的时间考虑上。再如，销售量或销售额计算会牵扯到销售区域、客户、销售时间跨度、（多种）产品，那么计算时是计算总量还是分门别类进行计算呢？

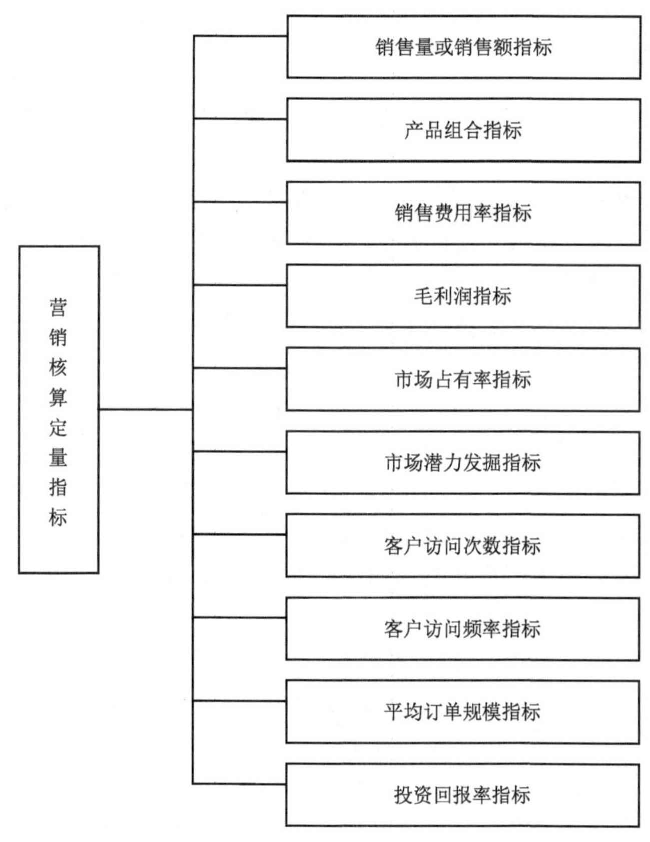

图 6.1　营销核算定量指标

为了完成销售量或销售额指标，大部分销售人员会选择向现有客户销售现有产品，毕竟现有产品在市场上还存在一定基础，现有客户对现有产品还有一定的理解，而客户接受新产品需要一个过程，这样对新产品的销售、新客户的发掘都没有什么好处，既不利于企业拓宽客户来源，也不利于企业的产品组合。如果企业过分关注销售量或

销售额指标，简单讲就是比较近视，尽管销售量指标或销售额指标是销售中最重要的指标，但是，过分关注会影响销售人员对一些暂时无利但长期有利销售活动的关注程度和努力程度。

还有就是当产品价格大幅变动时，销售量与销售额的计算会有很大差异。在同等销售量的情况下，销售价格下降多少，销售额就会相应降低多少。如果产品价格发生多次变动，那么计算就会更加复杂。按经典的价格理论来说，价格取决于市场上的供求关系，且价格会影响市场供求。那么，对销售人员来说，同类产品的市场价格控制是很难的，销售量指标应该说更合理一些。不过，当销售人员对价格有一定影响的情况下（如存在折扣），忽略销售额指标往往会带来许多弊端，这在大型系统或工程设备销售环节中更为普遍。

2. 产品组合指标

如果企业不只拥有一种产品，或者是一种产品拥有多种型号或包装时，通常会用到产品组合指标。

通常产品组合指标与销售量或销售额指标配套使用，只不过要求销售人员针对不同产品（或包装或型号等）完成对应的销售量或销售额，这种产品的组合就是所谓的产品组合指标。比如说，某公司有 A、B、C 三种产品，在不同销售区域这三种产品的销售量或销售额指标都会有所差异，按产品类别来界定的销售量或销售额指标就是产品组合指标。

当然，产品组合指标也颇受批评，主要是这种指标并不考虑市场需求，或者说这种指标并不是以市场为导同的，而是以产品为导向、以销售为导向的一种销售指标。产品组合指标大多是根据企业自身的产品组合，根据企业需要而制定的销售指标，并不会太多考虑市场是否接受这些产品。这样，产品组合指标容易引导销售人员（销售人员迫于销售指标压力）向客户销售客户并不太愿意接受的产品，有时甚至是压迫客户接受某些并不需要的产品。

需要注意的是，随着零售业态的快速发展和采购的集中化，企业或多或少拥有几个或许多大客户，这些大客户通常是跨区域从事经营，相应销售企业也需要在总部与这些大客户的总部直接建立联系，这就需要许多销售人员在不同区域为这些大客户的分支机构提供服务，而通常销售指标与是特定销售区城特定客户相对应，两者之间存在不对称现象，这就是销售量或销售额指标、产品组合指标在现实应用中的最大不足。在大客户管理中有相应的系统解决方案，在本书中也会有相应的解决之道。

3. 销售费用率指标

提升销售绩效的主要手段就是扩大销售和降低成本，但这两个目标并不能完全统一。一个是开源，一个是节流，企业大都想鱼和熊掌两者兼得，但往往是不太可能，可望而不可即。想扩大销售，相应必然会增加成本。正是出于这种考虑，销售费用率指标就是想在这两个指标中取得一种平衡，即可以允许企业以较高的销售费用来收获更高的销售量或销售额。

有些企业非常关注销售费用水平，想方设法压缩销售费用，有时甚至严格到无以复加的地步。殊不知销售费用是支持销售量或销售额实现的前提，没有足够的销售费用，就谈不上销售量。不过，在保证支持销售活动的前提下，压缩销售费用就是提升利润。企业可行的做法不只是仅仅去想去压缩销售费用，还应该考虑如何提高销售费用的利用水平，这是更为现实的做法，花一块钱办出两块钱的事，尽量提高销售费用的利用效率水平。

4. 毛利润指标

毛利润指标是用盈利能力衡量销售绩效的一类指标，企业可以计算根据产品类别或客户类别来计算毛利润。不过，毛利润指标的计算需要足够的基础数据支持，需要销售人员定期提供详细的各类数据，还需要考虑销售折扣与折让、退货等对毛利润指标的影响。毛利润指标对应的是某个销售时间跨度，当企业有新产品上市或开拓了新客户之时，毛利润指标的变化会较大。

对于大中型企业来说，计算毛利润指标相对可行，而一些中小企业并不需要计算毛利润指标，从管理的角度来看既无必要又无必需。对于处于快速成长期的企业来说，计算毛利润指标并一定十分迫切，其发展趋势大多是毛利润指标逐渐下降，主要是竞争激烈和管理成本上升所致，不过，处于这些阶段的企业的最重要目标是发展，甚至为了发展而牺牲暂时利益也是必要。但对于平稳发展时期的企业来说，计算毛利润指标就相对要迫切得多，处于这些阶段的企业的最重要目标是考虑盈利和利润。

另外，毛利润指标还受销售费用摊销的影响，这里面大有文章可做，销售部门在计算毛利润指标时需要得到财务会计部门的大力支持。

5. 市场占有率指标

市场占有率指标是反映竞争能力大小和盈利能力大小的一个重要指标。对许多产品来说，特别是对成熟的快速流转品（如啤酒、饮料等）来说，销售区域内的市场容量是相对比较稳定的，或者变化是可以推断的，根据历史数据或相关数据就可推算获得，这样，市场占有率指标就相对比较容易设定。对于许多新产品而言，销售区域内的市场容量是很难准确估计的，如前几年大多数人就对 VCD 机市场容量的预测出现较大错误。

6. 市场潜力发掘指标

对某个区域市场而言，其市场潜力在某段销售时间跨度内是相对稳定的，企业在这个区域市场销售多少并不能真正反映企业的销售情况。比如说，企业在某区域市场上销售了某产品 1000 件，可能同期相比增长了几十倍，从历史比较数据上来讲，企业的销售业绩卓有成效。但是，如果该区域市场在该段时间内对企业该产品的需求是10 000件，那么，就说明该企业的销售离应该达到的程度还相差甚远。市场潜力发掘指标就是这样一个指标，它衡量的是企业是否实现了其最大的销售潜力，这种潜力是从市场这个角度来进行考察的，是与市场需求进行比较而不是与历史数据进行比较。

市场潜力发掘指标在现实中是很难予以界定，通常的做法是转化为与竞争对手的比较，例如，把同期同一市场上竞争对手的销售变动情况作为参照物，将其与本企业的销售变动情况进行比较。如果销售业绩都是上升，如果本企业上升的幅度大于所设定竞争对手（或行业平均水平）的上升幅度，就说明本企业的销售业绩好于该市场的主要竞争对手。如果销售业绩都在下滑，如果本企业下滑的幅度小于竞争对手，说明在市场大背景不太好的情况下，本企业的努力工作很有成效。当然，也可把行业平均销售变动幅度作为参考。

7. 客户访问次数指标和客户访问频率指标

对于面向渠道客户的销售而言，客户访问次数和客户访问频率很大程度上就代表了销售人员的努力程度，也可从侧面保证销售业绩的实现，上门推销也是如此。在现实中，许多销售人员都制定了（月度或季度）客户访问计划，这样，销售管理人员就可以把本企业的客户访问次数与行业平均水平进行比较。如果低于行业平均水平，销售管理人员就应该督促销售人员提高访问次数。如果高于行业平均水平，这需要进一步分析平均每次访问的销售效率。

值得注意的是，不同销售区域不同客户的差异会很大，有的客户访问一次就可以搞掂，有的则十分繁复。特别提请注意的是，客户访问次数并不代表销售，但没有足够的客户访问次数却万万不行。

有的企业还比较关注客户访问频率指标，它是指平均每个客户需要访问多少次才能达成销售。

8. 平均订单规模指标

平均订单规模指标旨在提高平均订单水平，推动销售人员关注大客户，而减少在小客户或盈利能力差客户上的销售努力。不过，小客户也会成长为大客户，销售人员还应具备长远的眼光。

对于网络企业来说，一是吸引足够的眼球，另一个则是提高平均订单规模，特别是后者，更是反映了该网络企业未来的盈利前景。例如，卓越网站在2002年平均订单规模为150元左右，由此可以推断其消费群的购买能力较强，但由此推断网上购物群体的购买能力较强则显得比较勉强。同样道理，超市或商场的平均订单规模也很有现实意义。

9. 投资回报率指标

投资回报率考查的是公司资产总额中平均每百元所能获得的纯利润，可用以衡量投资资源所获得的经营成效，原则上比率越大越好。

$$投资回报率=\frac{税后利润}{平均资产总额}$$

其中

$$平均资产总额=\frac{期初资产总额+期末资产总额}{2}$$

从一定程度上来讲，投资回报率指标是一个最终的指标，通常其计算由财务部门来予以执行，销售部门或销售人员更多是关注销售过程及其结果，最终的财务结果还是由企业来予以考核，作为对销售部门（和销售经理）考核的最主要指标。

二、营销核算的定性指标

定量指标与定性指标的最大区别在于前者便于考察，不过，我们也知道，一味地追求管理的定量化并不代表追求的是管理的科学化。在有人参与的管理活动中，定量指标往往反映的是结果，而定性指标往往反映的是过程或态度，管理需要两者兼顾。

营销核算定性指标主要考察的是销售人员的能力指标，通常包括以下这些内容：

1）服务现有客户。

2）识别和发现潜在客户。

3）向客户提供技术建议。

4）培训渠道客户的销售人员。

5）向客户提供产品更新换代等相关信息。

6）协助中间商维持安全库存。

7）在渠道客户处争取最大的陈列面积和最佳的陈列位置。

8）收集市场信息和竞争情报等。

当然，不同企业对定性销售指标的关注程度会有所不同，上述列举难免挂一漏万，有时销售经理还会关注以下一些定性指标：

1）销售态度。

2）销售人员对产品知识和企业知识的把握。

3）销售人员的销售技巧。

4）销售人员对客户知识的掌握。

5）销售人员对市场状况和竞争对手情况的了解。

6）销售汇报的规范性等。

第二节　企业营销核算的常用方法

一、建立营销核算指标体系应遵循的原则

不依规矩不成方圆，有了建立指标体系的原则，就可以方便销售管理人员建立指标体系。一般来说，建立指标体系的原则有以下几个：

1. 以企业目标为导向

管理什么就考核什么，企业需要什么就考核什么，相应就建立什么样的指标体系。建立销售指标体系要以企业目标为导向，以实现企业目标为最终归宿，要充分反映企业发展对指标体系的要求。例如，企业需要控制销售的财务风险，那么就必须提高销售回款率在指标体系中的权重。企业如果需要迅速占领市场，那么，销售量指标和市场占用率指标的权重（重要程度）不仅要大，而且这两项指标的大小也要大。企业如果想控制销售价格，那么就必须在销售量指标的基础上设定销售额指标，最好的办法是重视销售额指标而淡化销售量指标，这在工程类企业中更是普遍。

通常，企业目标也在动态变化过程当中，一般企业是设定一个较长期的战略发展目标（如三年战略目标），为了实现这个战略发展目标，需要进一步分解为年度目标，这个年度目标就是销售指标体系建立的重要标准或准绳。

2. 以激励销售人员努力方向为目标

指标体系不应该是限制销售人员积极发挥的圈圈，而应当定位在支持销售人员（销售团队）完成既定的销售目标，因此，应以激励销售人员努力方向为目标。

销售人员老化现象是销售人员管理当中很难解决的一个问题，通过事业发展来激励销售人员能促使销售人员从一个销售高峰迈向另一个销售高峰，因此，指标体系不仅需要不断调高销售指标的大小（这是量方面的考虑），还要不断丰富销售指标的内容（这是质方面的考虑）。例如，企业发展初期，指标内容可能只是考虑销售量等这些简单的指标，而在企业成熟发展阶段，指标内容可能会考虑顾客满意度、品牌价值等这些复杂的指标，这样从指标上丰富了销售内容，对销售人员的挑战性也更大，相应会提高销售人员对销售工作的兴奋感。

3. 长期动态变化与短期稳定相结合

指标体系应该是动态变化的，其变量主要是企业所处的发展阶段、企业目标的变化、竞争对手的反应等。一般来说，市场结构越是稳定，企业发展阶段越是成熟，指标体系相对就会变化小一些；市场发展迅速，企业处于快速发展阶段，指标体系的变化就会大一些。更重要的是企业在不同年份的目标是在动态变化当中的，如果指标体系不随之发生变动，那么就不能支持企业目标的实现。在现实中许多企业的指标体系往往是多年不变，造成一个结果就是销售人员有足够的能力与企业讨价还价，或者存在许多不规范的地方。不过，为了便于销售人员理解与操作，在短期内销售指标体系还是比较稳定一些为好，通常在一个销售年度内指标体系最好保持稳定不变。一则便于销售人员实际把握，二则能坚定销售人员的信心，毕竟政策不断发生变化会对销售人员的工作和积极性带来很多的不利影响。

4. 操作简便性与管理科学性相结合

指标体系是给销售部门、销售人员使用的，一定要操作简便。指标体系过于复杂，一则会加大销售部门、销售人员的理解难度，二则在具体销售过程中也不易于把握，还有一个更重要的原因就是销售相对而言是短期效用很明显的一项活动，销售人员希望自己的工作努力能被观察到，能立竿见影看到成效，因此，建立指标体系的过程中一定要考虑到可操作性，最好充分地征求销售人员的意见。

但是，强调可操作性的同时不能忽略管理科学性。在销售管理实务中，企业常常容易犯的三个错误就是：一是所建立的指标体系过于精细，指标管理的成本过高，导致管理没有效益，需要强调的是所有管理的核心就是投入产出比。二是所确定的指标体系内容相互重叠，比如说设定了销售成本、销售额与销售费用率三个指标 （销售费用率就是销售成本与销售额的比值），可以说是多此一举。三是销售指标的大小定得过高，看似科学但不堪一击，销售人员无法完成而得不到销售人员的支持，这就需要提高市场预测的精确程度。

5. 普遍性与具体个性化相结合

指标体系是为整个销售部门而服务的，因此，应该具有足够的普遍性，这样，指标体系就不是许多个例的大汇总。普遍性的指标体系具体而言有这么三个好处：一是体现公平性，不会引起销售人员的争议与不满。二是便于比较分析评估，为销售业绩评估提供基准。三是便于管理，普遍性的事情才可以通过规范管理来降低管理成本。

不过，通常销售指标是与销售区域挂钩的，对于许多处于快速成长期的中国企业来说，目前很重要的目标就是把区域性产品推广到全国进行销售，有的区域销售基础较好，有的区城销售才刚刚起步，这样，在不同销售区域企业的战略目标不同，销售基础也不一样，拓展销售的难度也不同，因此，在建立指标体系的过程中，不仅要考虑不同销售区域销售指标的内容不同，还要考虑不同销售区域同一销售指标的大小与权重的差异，所以，在普遍性的基础上企业还需要考虑销售指标体系的具体个性化表现，主要是考虑销售区域的划分。原则上在销售区域划分中就会考虑市场容量、销售基础、客户开发难度等因素，尽量把销售区域的差异进行消除。

二、建立营销核算指标体系的方法

1. 销售额或销售量指标的确定方法

在确定销售额或销售量指标前，通常需要进行销售预测。销售预测是指估计未来特定时间跨度内，整个产品或特定产品的销售数量与销售金额。销售预测是在充分考虑未来各种影响因素的基础上，结合本企业的销售实绩，通过一定的分析方法提出切实可行的销售目标。

一般来说，在进行销售预测时，企业会关注市场规模、市场潜量、销售潜量和销售预测等四个主要的指标。市场规模是在某一段时期内（通常为一年）内，在不考虑价格等营销行为和竞争活动的情况下，一个特定市场所能够消费的商品总量。某一行业商品在给定的时间里，在此特定市场上最大的销售量就是市场潜量。而销售潜量则是市场潜量的一个子集，指在这一时期内某企业所能取得的最大销售量。最后，企业的实际销售是销售潜量的一个子集。

下面介绍销售额或销售量指标确定的几种方法：

（1）预期销售增长率确定法

销售成长率减去 1 就是销售增长率，销售成长率就是预期下一年度（下一季度）销售额或销售量是本年（本季度）销售额或销售量的比率。

$$\text{销售增长率}=\frac{\text{明年销售额（量）}}{\text{今年销售额（量）}}\times 100\%-1$$

销售增长率的确定相当简单，往往根据企业目标的要求由企业高层管理人员下达指标，明年销售额最少增长 50%。此时就不需任何计算了，使用上述的数值即可。但若想求算精确的销售增长率，就须从过去几年的销售增长率着手，利用趋势分析推断下一年度的销售增长率，再求出平均销售增长率。如果企业连续几年的增长比较平稳，所处市场较为成熟，企业未来短期内不会有太大的变动时可以计算得到比较符合实际的平均销售增长率。得到销售增长率后便可应用下述公式计算销售额或销售量指标的大小。

明年销售额（量）指标大小＝本年销售额（量）指标大小×（1＋销售增长率）

（2）预期目标市场占有率确定法

市场占有率是指在一定时期内，企业所生产的产品在其市场上的销售量或销售额占同类产品销售总量或销售总额的比重。

$$\text{市场占有率}=\frac{\text{本期企业某种产品的销售额}}{\text{本期该产品市场销售总额}}$$

应用预期目标市场占有率来确定销售额或销售量需要通过销售需求预测得到市场的销售额或销售量的总值，然后用这个总值乘以预期目标市场占有率即可得到销售量或销售额指标的大小，其计算公式为

明年销售额（量）指标大小＝明年销售总额（量）指标大小×预期目标市场占有率

（3）市场扩大率确定法

这是根据企业希望其在市场的地位扩大多少来决定销售额或销售量指标大小的方法，公式为

$$市场扩大率=\frac{预期明年市场占有率}{本年市场占有率}$$

这样明年销售额或销售量指标的计算公式为

明年销售额（量）指标大小=本年销售总额（量）指标大小×市场扩大率

（4）根据盈亏平衡点确定法

销售额等于销售成本时，企业销售活动就实现盈亏平衡。盈亏平衡时对应的销售额公式推导为

销售额＝成本＋利润

销售额＝变动成本＋固定成本+利润

销售额＝变动成本＋固定成本（损益为0时）

销售额－变动成本＝固定成本

变动成本随销售额（或销售数量）的增减而变动，故可通过变动成本率，来求算每单位销售额的增减率：

$$变动成本率=\frac{变动成本}{销售额}$$

销售额－变动成本率×销售额＝固定成本

可利用上述公式导出下列盈亏平衡点公式：

销售额×（1－变动成本率）＝固定成本

$$损益平衡表上的销售额=\frac{固定成本}{1-变动成本率}$$

得到销售额指标大小之后，然后根据产品价格反推得到销售量指标大小。

（5）经费倒算确定法

企业经营的各项活动，当然无法避免人事费、折旧费等营业费用的产生，至于“纯利”更是和企业的存亡相关。有关企业的一切销售成本、营业费用、纯利等均源自销售毛利，二者的关系甚为密切，因而介绍此种足以抵偿各种费用的销售额法。

$$销售额指标=\frac{投入销售费用+预期纯利润}{1-销货毛利率-变动成本率}$$

其中

$$销售毛利率=\frac{销售毛利}{销售额}$$

$$变动成本率=\frac{变动成本}{销售额}$$

毛利率一般根据上一年或同行业数据计算，而变动成本率也是根据以往的资料进行

计算。同样是得到销售额指标后反推计算求出销售量指标大小。

（6）销售人员申报确定法

这是逐级累积第一线销售人员的申报，借以求算企业销售额目标值的方法。由于第一线销售人员（如推销员、业务人员等）最了解销售情况，所以，通过他们估计而申报的销售额必然是最能反映当前状况，而且是最有可能实现的销售额。当然，如果第一线销售人员的总预测值和经营者的预测一致的话最为理想。许多富有经验的销售经理经常采用这种方法，尽管根据销售人员申报确定销售目标的方法比较定性，但在一个有丰富经验的销售队伍中，销售人员掌握了多种确定销售目标的定量计算方法，在此基础上，销售经理根据销售人员申报的数据不但可以确切知道未来年度销售完成的预期情况，也能对销售人员的信心、态度等方面作出一个粗略的判断。

2. 销售费用指标的确定方法

销售管理人员（销售经理）在确定销售预算水平时，采用何种方法应根据企业的历史、产品的特点、营销组合的方式和市场的开发程度等多方面因素加以确定。各企业采用的预算方法各种各样，这里介绍几种常用的方法。销售管理人员可根据实际情况加以选择。

（1）量力而为法

尽管这种方法没有正式定义，但不少企业确实一直采用，即企业确定销售费用指标大小的依据是他们所能拿得出的资金数额，或者说是一种硬预算的方法，有多少钱就办多少事。例如，某企业今年就只有 100 万的流动资金用于销售，那么，企业就需要根据这 100 万来进行销售费用指标大小的分解。这种方法是在企业总费用中减去其他部门的费用，余下的全部作为销售费用预算。

企业根据其财力情况来决定销售费用开支多少并没有错，但应看到，销售费用不仅仅是成本支出，而且是一项投资，没有足够的投资企业销售目标就很难实现，那么就谈不上什么发展了。量力而为法适应于一般财力的企业，是一种谨慎的销售投资行为，但此法还要考虑到市场供求出现变化时的应变因素。

（2）销售费用率百分比法

销售费用率百分比法是指依据特定销售额（当期或预测数）的百分比或售价的一定比率决定销售费用指标的大小，计算公式为

$$销售费用=目标销售额\times销售费用率$$

例如，预测 2009 年某公司的销售额将实现 10 亿元，销售费用的百分比率为 22%，这样，2009 年该公司的销售费用指标大小为 2.2 亿元。用这种方法确定销售费用指标大小时，最常用的做法是用上年的费用与销售百分比，结合预算年度的预测销售量来确定销售费用指标大小。另外一种做法是把最近几年销售费用的百分比进行加权平均，其结果作为预算年度的销售费用指标大小。

销售费用率百分比法是最常用的也是最容易通过管理高层的一种销售费用指标大小确定方法。当然，不同的企业对销售百分比有不同的考虑，这要视企业所在的行业及

其成熟程度来确定，而且还要参考企业的战略目标定位。一般来说，食品行业、保健品行业、饮料行业等快速消费品行业相对来说销售百分比的比率较高，而家电、房产、汽车等耐用消费品等销售百分比的比率相对较低。

使用销售费用率百分比法来确定销售费用指标大小的主要优点是：第一，暗示销售费用将随着企业的销售现金流大小而变化，这可以促使那些注重财务的高级管理人员认识到企业所有类型的费用支出都与总收入变动有着密切关系。第二，可促使企业管理人员根据单位销售费用成本、产品售价和销售利润之间的关系去考虑销售管理问题。第三，有利于保持竞争的相对稳定，因为只要各竞争企业都默契地同意让其销售费用随着销售额的某一百分比而变动，就可以避免激烈的广告战或促销战。

使用销售百分比方法来确定销售费用指标大小的主要缺点是：第一，把销售收入当成了销售费用支出的“因”而不是“果”，本应是销售费用支持销售收入，现倒成了有了销售收人才有销售费用，这难免就是因果倒置。本应是增加销售费用支持销售收入增长，却因销售收入不景气而压缩销售费用。第二，用销售费用率百分比法确定销售费用指标大小实际上是基于可用资金的多少，而不是基于“市场机会”的发现与利用，因而会失去有利的市场营销机会。第三，用此法确定销售费用将导致销售费用随每年的销售波动而增减，从而与长期销售策略或营销战略相抵触。第四，销售费用率百分比法不能提供选择这一固定比率或成本的某一比率，而是随意确定一个比率。第五，销售费用率百分比法不是根据不同的产品或不同的地区确定不同的销售费用，而是所有的销售费用都按同一比率分配预算，看似公平却造成了不合理的平均主义。

（3）竞争对等法

竞争对等法是以行业内主要竞争对手的销售费用指标大小为基础来确定企业自身的销售费用指标大小。具体的计算方法分为两种：

一种是市场占有率法，计算公式是

$$\text{销售费用}=\frac{\text{竞争对手的销售费用}}{\text{竞争对手预期市场占有率}}\times\text{本企业预期市场占有率}$$

另一种是增减百分比法，计算公式是

$$\text{销售费用}=(1\pm\text{竞争对手销售费用增减率})\times\text{上年本企业销售费用}$$

使用竞争对等法的前提是竞争对手的做法是正确的。例如，北京某制药厂的胃药产品就紧随竞争对手之后（而且使用针锋相对的广告），与竞争对手面对面竞争，效果显著。同意竞争对等法确定销售费用指标大小的销售经理都认为销售成果取决于竞争实力，使用这种方法必须对行业及竞争对手有充分的了解，做到这点需要及时得到大量的行业及竞争对手的资料，但通常情况下得到的资料是反映以往年度的市场及竞争状况，是一种后向的并非是前瞻的，所以竞争对等法并不能保证完全达到同等竞争的目的。

许多企业（尤其是在寡头垄断竞争或竞争垄断的市场中）愿意比照竞争对手的销售费用开支状况决定本企业销售费用的开支，以保持竞争上的优势。例如，在市场营销管

理实践中，不少企业都喜欢根据竞争对手的广告预算来确定自己的广告预算，造成与竞争对手旗鼓相当、势均力敌保证对等局势。如果竞争对手的广告预算确定为100万元，那么本企业为了与它拉平，也将广告预算确定为100万元甚至更高。美国奈尔逊调查公司的派克汉通过对多年的统计资料进行分析，得出结论：要确保新上市产品的销售额达到同行业平均水平，其广告预算必须相当于同行业平均水平的1.5～2倍。这一法则通常称为派克汉法则。

采用竞争对等法的前提条件是：第一，企业必须能够获悉竞争对手确定销售费用大小的可靠信息，只有这样才能随着竞争对手销售费用预算的升降而调高或调低。第二，竞争对手的销售费用预算能代表企业所在行业的集体智慧，或者说竞争对手的做法是科学的和理智的。第三，维持竞争均势能避免各企业之间的广告战和促销战。不过，事实上，上述前提条件很难具备。这是因为：第一，企业没有理由相信竞争对手所采用的销售费用指标大小确定方法比本企业的方法更科学。第二，各企业的销售人力资源、品牌信誉、资源、机会与目标并不一定相同，可能会相差甚多，因此某一企业的销售费用指标预算不一定值得其他企业效仿。第三，即使本企业的销售费用指标大小与竞争对手势均力敌，也不一定能够稳定全行业的销售费用支出。

（4）任务目标法

比较科学的程序步骤应是：首先，明确销售目标；其次，决定为达到这种目标而必须执行的工作任务；最后，估算执行这种工作任务所需的各种费用，这些费用的总和就是销售费用指标大小。上述确定销售费用指标大小的方法，就是任务目标法。

任务目标法的基本假设前提就是想干多少事就必须花多少钱，也就是说，要实现多大的销售目标就需要相应的销售费用指标来予以支撑。以下举例说明这种方法。

某电脑公司2008年的销售额为8亿，销售费用为1.76亿元，公司要求2009年销售额突破10亿元，考虑到家用品牌电脑市场比较成熟，各种费用增幅变化不大，可以不予考虑，因此，计算出2009年该公司销售费用指标的大小为2.2亿元，即1.76/8×10亿元＝2.2亿元。有时还会选用其他指标来进行计算。从根本上来说，这种方法必须找到一个或多个相关变量，然后根据相关性分析进行预测。

对任务目标法的改进就是投入产出法。任务目标法是一定时间内销售费用与销售额的比较。但有时有些费用投入后，其效应在当期显示不出来（如广告），则无法真实反映费用销售量比率，投入产出法不强调时间性，而是强调投入与产出的实际关系，因此一定程度上克服了任务目标法的缺点。

第三节　企业营销核算指标的核算与效益分析

一、销售额（量）指标的核算与效益分析

在指标管理中，需要把各项指标逐步分解到各个销售区域、各个销售人员、各个客

户，同时需要考虑销售时间跨度。为了便于说明，通过案例进行说明。HS 电脑公司是一家家用品牌电脑制造厂商，为了进一步提升销售管理水平，2007 年 11 月开始推行销售指标管理。

我国的家用品牌电脑市场比较特殊。电脑厂商方面，IBM、惠普、东芝等品牌的主要精力都在笔记本电脑上，国内家用电脑市场几乎被国内品牌所垄断。消费者方面，购买人群的突出特点是“买品牌电脑的人不懂电脑，正是因为不懂电脑才要买品牌电脑”，消费驱动则主要由注重教育的学生家庭所拉动，主要集中在收入较高的大中城市，相应家用品牌电脑市场的旺季在寒暑假，尤以暑期为重。常规来看，一年当中几个旺季的销售量比重见表 6.1。

表 6.1　家用品牌电脑的销售淡、旺季

项　　目	旺季时间	时间长度/天	销售量百分比/%
暑期假期（含国庆节）	6.16～10.16	120	42
寒假假期（含春节）	1.25～2.25	30	14
五一	4.25～5.10	25	10
其他时间		185	34
合计		360	100

电脑公司生产经营规模不太大，依靠专卖店（自有专卖店、加盟联营专卖店、商场专卖店、电器大卖场专卖店等）进行销售。目前销售主要集中在北京地区，在华东地区（南京、苏锡常一带等）、东北地区（沈阳、大连和哈尔滨等）、华北地区（保定、石家庄、秦皇岛等）、西北地区市场（重庆、西安等）也有一些销售，正致力于开拓华中地区市场（武汉、长沙等）。2007 年起，为了顺应电器大卖场（国美电器、苏宁电器等纷纷进入家用品牌电脑市场）的发展，HS 电脑公司单独成立了一个渠道部门面向电器大卖场客户提供服务。表 6.2 中列出了电脑公司近五年来的销售量情况。

表 6.2　2004～2008 年电脑公司的销售量状况

单位：台

年份	销售总量	北京地区	华东地区	东北地区	华北地区	西北地区	电器大卖场
2004	19 266	15 830	1443	256	1560	177	——
2005	38 056	31 205	1984	788	3679	400	——
2006	51 786	43 573	2732	1651	3256	664	——
2007	75 440	59 901	5002	2007	3854	1098	3578
2008	102 450	76 889	6980	2453	4653	1430	10 045

由于北京市场是 HS 电脑公司总部所在地，也是该公司的主要销售区域，因此，该公司成立了专门负责北京区域市场的北京销售部，该部下属有七名销售人员，分别是赵一、郑二、张三、李四、王五、冯六、屠七，这七名销售人员分管北京的各大城区：朝阳区、海淀区、东城区、西城区、崇文区、宣武区、北京其他区域，这七名销售人员近

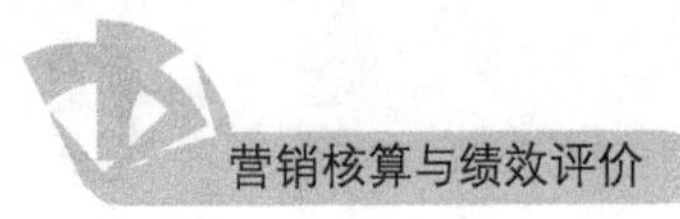

两年的销售量情况如表 6.3 所示。

表 6.3 2006～2008 年电脑公司北京区域市场各销售人员的销售量情况

单位：台

年份	北京区域市场	赵一朝阳区	郑二海淀区	张三东城区	李四西城区	王五崇文区	冯六宣武区	屠七其他
2006	43 573	9826	12 987	5344	6723	3240	2240	3213
2007	59 901	12 900	17 932	6204	9982	3529	3871	5483
2008	76 889	15 034	25 327	6809	10902	4100	5121	9596

在这些销售人员当中，屠七的销售量增长很快，前景较为看好，主要是北京郊区家用电脑的普及率正在迅速提升，这名销售人员所负责的销售区域内 2008 年有 5 家专卖店（昌平店、丰台店、通州店、密云店、大兴店），预计 2009 年 4 月份再开一家新店（怀柔店），现有这 5 家专卖店近三年的的销售情况如表 6.4 所示。

表 6.4 2006～2008 年电脑公司屠七销售人员下属客户的销售量情况

单位：台

年份	合计	昌平店	丰台店	通州店	密云店	大兴店
2006	3213	1501	603	1009	——	——
2007	5483	2482	824	1722	455	——
2008	9596	3801	1254	2592	1278	631

下面分别按销售区域、按客户和按销售时间跨度对销售量或销售额进行分解。当然，不同企业在销售指标管理中对销售量或销售额的分解会有所不同。

1. 按销售区域分解销售量或销售额指标

按销售区域划分来进行销售组织是最常见的一种销售组织管理方法，因此，在销售指标管理中，我们仍是先行介绍按销售区域对销售量或销售额指标进行分解。

对企业来说，销售目标相对容易确定，通常是企业高层管理人员根据企业发展要求及市场竞争情况来进行确定。例如，HS 电脑公司高管经过研究认为 2009 年该公司电脑销售量力争突破 140 000 台，这个数字就可理解为电脑公司 2009 年销售量指标。

根据电脑公司 2008 年销售区域来看，大致可以把渠道分为北京地区、华东地区、东北地区、华北地区、西北地区、电器大卖场，而且 2009 年电脑公司想拓展华中地区市场，预计 2009 年 4 月在华中地区的湖北武汉市建设一个自有专卖店。综合各方面的情况来看，2009 年 HS 电脑公司的主要销售区域还是北京地区。不过，北京市近几年家用品牌电脑销售一直都在快速发展，即将步入成熟期，2009 年估计还会平稳增长，只不过更新需求会进一步扩大，所占比例也会进一步扩大。电器大卖场尽管与传统渠道销售有所冲突，但销售增长迅速，在家用品牌电脑市场中的份额会进一步增大，需要着力培养，除稳固 2008 年发展的国美电器和大中电器之外，2009 年还需要与苏宁电器建立战略伙伴关系。考虑到竞争情况，预计在西北地区 HS 电脑公司的销售量会有更大的增长，而华北地区由于市场基础扎实，2009 年仍会有所增长，而华东地区由于竞争激烈，增长速度会有所放慢，而东北地区由于消费不太旺，增长前景仍不太明朗。

以上情况反映到销售指标管理当中就会得到以下这些信息：

1)2009 年销售量指标是 140 000 台，比 2008 年增长 37%(实际预期增长率为 36.65%，为了便于计算，将增长率处理成 37%)。

2）北京地区家用品牌电脑的总体销售量会平稳增长，且电脑公司的销售量会随着行业的增长而增长，考虑到北京区域市场是电脑公司的主要销售区域，因此要保持相对市场占有率不能下滑，这样增长幅度就不能低于该地区行业增长率。

3）华东地区从公司营销策略上考虑可容忍其增长速度低于行业增长速度和电脑公司的平均增长速度。

4）东北地区市场估计在 2009 年仍不太景气，因此，在该区域市场上的增长速度不能期望太高。

5）华北地区由于市场基础扎实，2009 年仍会进一步对市场进行渗透，重点在于辅助各专卖店开展下游客户工作，估计销售增长速度会进一步加快。

6）西北地区的销售量增长速度估计会高于 37%。

7）电器大卖场在家用品牌电脑市场中的份额会进一步扩大，其销售量会高速增长。

8）华中地区刚刚开始，要求其 2009 年销售量争取达到 1000 台。

下面分别预估电脑公司在各区域市场上的销售量增长率。

近四年来北京地区 HS 电脑公司的销售量增长率分别是 97.4%（2005 年）、39.63%（2006 年）、37.47%（2007 年）、28.36%（2008 年），考虑到电脑公司在该区域市场上的发展比较平稳，整体市场也比较平稳，因此，电脑公司在北京市场上的销售量增长率会在 28%左右。

同理可得到：HS 电脑公司在东北市场上的销售量增长率小于 22%；在华东市场上的销售量增长率会小于 37%；在华北市场上的销售量增长率会大于 37%；在西北市场上的销售量增长率会大于 37%；在电器大卖场市场上的销售量增长率会大于 100%。

在此需要说明的是，销售指标管理实务中可能不会涉及这么复杂，也不会如此复杂地进行计算，销售经理大多会根据销售目标的确定方法来决定销售量指标的大小。还有一点值得注意，已有历史销售记录的销售区域大多根据销售增长率来确定销售量指标的大小，而新开辟销售区域的销售增长率无法计算，往往是直接下达销售量指标大小。应该说人自身的模糊性往往能很快搜寻到次优的边际结果，理论上计算这么复杂只是为了辅助决策之用。如果方法得当，工具到位，计算瞬间就可以完成。

销售经理在得到销售量指标大小之后会根据销售单价来给出销售额指标的大小。有时，为了鼓励销售人员尽最大可能去占领市场，销售经理往往只会给出销售量指标，然后根据内部核算价格折算成销售额指标。

2. 按客户分解销售量或销售额指标

在介绍完如何根据销售区域分解销售量指标之后，我们再根据案例来按销售人员销售量指标分解到客户头上，如表 6.5 所示。

表 6.5　2009 年电脑公司屠七销售人员的销售量情况

单位：台

项　目	合计	昌平店	丰台店	通州店	密云店	大兴店	怀柔店
2008 年	9596	3801	1254	2592	1278	631	—
2009 年	14 000	5000	2100	3500	1800	1000	600
销售量增长率	45.9%	31.5%	67.5%	35%	40.8%	58.5%	—

针对每个客户来确定销售量或销售额指标大小是销售指标管理最关键的一步，只有这样，才能把企业的销售目标分解或落实到具体的目标客户身上，才能实现销售活动的有的放矢，才能切切实实地帮助销售人员去实现销售目标。在此过程中，主要关注渠道客户分销或转售企业产品的价格、目标销售区域，渠道客户对终端销售的管理与支持，以及企业产品在渠道客户中的地位与盈利状况，销售经理同销售人员不妨反问自己以下这几个问题：

1）渠道客户下游有多少个客户？

2）这些客户预期能实现多少销售额？

3）这些客户需要哪些支持？最关注什么？

4）渠道客户把产品往下游流动时的价格是多少？货流向哪些地方了？

5）企业自身产品在渠道客户中的地位如何？盈利状况如何？是否是主推产品？

6）如果不是主推产品，渠道客户未来是否愿意把企业产品作为主推产品？或者是在什么样的条件下愿意把企业产品作为主推产品？

7）是否需要提升产品在渠道客户中的地位？

8）是否需要提高渠道客户分销或转售企业产品的利润空间？

9）渠道客户是否关注企业产品在终端的陈列与展示，或者是货架空间的管理？

与企业把销售量或销售额指标按渠道客户进行分解一样，在销售指标管理当中，销售人员需要帮助渠道客户把销售量或销售额措标进一步分解到终端或下一级客户，这样能确保货畅其流，更是防止渠道冲货和窜货的重要措施。现实中有些企业只知道产品从自己库房搬出去了，但产品真正销售到什么地方不甚清楚，有时甚至只是企业库存变成了社会库存而已。

对渠道客户的价格控制也是销售指标管理的重要内容。如果两地运价不同导致销售价格不一致且不会发生窜货现象时可以适当保证零售价格的差异，或者针对不同区域市场采取不同的价格政策，否则在一个大市场中，企业需要控制产品在终端零售的价格的相对统一，这就要求销售人员说服、控制渠道客户控制价格。

协助渠道客户做好零售终端的销售管理工作也很重要，这些工作包括货架空间管理、陈列与展示、终端销售人员培训、终端销售人员激励等等。产品从零售终端真正销售出去，销售工作才得以暂时告一段落。

另外，还需要采取各种方法争取渠道客户对产品的支持，这就需要考察企业产品在渠道客户中的地位，比如销售额占渠道客户的比例是多少，盈利或利润占渠道客户总利润的比例是多少，单位产品的利润空间如何，渠道客户是否看好企业产品的发展前景等。一般来说，如果得到了渠道客户的大力支持，企业产品的销售前景会越来越好的。

总而言之，企业越往前发展，对渠道客户的规范化管理与服务也就会越来越多。销售指标管理实务中不排除企业有些短期的暂时应对之道，但规范化、市场化去运作，以服务渠道客户的理念去开展销售指标管理工作，才会确保销售计划能真证实现。一切一切的前提是企业在销售指标管理中以服务销售人员为始，这也是销售指标管理的一个基本观点：企业服务销售人员，销售人员服务渠道客户，渠道客户服务最终消费者，这样才能实现最终消费者购买产品，渠道客户积极进货，销售人员超额完成任务。

上面分别介绍了根据销售区域、渠道客户来对销售量指标或销售额指标进行分解，一般来说，销售量指标或销售额指标大小的确定可采用自上而下、自下而上两种方法。自上而下是指销售管理层下达销售指标量的大小，然后逐级进行分解，上述举例就是采用的这种方法。自下而上则是由一线销售人员逐级上报，然后汇总得到企业的销售量指标大小。无论如何，在确定销售量指标大小的时候要考虑以下这些因素：

1）区域产品销售的历史。

2）区域购买力指数。

3）各个产品的市场目标。

4）各个产品的促销时间。

5）各个产品的广告及投放力度。

6）每个区域前 50 名客户（或前 10 名客户）的收支分析。

7）销售人员及区域收支分析。

8）产品和产品组合收入分析。

而决定销售量或销售额指标大小的基准如下：

1）预期销售量或销售额。

2）企业历史销售量或销售额。

3）销售人员历史销售量或销售额。

4）目标区域市场的销售潜力。

5）销售预测。

6）销售活动目标。

7）企业目标。

8）企业政策。

9）区域特点。

10）消费者特点。

11）竞争者预期情况。

12）销售报告。

13）市场研究等。

二、销售费用率指标的核算与效益分析

1. 销售费用率指标

在此仅介绍几个销售费用率指标。

（1）销售毛利率

销售毛利率也称毛利率，是企业的销售毛利与销售收入净额的比率，其计算公式为

$$销售毛利率=\frac{销售毛利}{销售收入净额}=\frac{销售收入净额-销售成本}{销售收入净额}$$

公式中销售毛利是企业销售收入净额与销售成本的差额，销售收入净额是指产品销售收人中扣除销售退回、销售折扣与折让后的净额。销售毛利率反映了企业销售成本与销售收入净额的比例关系，毛利率越大，说明在销售收入净额中的销售成本所占比重越小，企业通过销售获到利润的能力就越强。

（2）销售净利率

销售净利率是企业净利润与销售收入净额的比率，其计算公式为

$$销售净利率=\frac{净利}{销售收入净额}$$

销售净利率说明了企业净利润占销售收入的比例，它可以评价企业通过销售赚取利润的能力。销售净利率表明企业每百元销售净收入可实现的净利润是多少。该比率越高，企业通过销售获取收益的能力越强。

评价企业的销售净利率时应比较企业历年的指标，从而判断企业销售净利率的变化趋势。但是，销售净利率受行业特点影响较大，因此，还应结合不同行业的具体情况进行分析。

（3）销售成本费用净利率

销售成本费用净利率是企业净利润与销售成本费用总额的比率，其计算公式为

$$销售成本费用净利率=\frac{净利}{销售成本费用总额}$$

这一比率不仅可以评价企业对销售成本费用的控制能力和经营管理水平，还可评价企业获利能力的高低。

2. 量本利分析在销售费用管理中的应用

（1）量本利分析法

量本利分析法是依据销售量、销售成本和利润之间的相互关系，测量三者之间变量关系的分析方法。

量、本、利三者之间的关系是：销售收入与销售成本之间的差额为利润（或亏损）。量、本的变动影响利润的增减，要使利润有所增加，必须变动量和本。销售成本包括固定成本和变动成本两类。固定成本不随销售量的增减而变动，但每个单位产品的固定成本随销售量的增减而变动。变动成本随销售量的增减而增减，而每个单位产品的变动成本不变。

在使用量本利分析法时，必须注意量本利分析法的几个基本假定。量本利分析法的四个基本假定如下：

1）成本特性分析的假定，即要求将全部成本划分为变动成本与固定成本。

2）相关范围及线性假定，即要求在一定时期和一定业务量范围内，成本水平和单价水平总保持不变，具体表现为：第一，固定成本总额的不变性和单位变动成本的不变性，使得在相关范围内，成本函数表现为线性方程 $y=a+bx$。第二，单价也不因销售业务量变化而变化，使得在相关范围内，销售收入也表现为线性方程式 $z=px$。实际上，无论固定成本、单位变动成本还是单位单价都有可能受业务量的影响。

3）产销平衡和品种结构稳定假定，即要求生产经营单一品种的企业生产的产品可以销售出去，而且产品的品种结构可以由销售额比重表示。

4）变动成本法假定，即要求产品成本的核算方法是以变动成本法为基础的。

（2）量本利分析法在销售费用管理中的应用

销售费用按与销售量的关系分为变动销售费用和固定销售费用。变动销售费用是指费用总额会随销售量的变动而呈正比例变动，比如销售佣金等。固定销售费用是指费用总额不受销售量变动增减变动影响，如折旧、保险费、销售人员工资等。还有一类混合销售费用，这类费用在销售费用总额中所占的比重不小，如运输费等。混合销售费用是指费用总额随着销售量增减变动而相应变动，但并不与销售量保持严格的比例关系。

量本利的基本公式为

$$净利=销售收入-变动成本-固定成本$$

进行量本利分析要求必须将混合费用进行分解，分解的结果是将混合费用分摊为变动费用和固定费用。为此，我们可以建立销售费用的公式如下：

$$y=a+bx$$

式中：y 代表销售费用；

a 代表销售费用中的固定费用总额；

b 代表销售费用中的单位变动费用；

x 代表销售量。

目前，销售费用在企业的总成本中所占比重越来越大，下面介绍销售费用变动对企

业保本点的影响，我们很容易得到结论：单位变动销售费用单独变动时，保本点将会向同方向变动。

显然，单位销售费用增加，企业变动成本水平升高，保本点上升；单位变动销售费用降低，保本点下降。保本点升高对企业来说是不利的，说明单位产品盈利能力降低，需要销售更多产品才能保本。下面举例说明。

A公司产品单价为20万元，单位变动生产成本是10万元，固定制造费用每年为7000万元，单位变动销售费用是5万元，固定销售费用为每年5000万元，固定管理费用每年为3000万元，我们可以计算得到A公司的保本销售量为3000台，即

$$\begin{aligned}保本销售量 &= \frac{固定成本}{单价-单位变动成本} \\ &= \frac{7\,000+5\,000+3\,000}{20-10-5} \\ &= 5\,000（件）\end{aligned}$$

保本销售额为6亿元，即

$$保本销售额=20\times3000=6（亿元）$$

如果由于运费等调整，每台产品销售费用增加2万元，其他条件不变，这样A公司的保本销售量就是5000台，即

$$\begin{aligned}保本销售量 &= \frac{固定成本}{单价-单位变动成本} \\ &= \frac{7\,000+5\,000+3\,000}{20-10-5-2} \\ &= 5\,000（件）\end{aligned}$$

保本销售额为10亿元，即

$$保本销售额=20\times5000=10（亿元）$$

也就是说，单位变动销售费用增加了2万元，则企业保本量从原来的每年3000台（6亿元）变动到5000台（10亿元）。

固定变动费用变动对保本点的影响也是如此，当固定费用单独变动时，保本点向同方向变动，计算在此就不作介绍了。

不过，单位变动销售费用及固定销售费用对利润的影响是反向的，即这两项费用越高，其他条件不变，企业的利润越小；这两项费用越低，企业的利润越大。我们还是举例说明。在上例中，如果企业的预计销售量为4000台，则企业的利润为5000万元，即

$$净利润=20\times4000-（10+5）\times4000-15\,000=5000（万元）$$

如果企业的变动销售费用增加2万元/件，则企业就亏损3000万元，即

$$净利润=20\times4000-（10+5+2）\times4000-15\,000=-3000（万元）$$

进一步分析我们知道，由于单位变动销售费用每台增加2万元，企业的保本销售量

不再是3000台而是5000台，而预计销售量为4000台，显然低于保本销售量1000台，则企业肯定要亏损。亏损额由未达到保本点的差额1000台所造成，1000台的贡献毛益为3000万元，所以亏损为3000万元。

从上述分析我们可以看出，销售费用和利润的关系是反向变动的，所以企业要想提高盈利，就必须合理地降低销售费用。当然，前面已经提到过，销售费用并不是越低越好，对于有利于提高企业销售量，有利于增加企业盈利的合理费用支出必须保障，但对于浪费现象要坚决杜绝。

3. 销售费用率水平

销售费用率是衡量销售费用指标大小的一个重要指标，其计算公式为

$$销售费用率=\frac{销售费用}{销售收入}$$

有学者抽样研究表明各个行业销售费用率的平均水平都是逐年增长的。当然，还有一个重要结论就是不同行业的销售费用率水平是不同的，或者说差异很大，相对而言，家庭日用品行业的销售费用率水平要高一些，在竞争激烈的情况下，家庭日用产品类的大多数企业的销售费用率都在1.3%～1.5%及以上（如洗发水），这可能归于该行业的广告与推广成本较高的缘故。

另外，通过研究发现，从统计意义上看，规模大的企业的销售费用率倾向于比规模小的企业的销售费用率低。这可能说明较大的企业相对较小的企业在市场竞争力方面有一定规模优势，表现在市场营销努力方面就是销售费用率相对较低。从理论上讲，市场营销努力本身应该有其规模效应，例如，大企业能向相同或类似市场生产销售多品种的产品，而无需再花较小企业那么多的努力。因此较大企业应尽量发掘企业在市场营销方面的规模优势，从而节省费用。至于销售费用率与企业盈利能力之间关系的研究并没有得到可以令人信服的结论，因此，可以说销售费用率与企业盈利能力之间的关系并不是十分密切，一味地提高销售费用率水平并没有太大的必要。

三、市场占有率指标的核算与效益分析

尽管我们都在使用市场占有率，但如何具体计算则不太尽然。20世纪末时，中国彩电行业几大巨头就市场占有率头名之争闹得个如火如荼，不可开交。

首先，市场占有率有个时间概念，或者说计算的是某个时间跨度内的市场占有率。例如，2002年国产手机的市场占有率超过20%，那么，时间概念就是2002年。还有一种计算方法就是时间累计概念，从该产品问世使用开始计算开始，其实这是个保有率的概念。例如，我国城镇居民生活调查中有一项指标就是家电产品的保有量（如1999年北京居民每百户拥有彩色电视机105.6台），根据这些指标计算得到的市场占有率就是保有率。

其次，市场占有率会涉及到销售区域的概念，通常所说的市场占有率是指国别概念。

同样以上例进行说明，“2002年国产手机的市场占有率会超过20%”指的就是在中国内地市场。有些企业会巧用这些概念，如某美国啤酒品牌就宣称“香港地区市场占有率第一的啤酒”。

再次，市场占有率计算还会涉及到产品类别这个概念。产品类别划分就说明市场总量计算所包括的产品范围，还是举例说明，某饮料号称“非可乐饮料市场的市场占有率排名第一”讲的就是产品类别在市场占有率计算中的区别。

有了时间跨度、销售区域和产品类别的限制，市场占有率的计算就会比较明晰，换个角度来看，市场占有率前缀的定语不同，其意义差别就会非常之大。值得强调的是，市场占有率通常计算指的是品牌（包括其对应的产品）。

（一）按销售额计算的市场占有率

根据销售额来计算市场占有率比较普遍，这是因为市场总销售额通常也是根据金额大小来计算的。

通常情况下，市场占有率的计算方法为

$$\text{某品牌（产品）的市场占有率}=\frac{\text{某品牌（产品）的销售额}}{\text{某品牌（产品）所属的销售总额}}$$

某品牌（产品）所属的销售总额＝品牌A销售额＋品牌B销售额＋品牌C销售额＋……

下面举例进行说明，如表6.6所示。

表6.6　1999年中国打印机市场的销售分布情况

打印机的类型	销售额/万元
点阵式打印机	331 915
线阵式打印机	8876
喷墨打印机	183 492
大幅面喷墨打印机	103 656
激光打印机	295 583
热度打印机	8910

下面介绍计算过程。

第一步，计算该区域市场该类产品的销售总额。1999年中国打印机市场的销售总额为

销售总额＝331 915＋8876＋183 492＋103 656＋295 583＋8910＝932 432（万元）

计算得到的结果是1999年中国打印机市场的销售总额为932 432万元。

第二步，用某产品的销售总额除以该产品所有市场的销售总额即可得到该产品的市场占有率。例如，由表6.6可知，1999年在中国市场上喷墨打印机的销售额为183 492万元，则喷墨打印机1999年在中国市场上的市场占有率为

$$\text{喷墨打印机}=\frac{183\ 492}{932\ 432}\times 100\%=19.68\%$$

同理可计算得到点阵式打印机、激光打印机等的市场占有率情况，如表 6.7 所示。

表 6.7　1999 年中国主要类型打印机市场占有率分布情况

打印机类型	销售额/万元	市场占有率/%
点阵式打印机	331 915	35.60
线阵式打印机	8876	0.95
喷墨打印机	183 492	19.68
大幅面喷墨打印机	103 656	11.12
激光打印机	295 583	31.70
热度打印机	8910	0.96
合　　计	932 432	100

如果没有销售额数据，就需要进行计算，即用销售量与价格的乘积。值得注意的是在某个时间跨度内产品价格往往是变动的，因此，在价格的选取上就需要一定的技巧，简便方法就是用平均值，可以选用本企业产品的平均值，也可选用行业的平均值。如果价格变动较大，或者行业内不同企业同类产品的价格差异较大时，这样处理会出现较大的误差。

（二）解读市场占有率

在了解了什么是市场占有率及如何计算市场占有率之后，在销售指标管理中，我们需要进一步了解如何分析市场占有率。市场占有率表明了本企业产品在市场上占有的份额，反映了企业产品在市场竞争中所处的地位和具有的控制能力，与企业产品销售收益之间存在着密切的正相关关系。一般情况下，任何一个企业都力图以提高本企业产品的市场占有率来确保企业领先的竞争地位，并通过分析市场占有率的变化来对企业的市场营销活动进行有效的控制与调节。

1. 市场占有率分析

了解企业市场占有率之后，尚需正确解释市场占有率变动的原因。企业可从产品大类、顾客类型、地区以及其他方面来考察市场占有率的变动情况。一种有效的分析方法，是从顾客渗透率（C_P）、顾客忠诚度（C_1）、顾客选择性（C_s）以及价格选择性（P_s）等四个因素分析。

所谓顾客渗透率，是指从本企业购买某产品的顾客占该产品所有顾客的百分比。所谓顾客忠诚度，是指顾客从本企业所购产品与其所购同种产品总量的百分比。所谓顾客选择性，指本企业一般顾客的购买量相对于其他企业一般顾客的购买量的百分比。所谓价格选择性，指本企业平均价格同所有其他企业平均价格的百分比。全部市场占有率（即

顾客占有率）就可表述为

$$市场占有率 = C_P \times C_1 \times C_s \times P_s$$

如果我们发现在某一时期内，某企业的市场占有率上升，由上式就可以找到四种可能的解释。企业赢得了一些顾客，即顾客渗透率有所上升；现有顾客购买企业商品的比例上升，即顾客忠诚度上升；现有的顾客其平均购买量加大，即顾客的选择性增加；企业产品的价格对于竞争者而言，逐渐上升，即价格选择性高。

经过调查，企业可以确定市场占有率改变的主要原因。假设在期初，顾客渗透率是60%，顾客忠诚度是50%，顾客选择性是80%，价格选择性是125%。根据计算方程式，企业的市场占有率是30%。

假设在期末，企业的市场占有率降为27%，在检查市场占有率要素时，发现顾客渗透率为55%，顾客忠诚性为50%，顾客选择性为75%，价格选择性为130%。很明显，市场占有率下降的主要原因是失去了一些顾客（顾客渗透率下降），而这些顾客一般都有高于平均的购买量 （顾客选择性下降)。这样，企业决策者就可集中力量对症下药了。

2. 市场占有率变化的原因剖析

市场是复杂多变的，不过人们往往忽视了这种市场环境的复杂多变性，或者是对这种复杂多变性认识不够。有时企业总是认为只有企业产品的市场占有率上升，才真正意味着企业产品处于市场竞争的优势地位，才有利于企业的发展，而企业产品的市场占有率下降或不变，就意味着对企业或企业产品的发展存在着威胁，或者说存在着潜在威胁。事实上并非如此。由于影响市场占有率变化的因素是多种多样的，不同的原因可能会产生相同或相似的市场占有率变化结果。因此，在研究市场占有率问题时，有必要根据引起市场占有率变化的具体原因进行全面分析，然后对企业市场营销过程和企业市场营销过程所产生的结果实施不同的控制策略。对于一个企业来说，企业产品的市场占有率可以概括为市场占有率上升、市场占有率下降和市场占有率不变三类。

（1）市场占有率上升

市场占有率上升主要归结为销售努力所致，但深究原因却各有所不同。市场占有率上升大致可以分为以下四种情况：

1）企业产品市场占有率上升是由于本企业产品销售量或销售额大幅度增加，而该市场上同类产品的总销售量或总销售额的增加幅度相对较小所致，也就是说企业产品的销售增长速度快于行业的增长速度，企业自己比竞争对手和同行平均水平发展得更好。这种情况通常说明：整体市场呈现强劲的发展势头，总需求量在迅速增长；产品处在成长期或发展成熟期；本企业产品正处于市场竞争的优势地位。总体而言，企业产品的市场前景比较乐观。

2）企业产品的市场占有率上升是由于本企业产品的销售量或销售额增加，而该市场上同类产品的总销售量或总销售额保持原有水平不变所致。与第一种情况不同 （企业与竞争对手分享行业增长的成果)，这种情况下的市场占有率上升是企业产品抢夺了竞争对手的市场。这种情况说明本企业产品处于一个相对有利的市场竞争地位，但整体市场的市场状态有趋向饱和的势头，市场开发潜力有限；行业产品处在稳定成熟期，本企业产品难以保持持久的销售旺势。

3）企业产品的市场占有率上升是由于本企业产品销售量或销售额保持原有水平不变，而该市场上同类产品总销售量或总销售额呈现下降趋势所致，这只能说明企业产品在市场环境不太好的情况下比竞争对手做得更好。这种情况说明：整体市场的市场态势已明显地出现逆转，行业前景不容乐观；市场变化对企业存在着潜在威胁，产品处在成熟期后期或已开始进入衰退期；消费者开始转向购买新产品或替代产品；市场的总需求量在下降。

4）企业产品的市场占有率上升是由于本企业产品的销售量或销售额下降，而该市场上同类产品的总销售量或总销售额以更大的幅度下降所致。这说明产品已处在衰退期或衰退期后期，大批消费者已转向购买新产品或替代产品；市场的总需求量在急剧下降，整体市场已出现严重危机；市场环境已明显地危及到整个行业和本企业的生存，产品已难以继续在市场上存在。这种市场占有率的上升并没有太多的前景，只是竞争对手比企业自身做得更差而已。

（2）市场占有率下降

市场占有率下降大多可归结为销售工作不太理想，但也不尽然。市场占有率下降大致可以分为以下四种情况：

1）企业产品的市场占有率下降是由于本企业产品的销售量或销售额下降，而市场上同类产品的总销售量或总销售额保持原有水平不变所致，这主要是竞争对手掠夺了本企业产品的市场。这种情况说明：整体市场的市场状态有呈现疲软的趋势，并隐藏着潜在危机，而市场潜在危机的先期征兆对本企业所产生的影响比较显著和强烈；产品处在成熟期的下滑阶段，市场的总需求量已基本达到饱和，市场开发价值不大，整个行业的前景也难以长期维持。同时，在整个行业中，本企业的实力也相对较弱，产 品在市场竞争中显得十分乏力。

2）企业产品的市场占有率下降是由于本企业产品的销售量或销售额大幅下降，而市场上同类产品总销售量或总销售额的下降幅度相对较小所致，也就是企业自身比行业平均水平都做得差。这种情况说明：整体市场的市场状态已出现明显危机，市场的总需求量在急剧下降；产品处在衰退期后期阶段，消费者大批转向购买新产品或替代产品；市场已毫无开发价值，整个行业处于衰退状态；市场危机对本企业所产生的冲击更加显著和严重，本企业产品在市场上处于劣势地位，几乎没有什么竞争能力。

3）企业产品的市场占有率下降是由于本企业产品的销售量或销售额保持原有水平不变，而该市场上同类产品的总销售量或总销售额增加所致，也就是企业没有把握行业增长的机会，没有与同业共享行业成长的好处，相对而言市场占有率就会下滑。这种情况说明：整体市场的市场状态具有较好的开发潜力，市场的总需求量在增加；产品处在发展成熟期，行业前景看好，但本企业产品的竞争实力相对较弱。

4）企业产品的市场占有率下降是由于本企业产品的销售量或销售额增加，而谈市场上同类产品的总销售量或总销售额以更大的幅度增加所致。这种情况说明：整体市场的市场状态具有极大的开发潜力，市场的总需求量在急剧增加；产品处于成长期，市场环境非常有利于行业的发展，并为本企业的发展提供了一个良好的时机；企业产品在市场上具有一定的竞争实力，但由于市场竞争十分激烈，本企业产品的竞争能力亟待提高。

（3）市场占有率不变

市场占有率稳定不变的原因同样比较复杂。市场占有率不变大致可以分为以下三种情况：

1）企业产品的市场占有率不变是由于本企业产品的销售量或销售额与该市场上同类产品的总销售量或总销售额以相同的比例增加所致。这种情况说明：整体市场的市场状态具有良好的发展前途，产品处在成长期或发展成熟期，市场的总需求量在增加，市场态势有利于整个行业和本企业的发展，本企业产品在市场上具有相当的竞争实力。

2）企业产品的市场占有率不变是由于本企业产品的销售量或销售额与该市场上同类产品的总销售量或总销售额以相同的比例下降所致。这种情况说明：整体市场的市场状态已出现危机，产品处在衰退期，市场开发价值不大，整个行业和本企业都处在一个不利的市场环境之中。

3）企业产品的市场占有率不变是由于本企业产品的销售量或销售额与该市场上同类产品的总销售量或总销售额均维持在原有水平上保持不变所致。这种情况说明：整个市场的市场状态已达到饱和，产品处在稳定成熟期，生产同类产品的企业实力基本相当，需要密切关注市场的进一步变化。

小　结

通过对本章的学习，使学生了解营销核算定量指标与定性指标，销售额指标的确定方法，掌握销售费用指标的确定方法，重点难点是如何进行销售额指标的核算与效益分析、如何进行销售费用率指标的核算与效益分析，培养学生对企业营销核算指标的核算与效益分析的能力。

思考题

1. 营销核算定量指标包括哪些？
2. 营销核算定性指标包括哪些？
3. 简述建立营销核算指标体系应遵循的原则。
4. 简述销售额指标的确定方法。
5. 简述销售费用指标的确定方法。

销售分析范例

表 6.8 给出一个实际销售分析的例子。某小型厨房用具的公司首先根据销售与人口、收入、零售水平的相关关系，采用推论指数法和购买指数法（BPI）测算出每个地区的市场潜力，然后用公司期望的市场份额乘以这些市场潜力，就得出了表 6.8 所示的地区定额。

表 6.8 某厨具公司的销售及销售定额

地区	购买力指数（占全国的百分比）/%	销售定额/百万元 ①	销售额/百万元 ①②	偏差/百万元 ①－②	业绩指数 ②÷①×100
北京市	5.8193	24.44	25.03	0.59	102.4
华东地区	18.3856	77.22	78.19	0.97	101.3
北方地区	20.1419	84.60	79.48	−5.12	94.0
西北地区	7.3982	31.07	30.51	−0.56	98.2
华南地区	14.7525	61.96	64.07	2.11	103.4
华中地区	5.2571	22.08	23.20	1.12	105.1
西南地区	9.2022	38.65	38.42	−0.23	99.4
新疆地区	4.2819	17.98	17.73	−0.25	98.6
东南亚地区	14.7613	62.00	64.60	2.60	104.2
全国总计	100.0000	420.00	421.23	1.23	100.3

由表 6.8 可以看出，不仅整个公司达到了销售定额，而且大多数地区也达到了销售定额，甚至有 5 个地区的业绩指数即销售额与定额的比率还超过了 100%。虽然有 4 个地区没有达到定额，但其中三个地区已非常接近定额。仅仅只有北方地区比定额少了不到 2%，但它的绝对销售额在所有主要地区中仍是最高的。很多销售经理据此都会推断情况一切良好，最多，他们只给北方地区经理写一封信，要求他设法让该地区的销售人员干得更好些罢了。

幸好厨具公司的销售经理没有这样做。相反，他查询了一下北方地区的销售分类数据处理方法（如表 6.9 所示），发现总定额是用总的预测销售额 4.2 亿元乘以每个省的购买力指数（BPI）算出来的。很多情况下，公司可能希望将每个百分比转变成地区的百分比，而不是全国的百分比，这样，河北的百分比就是 29.8（60 037/201 419），这个百分比乘以该地区的定额 0.846 亿元就得到了河北定额。尽管结果是一样的，但第二种方法清楚地显示了该地区的需求。所以，当销售分析是以越来越小的单位进行时，其反映的实际情况越真实。

表 6.9　北方中心的销售情况

省区	购买力指数（占全国的百分比）/%	销售定额/百万元 ①	销售额/百万元 ①②	偏差/百万元 ②−①	业绩指数 ②÷①×100
河北	6.0037	25.22	24.30	−0.92	96.4
内蒙古	2.4103	10.12	10.24	0.12	101.2
辽宁	4.6401	19.49	17.77	−1.72	91.2
吉林	4.9764	20.90	20.43	−0.47	97.8
黑龙江	2.1114	8.87	6.74	−2.13	76.0
总计	20.1419	84.60	79.48	−5.12	94.0

表 6.9 表明北方地区的销售存在一些问题。只有内蒙古的销售代表超过了定额，超额的数字也不大。而且定额的偏差也比未见表 6.9 中的大，这种情况一般只在进行小单位的分析时才会发生。如果以地区为单位来统计，则数字越大越适用，这是因为定额的增减有助于彼此平衡，因而以较大的单位进行分析时所得到的业绩指数就趋向于接近100%。当销售分析是基于大的集合单位（如地区）而不是以小单位（如销售人员）时，定额偏差就小得多，这就需要进行进一步的调查。

表 6.9 中，五个省就有四个省的偏差是负数，其中黑龙江的偏差最突出，只完成了76%的定额。

这样，销售经理就很可能会让北方地区经理召来黑龙江经理，或者干脆召来北方地区经理，查询黑龙江的销售具体情况（如表 6.10 所示）。黑龙江的所有销售地区的销售额都低于定额，这似乎表明该省一定存在某些根本性问题，如经济不景气、失业率太高、竞争比其他地区激烈，或者销售队伍的心境和动机有问题等。经过进一步分析表明，核心问题还是出在张华身上。如果他做得和省里的其他销售人员一样好，该区域的销售就可能十分接近目标了。

表 6.10　黑龙江地区的各销售代表的情况

地区销售代表	购买力指数（占全国的百分比）/%	销售定额/千元 ①	销售额/千元 ②	偏差/千元 ②−①	业绩指数 ②÷①×100
1. 王　力	0.0953	400.2	392.6	-7.6	98.1
2. 黄　静	0.1332	559.4	501.0	-58.4	89.6
3. 汪　涛	0.1325	556.5	512.4	-44.1	92.1
4. 李海洋	0.2021	848.8	768.7	-80.1	90.6
5. 李　嫁	0.2596	1090.3	969.3	-121.0	88.9
6. 郑海波	0.3384	1421.3	1340.3	-81.0	94.3
7. 张　华	0.6975	2929.5	1285.0	-1644.5	43.9
8. 聂　丽	0.2528	1061.8	970.5	-91.3	91.4
总　计	2.1114	8867.8	6739.8	-2128.8	76.0

张华负责的是该地区最重要的哈尔滨市场，但其业绩指数仅为43.9%，为了进一步查清张华业绩差的原因，又对张华的产品销售表（如表6.11所示）进行分析，发现张华所销售的7类产品中，5类的业绩指数都超过了平均数，他的主要问题出在包饺子机和食品搅拌器上。

表6.11 张华的产品销售情况

产品	销售定额/元 ①	销售额/元 ②	偏差/元 ②－①	业绩指数 ②÷①×100
开罐器/磨刀器	212 000	124 500	-87 500	58.7
烤面包	468 000	237 000	-234 500	50.6
包饺子机	627 000	176 000	-451 000	28.1
食品搅拌器	604 000	159 200	-444 800	26.4
铁锅/电煎锅	573 000	340 000	-233 000	59.3
其他/电动切肉刀/爆玉米花机/热盘等	445 000	248 300	-197 200	55.7
总计	2 929 500	12 85 000	-1 644 500	43.9

这是张华的问题，还是产品的问题？对这些产品进一步的销售分析表明，问题出在大型百货商店的购买者身上。而且，这个问题不仅是张华独有的，华东和西北地区的所有经销商都有这种问题。看来有一个很强大的竞争者，正试图通过大量广告和减价相结合的方式来改善其在北方地区的销售状况。这个问题在其他销售领域还不大明显，因为其他产品的销售弥补了包饺子机和食品搅拌器上的损失。张华在这点上是不幸的，他的其他产品的销售未能弥补这个缺口。

因此，这个问题的责任不能归咎于张华，而应归咎于北方地区特定的竞争环境。尽管这种环境对公司的竞争地位冲击相当大，但如果不进行销售分析，就不可能被揭示出来。

实训项目一 进行销售额（量）指标、销售费用率指标的核算与效益分析

【实训目标】

培养学生对销售额（量）指标、销售费用率指标的核算与效益分析的能力

【实训内容与形式】

1. 以自愿为原则进行分组，以6～8人为一组。
2. 以模拟公司为单位，深入一家制造企业进行调研，收集企业相关资料。

3. 运用所学知识，结合企业实际，按销售额（量）指标、销售费用率指标进行分析。

【实训要领】

1. 此次实训的主要目标是不论个人还是小组，同学们都应迅速地完成，对完成效果好的小组和个人进行表扬。

2. 小组中有适当争论（当需要时，能够提出并坚持自己的观点，不随波逐流），又迅速达成一致（而非不负责任的苟同）。

【成果与检测】

1. 每个模拟公司提供一份指标进行分析及相关材料。

2. 评估各公司组织状况的好坏。

3. 教师根据各公司完成的文字材料和实际效果及讨论中的表现评估打分。

实训项目二　评价销售额（量）指标确定的方法

【实训目标】

通过实训，能够熟练掌握并运用销售额（量）指标确定的方法

【实训内容与形式】

1. 以自愿为原则进行分组，以6～8人为一组。

2. 每组推选临时负责人，初步组建“××××大学生模拟公司”。

3. 以公司为单位，对下列销售额（量）指标确定的方法进行讨论，并要充分交流。

1）预期销售增长率确定法。

2）预期目标市场占有率确定法。

3）市场扩大率确定法。

4）根据盈亏平衡点确定法。

5）经费倒算确定法。

6）销售人员申报确定法。

【实训要领】

1. 在选择评价销售额（量）指标确定方法的时候，尽量找到各个方法应用侧重点。

2. 小组中有适当争论（当需要时，能够提出并坚持自己的观点，不随波逐流），又迅速达成一致（而非不负责任的苟同）。

【成果与检测】

1. 教师根据公司讨论中的表现评估打分。

2. 评估各公司组织状况的好坏。

第7章

企业营销绩效评价

学习目标

1. 了解评价企业营销业绩的构成要素。
2. 掌握企业管理者设计评价指标应遵循的原则。
3. 掌握企业管理者在进行绩效评价时候要注意的原则。
4. 了解影响营销绩效评价的因素。

技能训练目标

1. 提高学生对营销绩效评价的理解能力。
2. 培养学生基本的分析能力。

案例导入

王君最近情绪糟糕透了，坐在办公室，冲着墙上那张《××年度销售统计表》不断运气。这也难怪，全公司23个办事处，除自己负责的A办事处外，其他办事处的销售绩效全面看涨，唯独自己办事处的作犬牙状，不但没升，反而有所下降。

在××公司，王君是公认的销售状元，进入公司仅5年，除前两年打基础外，后几年一直荣获“三连冠”，可谓“攻无不克、战无不胜”，也正因为如此，王君从一般的销售工程师，发展到客户经理、三级客户经理、办事处副主任，最后到了办事处最高长官——办事处主任这个宝座，王君的发展同他的销售绩效一样，成了该公司不灭的神话。

王君担任A办事处主任后，深感责任的重大，上任伊始，身先士卒，亲率20名弟兄摸爬滚打，决心再创佳绩。他把最困难的片区留给自己，经常给下属传授经验。但事与愿违，一年下来，绩效令自己非常失望！

烦心的事还没完。临近年末，除了要做好销售总冲刺外，公司年中才开始推行的“绩效管理”还要做。

王君叹了一口气，自言自语道：“天天讲管理，天天谈管理，市场还做不做。管理是为市场服务，不以市场为主，这管理还有什么意义。又是规范化，又是考核，办事处哪有精力去抓市场。好在绩效管理也是轻车熟路了，通过内部电子流系统，王君给每位员工发送了一份考核表，要求他们尽快完成自评工作。同时自己根据员工一年来的总体表现，利用排队法将所有员工进行了排序。排序是件非常伤脑筋的工作，时间过去那么久了，下属又那么多，自己不可能一一都那么了解，谁好谁坏确实有些难以区分。不过，好在公司没有什么特别的比例控制，特别好与特别差的，自己还是可以把握的。

排完队，员工的自评差不多也结束了，王君随机选取6名下属进行了5～10分钟考核沟通，问题总算解决了，考核又是遥远的下个年度的事情了，每个人又回到“现实工作”中去。

看到这桩案例，不知道你有何感想，但有一点恐怕大家都会想到：“这样的绩效考核到底有什么好处？这算不算是绩效管理？”

（资料来源：世界经理人.2006年第12期）

第一节　营销绩效评价基础

对于一个企业想在当今经济全球化、一体化的激烈竞争环境中占领市场，赢得更大的空间，离不开一个企业市场营销成败与否。企业营销关键在于一个好的营销部门加上良好素质的营销人员，以及好的管理体制。全面科学的评价一个企业营销绩效，肯定企业营销队伍的成绩，指出其不足，必然能够培养出优秀的营销人员和最佳的营销团队，也能够充分调动人员的积极性，给企业创造更大的商机，得到更多的利益。

一、绩效及绩效评价的含义

（一）绩效

关于绩效概念，大体包括三方面的含义：第一，指工作产出或结果，如营销人员一定时期内完成的销售额；第二，包括一定的工作行为，如按时保质完成工作任务；第三，反映与工作相关的员工个性特征或特质，如敬业精神、创新意识、团队合作等。

在人力资源管理实践中，常常把三方面或其中两方面（如行为或结果）结合起来对绩效定义。概括讲，绩效就是根据企业的业务性质、战略取向、战略目标和工作性质等，对员工的行为、所应完成的工作任务或工作结果所做出的符合一定标准的规定和要求，或者说，绩效是具有效能性的工作标准。

绩效从管理学角度看是组织期望的结果，是组织为实现其目标展现在不同层面上的成果。

绩效从个人角度看是员工对组织的承诺，员工进入组织必须对组织要求的绩效做出承诺，组织作为回报将以薪酬作为对价，员工完成了他对组织的承诺的时候，组织就实现其对员工的承诺，这种对等承诺的本质，体现了马克思主义的等价交换的原则，而等价交换的原则是市场经济的基本运行规则。

绩效从社会学角度讲，意味着每一个社会成员按照社会分工所确定的角色承担他的那一份职责。他的生存权利是由其他人的绩效保证的，而他的绩效又保障其他人的生存权利。因此，出色的完成他的绩效是他作为社会一员的义务，受惠于社会就必须回馈社会。

（二）绩效评价

绩效评价出现于 20 世纪 70 年代，它是对员工在一定时期内的工作绩效进行考察和评定，确定员工是否达到预定的绩效标准的管理活动。即绩效评价最终是要评价员工为公司做了什么，它融入了对公司整体目标的协定还有对目标结果的评估。

从内涵上说绩效评价就是对人与事进行评价，即对人及其工作状况、工作结果进行

评价，要通过评价体现人在组织中的相对价值或贡献程度。从外延上说，就是有目的、有组织的对日常工作中的人进行观察、记录、分析和评价，它包括三层含义：

首先，绩效评价是从企业经营目标出发进行评价，并运用评价结果使人力资源管理有助于企业经营目标的实现。

其次，绩效评价是作为人力资源管理系统的有机组成部分，运用一套系统的制度性规范，程序和方法进行评价。

最后，绩效评价是对组织成员在日常工作中所显示出来的工作能力、工作态度和工作成绩，进行以事实为依据的评价。

这种评价被用于公司员工的绩效依据，并且要跟员工个体的目标结合起来，绩效考核将有助于员工改进工作态度与方法；同时通过确认能力和不足，来确定如何最有效的在组织内调配员工，并指导其改进缺点；有助于企业改进管理方法，寻求最佳的内部解决方案，从而提高组织效率，发挥最佳状态。

二、企业营销绩效评价的要素

对于企业营销来说，进行正确得到的评价，有利于起改善其工作不足，发挥其最大作用。评价企业营销业绩有如下几个构成要素：

（一）评价的主体

企业营销绩效评价主体也就是营销评价的发起者，即企业营销管理的相关部门。只有确定了评价主体，我们才能够根据主体确定评价的内容和评价方法，也就是根据主体所能够得到的信息进行评价。

作为营销管理者，首先要熟悉自己的队伍、熟悉人，能够掌控住队伍和每一个人。能够正确运用知识去客观、公正的评价自己的员工，确定奖惩，达到鼓励营销人员，提升业绩的作用。

（二）评价的客体

评价的客体也就是评价的对象，无外乎是营销部门、营销人员和营销经理。通常情况下，企业重视营销人员的评价，以此为基础来评价营销整个部门的绩效。

评价营销人员时候必须根据营销人员各自的特点，在能力的范围内最大限度发挥评价的作用。

（三）评价指标

评价指标的选取是我们进行营销评价的基础，根据指标的选取，能够充分显示出绩效评价的内容。当然在选取指标时候，我们不能单纯的用量化的指标，也要结合定性分析的指标来评价，本身营销管理就是一个人性的管理，不能脱离人性而独立用量化的指标，否则可能显示得过于片面。

（四）评价标准

评价标准是对评价客体进行分析评判的标尺，是企业营销绩效评价的参照系。指标的评价标准是在一定前提下产生的，具有相对性。由于各个企业的评价目的、范围和出发点不同，必然要有相应的评价标准与之相适应。同时评价标准受外部环境变化的影响，评价标准也是不断变化的。

在早期，没有现代化设备，营销只有依靠人。电话还没有普遍，更没有网络，所以根据当时的客观条件，评价人员的能力，只有看营销人员在自己承担的区域内的业绩。如今衡量一个营销者，应该考虑综合能力，有的时候网络营销，有的适合接触客户，登门拜访。而此时的评价标准也应该随环境变化而变化。

（五）评价方法

评价方法是企业营销绩效评价的具体手段。有了评价指标和评价标准，还需要采用某种评价方法来对评价指标和评价标准进行处理，以取得尽量客观、准确的评价结果。没有科学、合理的评价方法，评价指标和评价标准就是孤立的评价要素，失去其存在的意义。评价方法好坏也会直接营销评价的结果。所以，对企业营销绩效进行评价必然要选择恰当的方法。

（六）评价结果

绩效评价结果是绩效评价体系对外的信息输出。企业营销绩效评价的最终是为了发现营销中存在的问题，并且加以改进。进行评价结果分析时，要通过具体指标实际值与标准值进行对比，找出被评价企业营销者和营销部门的优势和存在的不足。通过此结果的分析，才能最后达到营销目的，最大限度调动人员和部门积极性。

与其他部门相比，企业营销部门在企业里面地位特殊，又直接关系到企业的生死存亡，所以营销部门及其人员的绩效评价已经引起大多数企业的重视，几乎所有的企业都在进行营销部门和人员的绩效评价。由于企业营销人员绩效考核的方法较多，并且绩效考核是一种实务性、操作性很强的管理方法，每个企业都有其不同的实际情况，所以每家企业都用不同的办法来进行着他们的营销绩效评价。

三、营销经理

企业营销经理是企业营销部门的负责人，也是企业高层管理者，他通过计划、组织和执行把企业的产品或服务推向市场，全面负责下属的工作，领导营销团队实施准确的

市场规划和定位，制定合理的市场竞争战略和策略，适时满足用户的需求，完成营销任务，实现资金良胜循环的经理。对于一个企业来说，营销是关系企业存亡兴衰的重要职能，而企业营销经理正是处于实现这个重要职能的枢纽位置。所以与企业的其他部门主管相比，企业营销经理居于特殊重要的地位。

（一）营销经理的地位

1. 企业营销经理是企业核心竞争力的源泉

企业营销经理是企业核心竞争力源泉之一。营销是企业运营的最后一个环节，也是关键的一环，关系企业运营成败，企业营销经理在这个环节中起着极其重要的作用。企业营销经理独特的领导方式、独特的管理方式及对市场的及时把握、资源整合的技能的独特性一旦形成，就能为企业创造独特的价值，从而大大提高企业的竞争能力。

2. 企业营销经理是实现企业利润的主要因素

一个企业的支出都依赖于收益的支撑，企业营销经理要通过卓越的领导，指挥营销团队将产品送达到客户的手中，并使客户感到满意，而且能与客户之间建立良好的关系，从而获取足够的收益，进而实现企业利润目标。

（二）营销经理的角色

在营销导向型经济时代，市场成为决定企业胜负的决斗场，营销水平的高低直接决定了企业的生死存亡。而拥有一支强大的营销队伍则是营销成功的前提和基础。培养优秀的企业营销经理更是建设高素质营销队伍的重中之重。一个优秀的企业营销经理必须要明确自己的角色，只有充分了解自己的角色并且深入地扮演它，才可能领导好自己的部属，从而实现部门的组织目标。

1. 舵手的角色

在激烈的市场竞争中，市场环境千变万化，极为复杂，如果企业营销经理没有战略的眼光和超强的预见性，对周围的市场环境和竞争对手缺乏敏锐的洞察力，在工作中肯定是思路不清、方向不明、缺乏创新，要么跟着别人走，要么走一步说一步，这样就很容易走入竞争对手布下的陷阱，被竞争对手打败。

2. 医生的角色

一个优秀的企业营销经理要随时发现自己所领导的团队已经出现的问题或可能出现的问题，并能够及时采取有效的措施化解，随时保持团队旺盛的战斗力，成为一支拉得出、打得胜的营销精锐之师。

3. 教师的角色

一个优秀的企业营销经理，第一，必须在营销理论与实践方面远远高于业务人员，是这个团体中专业水平的权威；第二，要心胸开阔、品德高尚、受到全体下属的尊敬和爱戴；第三，能够把自己的所长无私地传授给自己的下属，与同事们一起提高，鼓励下属在某些方面超过自己，也要接受下属超过自己的现实，能够充分发挥每个人的潜能和才干。所以优秀的企业营销经理一定具有高超的沟通水平和培训水平，能够有效地向下属灌输知识和信息，快速提高下属的能力和水平。

4. 朋友的角色

一个优秀的企业营销经理不但要有较高的威信和较强的感召力，更应有较强的亲和力，让下属有一种敬而近之，而不是惧而远之的感觉，愿意与你同甘共苦，愿意向你倾诉心中的酸甜苦辣。为此，一个优秀的企业营销经理又必须是下属的好朋友，在开拓市场过程中既能带领大家冲锋陷阵，吃苦在前，享受在后，又能深入下属中间与他们谈心，真诚地了解他部门的思想动态、观念思路、意见和建议等，尽其所能帮助他们，充分发挥他们的主观能动性。

（三）营销经理的素质

一个企业营销经理承担不同的角色，还要具备与之相适应的能力，这就要求企业营销经理具备优秀的素质，其素质的高低在很大程度上直接影响着企业市场营销目标的实现。这些素质表现为以下四方面：

1. 智力方面

智力方面体现为智力和体力，是由先天素质、社会历史和受教育因素、个人努力三方面相互作用的结果，通常包括知识水平、思维能力、判断能力、观察能力和身体健康程度等方面。在激烈的竞争中，一名优秀的企业营销经理要拥有市场营销、会计学、管理学、金融学、心理学和人力资源学等知识体系，并且熟悉所在行业的技术，拥有发现问题、思考问题和独立解决问题的决策分析能力，要能胜任团队领导工作，具有市场开拓和应变能力，以及健康的身体，为他以后的工作打下坚实的智力基础。

2. 阅历方面

主要指实际工作经验和工作业绩。企业营销经理一定要有一定的销售经验，例如站过柜台、跑过推销等。一个人的阅历越多，他的经验性知识越多，或者说他的书本知识的应用能力就越强，特别是与人相处的社会能力就越强。而且，对环境变化要非常敏感，善于捕捉和利用各种有价值的信息，能及时的对企业资源状况进行切实可行的评价。针对特殊情况能快速做出反应，紧要关头能较好地保持情绪稳定，善于变被动为主动、变困境为机遇，并能领导团队创造良好的业绩。

3. 性格方面

企业营销经理要有良好的适应性、旺盛的精力、顽强的毅力以及强烈的自信。从市场竞争的实际来看，外向型的适应性较强，不拘泥于现实安排，敢于面对现实与困境，敢于竞争，可以较好地与他人沟通。另外，企业营销经理还要有创新性，进攻型性格的不循规蹈矩、处事果断、喜欢求变，则比较适合于新地区市场的开发。

4. 思想方面

企业营销经理要在思想上与企业的人、企业的韦峻、企业的事业融为一体，保持高度的纯洁性，做到心底无私。这种纯洁性具体表现在 4 个方面：①一个忠于，忠于企业的事业，对企业的事业充满信心，能与企业同舟共济；②两个一样，有人监督与无人监督一个样、在企业外与在企业内一个样；③三个老实三个不，说老实话、办老实事、做老实人，不说有损企业形象的话、不做有损企业利益的事、不做让企业不信任的人；④四个遵守，遵守企业纪律、遵守行业职业道德、遵守社会公德、遵守国家法律法规。

通过对企业营销经理的角色、能力和素质的研究，企业营销经理应具备的特点可概括为：①个人特质，包括韧性、成就欲、冒险、责任感、集权、自信、创新、心态调整、概念性思维、影响力；②管理效率，包括团队协调、财务管理、规范管理、市场拓展、信息搜寻、专业知识；③组织与协调，包括人际洞察能力、谈判能力、市场策划、发展他人、人力资源管理、权限意识、销售网络建设；④领导力，包括战略计划、公关能力、判断决策能力、应变能力、主动性、团队领导、客户意识、沟通能力、学习能力。

第二节　企业营销绩效评价的管理

一、设计评价指标要遵循的原则

企业管理者对于营销部门和营销者设计评价指标时候，必须遵循一定的原则，有了评价原则才能够使得绩效评价结果能够做到客观、公正。为此，它的设计应遵循如下五个基本原则。

（一）全面性原则

要准确地对评价客体进行评价，就必须将影响其绩效的各种指标纳入考评范围，并据此设计指标体系。绩效评价指标体系的构建应考虑到影响评价结果的各主要方面，以便从不同角度对评价客体的绩效水平作出全面评价的同时，评价体系的设计还应考虑评价指标之间的系统性和关联性，从而对评价客体的绩效水平作出有效的评价。

（二）重点性原则

重点性原则是相对于全面性而言的。指标体系的全面性有助于从不同角度衡量评价客体的绩效水平。然而，面面俱到的评价体系不能突出关键指标的作用，从而使评价结果的准确性受到影响。

（三）科学性原则

科学性原则指指标体系设计过程要有严谨的科学依据。比如，指标体系的设计必须同评价内容相一致；评价标准的确定应取决于实际需要；评价方法要与指标体系结构相适应，有相应的理论为基础。只有评价体系的设计过程依据严谨的科学程序，以评价体系为基础得出的评价结果才能尽量反映评价客体的绩效水平。

（四）可操作性原则

可操作性原则是设计指标体系时要考虑的一个重要原则。无论评价体系被设计得有多么完美，但如果在实践中难以操作，那就不是一个好的指标体系。所以为了确保评价体系的可操作性，要保证评价体系的易懂性和数据收集的可行性，同时应结合现代管理理论和计算机相关技术，实现评价程序的计算机化，尽可能方便评价主体的使用。

（五）普遍性原则

评价客体千差万别，因此，评价体系的设计应具有普遍性。评价内容、指标体系、评价方法是没有界限的，要做到能够对不同的评价客体绩效水平进行评估。

只有选择好恰当的指标，才能提高营销评价的准确性。选择出的指标应该具有简洁、可比性、可操作性。而且针对自己的企业的评价有代表性。

二、企业营销绩效评价的原则

科学而正确的企业营销绩效评价可以为营销工作提供可供参考的量化数据，这对评价结果的客观性、准确性意义重大。所以企业管理者在进行绩效评价时，应该明确和掌握以下原则：

（一）优化原则

优化原则就是对企业营销进行绩效评价的过程中，所有的备选对象进行不断的比较分析及优化选择。在这个过程中，备选对象包含绩效评价指标和评价方法两方面内容。绩效评价指标是影响评价结果的重要因素，我们要对指标的选择工作高度重视。指标的选择是分几个不同阶段进行的，我们要对所有的备选指标进行充分的研究和认真的分析，根据它们对于评价结果的影响程度，不断地淘汰掉一些重要性相对较小的指标，逐步缩小评选范围。通过对这些指标不断进行优化和筛选，最后找到对评价结果影响最为重大的若干指标。

评价方法是影响评价结果的另一个重要因素。因为即使有了合适的指标但如果没有适合的评价方法来处理这些数据，那么得到的评价结果也是不准确的，所以我们一定要遵循优化原则，对主要绩效评价方法的优劣性进行认真地分析比较、通盘考虑，找到一个适合评价内容的绩效评价方法。

（二）客观、公正原则

在绩效评价的客观公正原则中，客观是指绩效评价要尊重客观实际，从实际出发，找出事物发展的客观规律，不可具有主观随意性；公正是指管理者立场必须公正，在绩效评价的各个阶段要顶住来自权威的干扰或利益诱惑的压力，坚持科学的态度、采用科学的方法和遵循科学规范的程序。采用科学的方法是指在绩效评价过程中必须使用能够充分反映评价客体特点的绩效评价方法遵循科学规范的程序是指管理者在进行绩效评价时要充分借鉴和吸收已被证明行之有效的绩效评价程序，充分确保企业营销绩效评价工作的客观公正性。

（三）定性与定量相结合原则

评价指标是企业营销绩效评价内容的载体，是进行绩效评价的基础。评价指标必须涵盖对企业营销绩效有着重要影响的一些因素。这些评价指标中，既有反映事物基本概念、属性特征的定性指标，也要包括反映事物数量特点的定量指标。在构建指标体系的过程中，必须遵循定性与定量相结合原则，在这种思想指导下构建出的指标体系才能够最大程度地还原影响因素集合网。

第三节　营销绩效评价指标

指标体系的设计是企业营销绩效评价工作的重要内容，也是做好的绩效评价工作的基础，所以一定要高度重视。在设计指标体系时，首先要找到对绩效结果能够产生重大影响的几个因素，寻找影响因素的过程就是确定指标的过程。

一、企业营销状况

营销绩效考核的主要内容之一就是企业营销状况。而最能够体现营销状况的就是销售和营销市场占有情况。销售分析是企业营销评价的主要内容，主要用于测量和考核营销计划及其销售目标的实现情况。具体可以用产销率和市场占有率进行分析。

二、企业营销获利分析

企业营销的目的最终是使企业获得最大利润，所以营销获利能力是评估企业营销绩效的主要指标之一。营销获利能力分析是主要通过若干指标的评价来进行，相关指标是销售利润率、销售增长率、产品费用率等指标。

三、客户价值

客户价值是营销整体绩效的外部体现，而客户满意则是消费者价值的具体反映。通过绩效影响性分析，客户价值的评价一般可以采用客户服务质量、客户满意程度等指标来分析。企业营销对于客户的服务质量主要指营销者对于客户订单的反映速度，处理订单的时间、订单的满足率以及客户的保修和售后问题解决速度等来反映。

客户满意度是指客户对企业为其所提供服务的满意程度。对客户满意的评估主要由客户的保持率、客户增长率等指标衡量。

$$客户保持率=\frac{年末老客户数}{年初总客户数}\times 100\%$$，反映出该企业稳定的客户来源。

$$客户增长率=\frac{年末客户数-初总客户数}{年初总客户数}\times 100\%$$，反映出该企业不断的增加市场占有情况，数值越大，表明客户满程度越高。

第四节　企业绩效评价应注意的问题

绩效评价在企业经营管理中是源头和核心，没有考核就难以激励员工，而且它对企业理念、员工的观念和行为起着重要的牵引作用。考评是正确的人事决策的前提和依据，决策是考评延续和拓展的结果。因此可以说，绩效评价是一种有效的管理行为，它应贯穿于管理工作的全过程。然而，对人的评价是最难的。其实施方式与实施效果有着密切的联系，有些企业运用绩效评价不仅未能提高员工的士气，反而对企业的凝聚力起到“重创”作用。原因就在于企业未能抓住这种类型的绩效评价的关键点。依次对于绩效评价应把握下面几个方面应该注意的问题。

一、评价项目清晰

企业进行绩效评价的目的之一就是为了全面获取企业员工前阶段的工作状态，保障奖金发放的公平性，从而鼓舞员工的士气，提高生产效率。但是若评价项目繁杂无序，不仅加大了绩效评价量表的制定工作的工作量，而且也不利于后一环节的数据统计工作。更为重要的是繁乱的绩效评价将很难全面获取真实、准确的信息，奖金发放的公平性也将难以得到保障。要是失去了这重要的“公平性”，员工士气也将必然会受损，进而波及企业的

生产效率。因此，采用薪酬式绩效评价时务必确保评价项目脉络清晰、合理、明了。只有这样才能确保绩效评价的公平性，才能有效地达到绩效评价的根本目的。

二、评价指标切勿虚高

评价指标既是企业对员工工作表现的要求也是员工后阶段工作的参照标准。有些企业为了更好地激励员工，激发员工的潜能，认为评价指标越高，工作就越具有挑战性，员工也越能得到更大的激励，企业的生产效率也就能较大的提高。从这一系列环节的逻辑推理来讲，其逻辑性不容置疑。但事实是否是如此呢?评价指标过低，目标容易达到，其确实难以有效的激发员工的潜能，员工的工作满意度也将难以提高。可是评价指标虚高，导致企业成员中很多人都不能达到，那会给企业带来怎样的效果呢?具体来讲可能会出现两种结果：一种是部分员工不能忍受而愤然离职，这就可能使企业的人才流失。加大企业的人力资源管理成：一种是部分员工不再追求获取奖金的机会，采取“做一天和尚撞一天钟”的态度在企业混日子。确定一个合理的评价指标的确是一件难事，因为其与企业的办公设备，部门之间的协调，员工之间的分工等多种因素交织在一起。就笔者认为，指定绩效评价指标应坚持“一切从实际出发”的根本原则，采取广泛密切的沟通，并在绩效评价周期中不断地调节，从而达到绩效评价呈现正态分布的效果。

三、分工明确，责任落实

绩效评价的结果将直接与企业各部门和员工分配奖金的额度密切相关。若是分工不明确，有可能就会出现部门之间衔接失调，甚至出现有些工作根本就没有人去做的现象出现。同时若是责任不分明，一旦出现相关事故，将很难追究相关部门和人员的责任。部门之间和员工之间将会出现互相推诿，这也会对企业的“软”环境建设产生消极的影响。要是事故没有承担者，不仅会让企业的损失得不到合理的赔偿，而且更为严重的是会为同类事故的再次发生埋下隐患。那奖金分配方法的公正性也会受到员工的质疑。绩效评价的效果就有可能产生“事倍功半”的效果。分工明确、责任落实是保障绩效评价的公正性、公平性的稳固基石。

四、激励到位

绩效评价实际上就是运用薪酬激励的力量来激励员工。但在如何才能真正有效的激励员工。如果一个公司的奖励缺乏激励的力度，与员工的期望值相距太大，当然也会发挥不了任何作用。同样，具体到绩效评价来讲，也许在未形成评价之前就有一整套的相关激励制度。然而设计多大的激励力度才能使薪酬激励的功能有效发挥仍是一个值得注意的问题。否则，会形成有薪激励还不如不激励的现象出现。 因此激励应该具有一定差异性。只有这样才能最大限度的发挥激励作用。

五、防止目标偏离

绩效评价从根本上说是为了企业整体绩效水平的提高，而企业整体绩效目标的实现又是由部门绩效目标驱动所实现的，部门绩效目标的实现又是由员工个体绩效目标所驱动。这样整体绩效评价就由三个层次的绩效评价所构成。忽略了其中的任何一个层级的绩效评价，都将对整个绩效评价的效果和绩效目标的实现产生重大的影响。有的企业出现员工的绩效评价结果较好，而企业整体绩效评价却不尽如人意。出现这种现象就是由于员工的绩效目标与企业整体的绩效目标产生了偏离。绩效评价，很容易误解将评价只“盯”住员工层次的绩效评价，而忽略企业整体绩效目标的实现。企业若产生了这种误解，就有可能会使企业的财力受压。将员工层次的绩效评价，部门层次的绩效评价与企业整体层次的绩效评价三者合为一体，共同驱动企业整体绩效水平的提高，企业战略目标的实现，通过推行目标责任制，使企业经济指标层层落实，每个员工既有目标又有压力，产生强烈的动力，努力完成任务，才有助于真正使薪酬得到恰到妙处发挥作用。

六、结合惩罚机制

对员工进行奖赏称之为正激励，对员工进行合理惩罚称之为负激励。正激励主要是从积极的方向鼓舞员工“更上一层楼”，负激励则是从员工的消极方面出发激发员工奋起。合理限度的负激励对正激励的重要补充，也是企业整体激励系统的重要组成部分，通过合理的惩罚，一方面可以让员工更为清醒地认识自己存在的问题，另一方面也有利于企业人力资源能力和水平的提高。在企业中，有些员工已习惯了“得过且过”的生活，对其实施惩罚既有利于员工个人职业生涯的顺利展，如员工奋起努力，提高工作绩效，这就有助于员工今后的晋升，同时也有利于对工作绩效较好的员工的潜能进行进一步的激发。绩效评价若是只奖励不惩罚会影响到其激励力度和正常功能的发挥。但要注意的是，惩罚机制务必要符合国家的法律和当地的相关法规，而且这种机制只是正激励的一个辅助部分。企业的激励仍需以奖赏的正激励为主。

总的说来，绩效评价要注意的就是如何使企业的奖励能够使企业的整体绩效水平得到提高。其关键在于运用何种机制和方法淋漓尽致地发挥激励的作用。

企业在选取评价指标时候，可以结合财务的相关知识。完成的评价体系可以更进一步。首先要找到对绩效结果能够产生重大影响的几个因素，然后从不同的角度，把重要影响因素分解为多个次要影响因素，次要影响因素再继续分解为多个更次要影响因素。我们把重要影响因素作为指标体系的一级指标，次要影响因素作为二级指标，更次要影响因素当作三级指标，从而最终构建出了绩效评价指标体系。

小　结

本章对企业营销绩效进行简单阐述。从营销渠道绩效评价的构成要素、绩效评价原则以及绩效评价的影响因素三个方面对企业营销渠道绩效评价进行了分析，为进入本文的下一章节营销人员绩效评价做了铺垫。

思考题

1. 简述企业营销业绩构成要素。
2. 企业管理者设计评价指标时候，必须遵循的原则是什么？
3. 企业管理者在进行绩效评价时候要注意的原则是什么？
4. 影响营销绩效评价的因素有哪些？
5. 如果你是企业的管理者，应该从几个方面设计营销评价体系？
6. 营销人员绩效评价应该注意的问题有哪些？

案例分析

绩效评价

作为斯维尼电子公司的生产总监，迈克·马奥尼受到绝大多数下属的普遍称赞。迈克是一位随和的人，他总是尽个人所能帮助他的员工，如果一位工人在发薪之前需要一小笔资金，他将毫不迟疑地掏尽自己的口袋。如果一位员工需要离开一段时间去处理个人问题的话，迈克将不会扣减这个人的工资，相反，他会占用自己的空闲时间，直到工人回来。

每件事情都在顺利地进行，至少在最后的绩效评价时期之前是这样。迈克的一个工人——比尔·袄弗斯特里特去年已经经历了许多个人问题。比尔的妻子已经病了很久，并且她的医疗费很高。比尔的儿子患有口吃，医生给他推荐了一家特别的诊所。比尔已经借完了银行给他的贷款限额，他对于自己的整个状况感到非常沮丧和难过。

又到了比尔年度绩效评价的时候了，迈克决定自己将尽可能的帮助比尔。虽然在任何方面比尔都比不上一般的工人，但实际上迈克在每一项都给他评价为“杰出”。由于公司的报酬制度是与业绩评价紧密挂钩的，所以除了正常的生活补贴提高之外，比尔有资格得到10%的凭绩提薪。

迈克向比尔解释为什么自己给他这么高的评价，比尔知道他的业绩实际上并不高于一般水平。比尔非常感谢并向迈克表达了感激之情。当比尔离开办公室时，他非常激动地希望告诉他的朋友，自己拥有一个多么好的老板。看着比尔面带笑容离开办公室，迈克有一种温暖的感觉。

（资料来源：www.xici.net/b195366/d12707444.htm）

问题：

1. 从斯维尼电子公司的角度来看，迈克·马奥尼的绩效评价实践可能会带来什么样的困难？

2. 迈克现在应该怎样做，才能减小因其对比尔的评价所产生的消极影响？

实训项目　评价营销绩效设计指标

【实训目标】

通过实训，能够掌握在设计项目评价指标以及在设计指标时候应该注意的事项。

【实训内容与形式】

1. 设计营销绩效评价指标要在哪些方面考虑？
2. 从财务角度看，选择营销绩效评价的财务指标有哪些?
3. 从业务部门看，哪些是非财务指标？
4. 比较两个方面的指标的价值。
5. 形式：分组论证。

【实训要领】

1. 在选择评价营销绩效指标时候，尽量找到哪些财务指标是重点？
2. 两方对阵讨论，各自以自己的指标为论点，争取发挥财务与非财务指标的最大效用。

【成果与检测】

1. 根据学生的表现进行考核。
2. 辩论过程中指标恰当，评价合理一方加分。

第8章

营销人员绩效评价

学习目标

1. 了解营销人员绩效评价的目的。
2. 了解绩效评价的意义和作用。
3. 了解营销人员绩效评价的指标体系。
4. 掌握营销经理绩效评价的内容。
5. 掌握营销人员绩效评价实施过程。

1. 培养学生系统观点和整体把握能力。
2. 提高学生的实践技能。

案例导入

A 企业是一家从事食品生产与销售的公司，业务模式是将全国分成几十个销售区域，每个区域配一位业务员。原来有 60 多位业务人员，他们各自在相应区域里租一间住房，独自开展业务，这些业务员多是从工厂的工人成长起来的，学历和形象不太理想，但业绩还不错。后来企业老板想扩大销售渠道，再细分出几十个销售区域来，所以责令人资经理招聘 50 名业务员，老板说要招聘高学历形象好的业务员来提高整体业务人员的素质，定出了招聘的必备条件：学历大专以上、形象好、沟通能力强，后来，如愿招聘到了 50 名业务员，并把这些人员分别安置到相应区域工作。

半年以后发现，后来招聘的这 50 名业务员几乎没有业绩产生，而且大部分都离职了。但背景是 A 企业给出的薪酬非常具有竞争力，产品也很有竞争力，企业发展前景也不错。

B 企业有个“爬树摘果”的岗位，企业价值观念是“诚信”，衡量员工的首要标准也是诚信，老板认为牛的品行很符合公司的价值观念，所以招聘来一头黄牛去做这个岗位的工作，告诉它：“牛，你好好干，摘 10 个果子给你提成 4 个”，牛很想得到这个提成，却怎么也爬不上树；企业一看不对，这小子敬酒不喝喝罚酒，告诉它：“你如果再摘不到果，就打你个屁股开花”，结果是怎么打它也没用。企业终于发现不是牛态度不好，而是它不会做，所以就对它进行强化训练，结果是劳民伤财、费心费力却一点效果都没有！

A、B 两家企业的人资经理都因为案例中的事件而受到了老板的严厉批评，甚至认为他们难以胜任人资工作，要他们进行深刻的工作总结，找出问题在哪里？

第一节　营销人员绩效评价概述

近年来，随着中国改革开放的进一步深入，我国的企业逐渐与世界经济发展接轨，在国际竞争异常激烈的商战中，国与国之间的实力对比，企业与企业之间的竞争其实都是人与人之间的竞争，以人为本的管理理念，普遍被管理者所接受和重视。以人为本就要重视人力资源的建设，而人力资源管理的核心问题是绩效评价的操作，也就是在事先规定好目标和标准的情况下，对员工的工作过程进行客观的分析与评价，以促进员工工作积极性，最大限度的提高公司业绩。营销人员作为企业最重要的资源和企业效益的直接来源，更应受到重视，如何利用绩效评价来调动其积极性和主动性成为人力资源工作

的关键。

一、营销人员绩效评价的概念

营销人员绩效评价即企业对营销人员在一定时期内的工作业绩与行为表现进行考核和评价的过程。企业要在激烈的竞争中立于不败之地，必须要注重企业营销方面应进行的选择与变革，进行营销观念、营销方法、营销市场、营销组织等方面的创新。以适应世界经济一体化、全球化和网络化带来的激烈的市场竞争，谋求企业的兴旺与发展。而这一切的营销创新都离不开营销人员，如何对营销人员进行全面、科学有效的评价，培养出优秀的营销人员，充分调动营销人员的积极性，是本章探讨的问题。

二、营销人员绩效评价的目的

营销人员绩效考核的主要目的是通过正确、客观、公正的建立绩效评价的体系，评价营销人员对企业贡献的基础上，寻找企业对个人发展和薪酬的依据，并发现管理中存在的问题，培养人才、提高效率、提高公司整体竞争力、促进企业和营销人员的良性成长，实现团队规范化管理，最终使企业获得更大利润。

企业中营销人员的全部行为可以概括为压力、动力和吸引力，绩效评价就是尽可能的减少压力，扩大动力和吸引力。压力是指营销人员最基本的业绩压力、团队压力、内部协调压力等；吸引力是指提高企业的文化和企业的远景对营销人员的感召力；动力是指个人职业生涯的一种体现，公司给予员工的薪酬计划、职业发展规划、培训计划、甚至持股计划等。尽可能的扩大动力和吸引力，就会无形中提高营销人员工作积极性、主动性，从而达到公司以业绩考核为手段提高公司竞争力的目的。

基于可持续发展战略的企业一定要重视团队中的营销人员建设，更要关注通过绩效考核检测营销人员的优点和不足，以帮助和促进营销员工进一步提高素质、能力，获得全面发展，从而提高工作绩效，达到个人与组织同获利、同发展之目的。

三、营销人员绩效评价的意义及作用

通过论述企业营销人员绩效评价的目的，可以得知其绩效评价有非常重要的作用和意义。

市场导向使企业视营销为企业的生命，营销类员工是与市场有更多接触的人，也是与竞争性企业短兵相接的人，造就一支强而有力的营销队伍是企业的首要工作，企业营销人员绩效评价的作用和意义重大。

（一）企业营销人员绩效评价的主要作用

1）营销人员绩效评价可以用来监控营销业绩的完成情况，督促营销人员按时按质完成业绩，用以保证企业整体目标的实现。

2）营销人员绩效评价可以作为成本控制的手段，在绩效考核过程中和利用绩效考核结果时用最少的成本得到最大的效益。

3）营销人员绩效评价是用来检验营销人员的工作目标是否与公司的战略一致的手段。

4）营销人员绩效评价有利于企业基础信息工作的建立。企业在完成绩效评价工作过程中，需要搜集相关信息、制作报表、汇总工作等，有利于企业基础信息工作的建立。通过客户的反馈、同事的评价，进行营销人员的绩效考核比较依据比较充分有说服力。

5）企业利用绩效评价的结果作为年底的奖金或下年工资评定的标准，以及职位升迁的依据更为客观。

上述为营销人员绩效评价的作用，对比而言营销人员绩效评价对于公司、营销主管及营销员工均有重要意义。

（二）营销人员绩效评价的意义

对于公司来说，营销人员绩效评价可以促进以下几方面的工作：

1）可以促进绩效改进，即根据绩效评价的结果，制定绩效改进计划，对营销人员实行有针对性的指导，从而改善和提高员工工作绩效。

2）可以为员工培训指明方向，管理者以及培训工作负责人，在进行培训需求分析时，依据人事评价的结果制定员工培训需求，以及培训内容，会更符合员工的实际需求。

3）作为激励的依据，对评价结果优异者或突出者，给予规定的奖励，同时绩效评价结果也是制定年度奖励的重要依据。

4）也是人事调整的依据，人事调整按照评价的结果作为依据，会更客观公正，各类企业要根据自身情况，制定相应的升迁基准和等级。

5）绩效评价的结果是薪酬调整的直接依据。

6）考核过程中，将工作结果与目标比较，可以发现企业整体目标差距的原因。

对营销主管，营销人员绩效评价的意义表现在以下方面：

1）可以帮助下属建立职业发展目标。

2）在与下属的交流过程中，可以借以阐述主管对下属的期望，并了解下属对其职责与目标任务的看法，同时也取得下属对主管和公司的看法与建议。

3）还提供主管向下属解释薪酬处理等人事决策的机会。

4）可以按照实际需求，共同探讨营销员工的培训和开发的需求及行动计划。

最后对于营销员工自己，绩效评价具有如下的作用和意义：

1）在制定绩效考核的标准和目标的过程中加深了解自己的职责和目标。

2）借助考核结果可以展示自己的成就和能力，从而获得上司的赏识。

3）如对评价结果不满意也可以获得说明困难和解释误会的机会。

4）在讨论绩效考核细节与上级交流的过程中，了解与自己有关的各项政策的推行情况和自己在公司的发展前程，以便对自己的工作做好充分安排。

5）在对自己有影响的工作考核评估过程中获得参与感。

企业的成功与失败，业绩的增长或下降，除了不可抗拒的因素之外，人是决定性的因素，事在人为。人的积极性如何调动是每位企业管理者最关的问题，绩效考核正是与人的积极性关系最密切的工作。企业制定的业绩考核标准是否合理、管理层对绩效考核实施、控制是否公平准确，会直接影响一线营销者的积极性，营销者的积极性和表现，会对企业的效益产生直接而有重大的影响，所以营销者的绩效考核具有重要意义。

第二节　营销人员绩效评价的内容与流程

一、营销人员绩效评价的内容

为企业设计的营销人员绩效评价体系内容包括工作业绩评价、工作能力评价、工作态度评价和工作潜力评价。

（一）工作业绩评价

工作业绩评价是对营销人员评价期内履行职务职责、工作效率及效果的评价，从而对营销人员贡献程度进行衡量和评价，直接体现出营销人员在企业中价值的大小，是绩效评价的核心内容。业绩评价不仅说明了营销人员的工作完成情况，并且通过业绩评价指导营销人员有计划地改进工作。业绩评价对管理者和营销人员来说都非常必要。管理者希望营销人员能够通过行为促进企业完成既定的经营目标，而营销人员工作业绩的评价能够直接反映在企业经营业绩的过程中，并对这一过程进行控制营销人员则希望自己的工作业绩能够得到承认，因而需要通过业绩评表 8.1 为营销人员工作业绩考核表价的结果客观反映自己的贡献。

表 8.1　营销人员工作业绩考核表

姓名：　　　　　　　　　　　　　　隶属部门　　　　　　直接上级：

考核指标	目标值	实际完成情况	得分	备注
销售额	销售额达 50 万（一般市场）销售额达 30 万（难点市场）			达到目标得 5 分，每增加 2 万元加 1 分，每减少 2 万元减 1 分
新增客户数量	增加 20 个客户（一般市场）增加 10 个客户（难点市场）			达到目标得 5 分，每增加 1 个客户加 1 分，每减少 1 个客户减 1 分
新产品销售数量	销售新产品 500 件（一般市场），销售新产品 200 件（难点市场）			达到目标得 5 分，每增加 20 件加 1 分，每减少 20 件减 1 分

续表

考核指标	目标值	实际完成情况	得分	备注
销售费用控制	销售额增长率/销售费用增长率≥2			达到目标得 5 分，比率每增加 0.5 加 1 分，比率每减少 0.5 减 1 分
回款额	回款额达 40 万（一般市场），回款额达 15 万（难点市场）			达到目标值得 5 分，每增加 2 万元加 1 分，每减少 2 万元减 1 分
1. 通过以上各项的评分，该员工绩效考核得分是：　分				
2. 考核者意见：				
3. 考核起止时间：				
4. 考核人签字：　日期：　年　月　日				
注：该考核属于月度考核，每月进行一次，考核者为销售人员的直接主管领导				

（二）工作能力评价

工作能力是营销人员创造工作业绩的基础和潜在条件，没有工作能力，创造好的业绩几乎不可能。工作能力包括体能、智能、知识、技能等内容。营销人员要胜任销售工作必须具备一定能力，根据营销人员在实际工作中发挥、表现出来的工作能力，参照能力评价标准对营销人员的工作能力做出评定。结合公司的行业特点，公司的营销人员属于典型的知识员工，并且从事的是高科技产品的销售这一特点，我们对公司的营销人员从创新能力、战略思考能力、沟通能力、计划和执行能力这四个指标来综合评价营销人员的工作能力。

表 8.2 为营销人员工作能力考核表。

表 8.2　营销人员工作能力考核表

姓名　　　　隶属部门：　　　　直接上级：

分数 / 指标项	A 10 分以上	B 10 分	C 5～8 分	D 5 分以下	权重	分数
	超出目标	达到目标	接近目标	远低于目标		
计划和执行	个人工作计划安排合理，能及时完成上级布置的任务，时间和资源的利用达到量佳，工作效率高，成果出色	个人工作计划安排合理，能及时完成上级布置的任务，工作成果令人满意	工作是由个人计划，基本能按时完成上级布置的任务，但结果还有些不尽人意	工作没计划，没条理，经常拖欠上级布置的任务，完成质量的较差	40%	
沟通能力	能够很好地倾听客户的倾诉，很快明白客户的想法和要求具有出色的谈话技巧，说话简明扼要，易于理解	能够注意倾听，力求明白客户的想法和要求；说话抓住要点，表达意图、陈述意见清晰，少数需要重复说明	能够倾听，有时对客户的想法一知半解：说话语言欠清晰，但尚能表达意图，有时需反复解释	不注意倾听，常常不知对方所云；说话含糊其辞，意图不明	20%	

续表

分数 指标项	A 10分以上	B 10分	C 5～8分	D 5分以下	权重	分数
	超出目标	达到目标	接近目标	远低于目标		
创新能力	工作中能不断提出想法，新措施，大幅度提高销售业绩，善于学习，注意规避风险，锐意求新	工作中努力学习，提出新想法，新工作方法与措施，提高销售业绩，有风险意识	按部就班，很少提出新想法，新措施和新的工作方法	因循守旧，墨守成规	20%	
战略思考能力	能透过现象看本质，把握组织面临的挑战和机会，兼顾短期和长远目标，根据战略正确调整销售工作，使销售工作和组织战略保持高度一致	能够思考现状，了解组织面临的挑战和机会，使销售工作和组织战略保持一致	仅仅忙于销售工作，但有时也会注意企业的前景和对策等问题	对企业将来的发展漠不关心，也不注意出现的机会和挑战	20%	

1. 通过以上各项的评分，该员工工作能力考核得分是：　　　分
2. 考核者意见：
3. 考核起止时间：
4. 考核者签字：

注：该考核属于季度考核，每季度进行一次，考核者为销售人员的直接主管领导、同事和被考核者本人

（三）工作态度评价

工作态度主要指纪律性、协作性、积极性、主动性、服从性、执行性、归属性、责任感、敬业精神、团队精神等。工作态度是工作能力向工作业绩转换的媒介，在很大程度上决定了能力向业绩转化的程度。通过对营销人员工作态度的评价，鼓励营销人员充分发挥现有的工作能力，最大限度地创造优异的工作业绩。我们对公司的营销人员的工作态度从以下几个方面进行评价：平均每天应该访问客户数、每次访问所用的时间、客户满意度、团队协作精神、积极性。

表8.3为营销人员工作态度评价表。

表8.3　营销人员工作态度评价

分数 指标项	A 10分以上	B 10分	C 5～8分	D 5分以下	权重	分数
	超出目标	达到目标	接近目标	远低于目标		
客户满意度	对销售人员的服务的表示满意的客户≥90%；投诉率为0	85%≤对销售人员的服务表示满意的客户<90%；投诉率为0	70%≤对销售人员的服务表示满意的客户<90%；投诉率≤5%	对销售人员的服务表示满意的客户<70%；投诉率>5%	30%	

续表

分数 指标项	A 10分以上	B 10分	C 5～8分	D 5分以下	权重	分数
	超出目标	达到目标	接近目标	远低于目标		
沟通能力	主动协助同事出色完成工作；为了团队的销售业绩最优，主动向同事提供有效信息，帮助同事提高销售业绩	与同事保持良好的合作关系，协助完成工作；向同事提供有效信息	根据同事的请求提供一肌协助：有时为了个人的销售业绩向同事隐瞒有效信息	不积极响应同事的请求，或者虽然响应，但协作完成任务的质量较差；为了个人的销售业绩与同事进行不良竞争	20%	
平均每天访问客户数=访问客户总数/日数	10户以上	10户	5户≤平均每天访问客户数<8户	平均每天访问客户数<5户	20%	
积极性	坚持主动学习业务知识；对额外任务能主动请求并且能高质量完成，工作中善于发现问题，并经常提出新思路和建议	主动学习业务知识，主动承担一般的额外任务；工作中有时能够提出新的思路和建议	偶尔主动学习业务知识；有时主动完成一般额外任务；能捐出个别的新思路和建议	基本上主动学习业务知识；很少主动请求承担额外任务；不能捐出新思路和新的建议	20%	
每次访问所用时间	1小时以上	1小时	30分钟≤每次访问所用时间<1小时	30分钟以下	10%	

1. 通过以上各项的评分，该员工工作能力考核得分是：　　分
2. 考核者意见：
3. 考核起止时间：
4. 考核者签字：

注：该考核属于月考核，每月进行一次，考核者为销售人员的直接主管、同事

（四）工作潜力评价

工作潜力评价是通过各种手段，了解营销人员的潜力，从而找出阻碍营销人员发挥潜力的原因，更好地将营销人员的工作潜力发挥出来，将潜力转化为现实的工作能力。我们对公司的营销人员的工作潜力从以下几个方面进行评价：专业知识、专业技能、学习能力。

表8.4为营销人员工作态度评价表。

表8.4　营销人员工作态度评价

姓名　　　　　　　　隶属部门：　　　　　　　　直接上级

分数 指标项	A 10分以上	B 10分	C 5～8分	D 5分以下	权重	分数
	超出目标	达到目标	接近目标	远低于目标		
学习能力	能够积极地学习各方	认真主动学习工作中	能够学习工作中所	很少学习工作	40%	

续表

分数 指标项	A 10分以上	B 10分	C 5～8分	D 5分以下	权重	分数
	超出目标	达到目标	接近目标	远低于目标		
学习能力	面的知识，注重不断提高自己的能力，遇到问题虚心向别人请教，能不断地在工作中积累经验	所需的专业知识和岗位技能，并能在工作中不断总结提高解决实际问题的能力	需的专业知识和岗位技能，参加并顺利通过企业组织的培训，但主动性不够，涉猎面不广	中所需的知识和技能，培训考核成绩较差，工作中遇到问题不能虚心听取别人的意见		
专业知识	系统全面掌握销售，信息技术专业理论知识，对某些问题有独立见解	掌握销售、信息技术专业理论知识，知识掌握具有一定的深度	一般地掌握销售、技术专业的知识，能够满足工作要求	对销售、信息技术专业的知识仅有粗浅的了解，影响工作的正常进行	30%	
专业技能	业务水平高，理论功底和技术水平扎实	业务水平达到岗位要求，能够完成上级安排的岗位职责内的工作	业务水平基本达到岗位要求，但仍需一定的努力才能完成岗位工作	业务能力一般，工作中经常出现差错	30%	

1. 通过以上各项的评分，该员工工作能力考核得分是：　　分
2. 考核者意见：
3. 考核起止时间：
4. 考核者签字：

注：该考核属于季度考核，每季进行一次，考核者为销售人员的直接主管、同事和被考核者本人

其中对于营销人员的工作业绩和工作态度考核属于月度考核，在次月的1日到5日进行，工作能力和工作潜力考核属于季度考核，在季度末的次月1日到5日进行。

表8.5为营销人员月度考核表，表8.6为季度考核表。

表8.5　营销人员月度考核

姓名　　　　　　　　　　　　隶属部门：　　　　　　　　　　　　直接上级：

考核内容	权重1	考核者	权重2	各项得分计算公式	得分
工作业绩	70%	直接主管	直接主管评分权重100%	工作业绩得分＝直接主管评分	
工作态度	30%	直接主管、同事	直接主管评分权重60%；同事评分权重40%	工作态度得分＝主管评分×60%+同事评分算术平均值×40%	

月度考核得分=月度工作业绩得分×70%+月度工作态度得分×30%

月度考核得分：

表 8.6 营销人员季度考核

姓名　　　　　　　　　　　　　隶属部门：　　　　　　　　　　　　直接上级：

考核内容	权重 1	考核者	权重 2	各项得分计算公式	得分
工作业绩	70%	直接主管	直接主管评分权重 100%	工作业绩得分＝直接主管评分	
工作能力	10%	直接主管、同事、被考核者本人	直接主管评分权重 60%；同评分权重 25%，被考核者本人评分权重 15%	每季度工作能力得分＝主管评分×60%+同事评分算术平均值×25%+被考核者本人×15%	
工作态度	10%	直接主管、同事	直接主管评分权重 60%，同事评分 40%	每月工作态度得分＝主管评分×60%+同事评分算术平均值×40%，每季度工作态度得分＝Σ每月工作态度得分/3	
工作潜力	10%	直接主管、同事、被考核者本人	直接主管评分权重 60%，同事评分权重 25%，被考核者本人评分权重 15%	每季度工作潜力得分＝直接主管评分×60%+同事评分算术平均值×25%+被考核者本人×15%	
季度考核得分＝季度工作业绩得分×70%+季度工作态度得分×10%+季度工作态度得分×10%+季度工作潜力得分×10%					
季度考核得分：					

$$\text{月度考核得分}=\text{月度工作业绩得分}\times70\%+\text{月度工作态度得分}\times30\%$$

$$\begin{aligned}\text{季度考核得分}=&\text{季度工作业绩得分}\times70\%+\text{季度工作能力得分}\times10\%\\&+\text{季度工作态度得分}\times15\%+\text{季度工作潜力得分}\times5\%\end{aligned}$$

$$\text{营销人员月度考核系数}=\frac{\text{个人月度考核得分}}{\dfrac{\sum\text{所有营销人员的月度考核得分}}{\text{营销人员总数}}}$$

$$\text{营销人员季度考核系数}=\frac{\text{个人季度考核得分}}{\dfrac{\sum\text{所有营销人员的季度考核得分}}{\text{营销人员总数}}}$$

$$\begin{aligned}\text{年度考核得分}=&\frac{\text{季度业绩考核得分}}{4}\times70\%+\frac{\sum\text{季度工作能力考核得分}}{4}\times10\%\\&+\frac{\sum\text{季度工作态度考核得分}}{4}\times15\%+\frac{\sum\text{季度工作潜力考核得分}}{4}\times5\%\end{aligned}$$

$$\text{营销人员年度考核系数}=\frac{\text{个人年度考核得分}}{\dfrac{\text{所有营销人员的年度考核得分}}{\text{营销人员总数}}}$$

（五）营销经理的评价

营销经理作为营销人员，他有其独特的地位，所以也有除了普通营销人员评价的内容之外的评价内容。企业营销经理绩效评价的内容，根据划分标准的不同，评价内容可以有不同类别的划分，从而能够对评价内容有全面的认识，为指标体系的设计奠定基础。

企业营销经理绩效评价是对企业营销经理的德、能、勤、绩等方面，采用定性和定量相结合的方法所进行的系统评价的理论体系和科学方法。

1. 德的方面

德指企业营销经理的工作态度和职业道德。对德的方面进行评价，主要就是评价企业营销经理的敬业精神和责任心，以及社会主义觉悟和相应的法律道德意识。具体的评价指标有政治觉悟、敬业精神、遵纪守法、社会公德、职业道德、整体精神、廉洁奉公、工作责任心、生活作风和奉献精神等。

2. 能的方面

能指企业营销经理从事工作的能力。主要评价指标有：①体能指是否具有适应工作所需要的充沛的体能以及身体的健康情况、对环境的适应能力、对压力的承受能力、精神的健康状况、意志力、坚韧性。②学识指文化水平、专业知识水平、工作经验等方面。企业营销经理在工作中表现出来的专业知识水平、工作经验是与其所受的教育分不开的。学识的评价不仅要考虑其原有的学历，更要注重工作进程中的再培训和再学习。只有不断地学习才能适应工作变化的需要。③智能指记忆、分析、综合、判断、创新能力，即认识客观事物获取知识并运用知识解决实际问题的能力。评价企业营销经理的智能，主要指标是评价企业营销经理是否能对工作提出合理化建议，提出工作中问题的解决方案，尤其是具有创新性的解决方案。④技能指企业营销经理对工作业务的熟练操作能力、创新能力、组织能力和与人交往的能力等。

3. 勤的方面

勤指企业营销经理的积极性和工作中的敬业精神。对于勤，不能简单地理解为出勤率，出勤率高是勤的一种表现，但并非内在的东西，也可能是出工不出力，动手不动脑。真正的勤，不仅出勤率高，更重要的是以强烈的责任感和事业心，在工作中投入全部的体力和智力。主要的指标有工作责任心、工作积极性、工作创造性、工作主动性、工作纪律性和出勤率等。

4. 绩的方面

绩指企业营销经理的工作效率和效果。人们又称之为绩效，也就是说，狭义的绩效主要是指“绩”这一部分。为了区别于广义的绩效，通常将其称为业绩。效率指对一种资源的利用，它强调手段效果是指一种目标的实现，它强调结果、效率与效果结合起来，实现“低浪费，高成就”才是最好的业绩。因此，业绩的主要评价指标有：完成工作的数量、质量、成本费用以及为组织做出的其他贡献，它包括岗位上取得的绩效和岗位之外取得的绩效完成工作的数量指标、完成工作的质量指标、开拓项目情况、立功受奖情况、创新精神和贡献大小等。

5. 绩效反映过程与结果方面

对企业营销经理工作结果的评价，可体现为财务结果与非财务结果。财务指标包括销售费用、销售利润率、销售量、销售成本等，非财务指标包括质量、顾客满意度等。全面对企业营销经理进行绩效评价，既要评价工作行为，又要评价工作效果，综合考虑上述指标并进行量化，这样才能保证客观、合理和全面地进行统一评价。

二、绩效考核的流程

对公司的营销人员进行绩效考核采用目标考核法和KPI考核结合的方式，按照考核的流程和考核表预定的目标和要求进行考核，见图8.1。

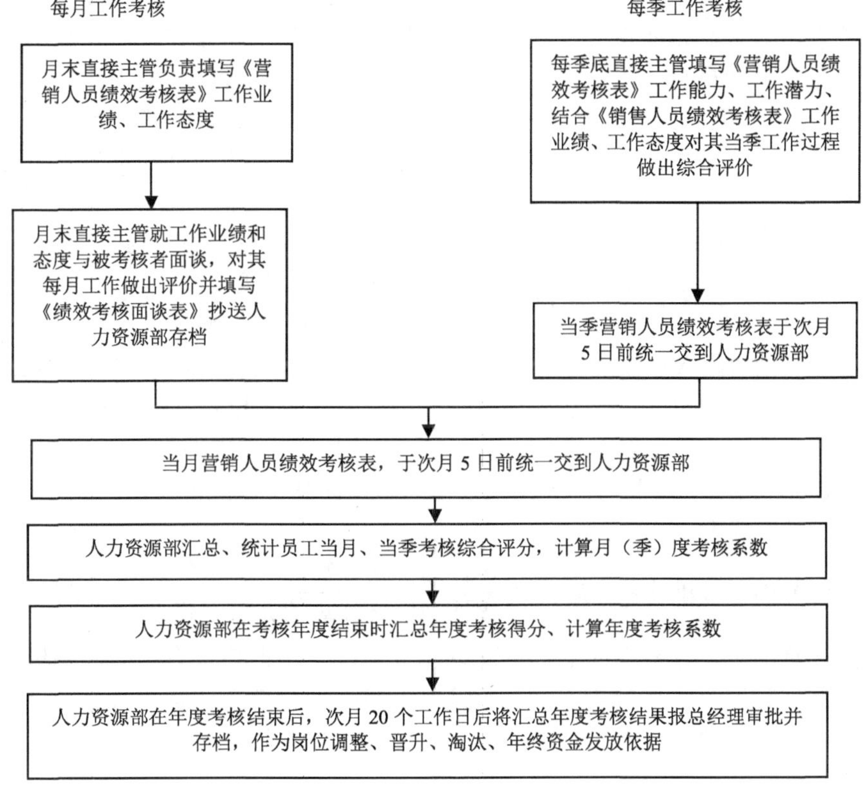

图8.1　绩效考核操作流程

第三节　营销人员绩效评价体系

在市场经济条件下，营销绩效不仅是反映企业经营成果，考核营销人员工作业绩、能力、态度、潜力等的重要指标，而且也是企业经营决策的重要依据。因此，企业决策者们应当重视并运用科学的方法来评价企业营销绩效。

在第 7 章中我们在对于企业绩效评价时简单介绍了关于相关指标，本节对其作具体说明。

一、产销率

$$产销率=\frac{销售量（额）}{生产量（额）}\times 100\%$$

产销率是反映企业销售能力的一个综合性指标。从本质上看，它是衡量企业实现产品价值转换能力大小的指标。产销率越高，说明企业这种转换能力越强，企业内各种生产要素组合效益越能得到发挥，而这种转换能力的根本又在于企业的营销能力。产销率立足于企业自身。因此，它具有很好的纵向自比性（即与该指标的过去同期相比较），但不具有横向可比性（即与其他同业竞争者相比较），它不能准确地反映企业竞争力的大小。众所周知，产销率相同的中小企业与大规模企业在市场竞争方面是不可同日而语的。

若要反映企业产品销售收入计划完成程度，则产销率可以表示为

$$产品销售收入计划完成率=\frac{实际销售收入总额}{计划销售收入总额}\times 100\%$$

由于产品销售收入总额是各种产品销售收入的总和，而各种产品销售收入又是该产品销售量与单位售价的乘积，因而，还可进一步按产品品种检查销售收入计划完成程度。为了评价产品销售总量计划完成情况，必须扣除价格变动带来的影响，即在计算产品销售总量计划完成率时，要将实际销量乘以计划单价计算实际销售收入，再同计划销售收入相对比，计算式为

$$产品销售总量计划完成率=\frac{按计划价格计算的实际销售收入}{按计划价格计算的计划销售收入}\times 100\%$$

值得注意的是，分析产品的销售计划完成情况，不但要检查产品销售量、品种、质量计划完成程度，还要分析产品是否及时销售，即检查企业是否按照规定的期限来组织销售，同时还要考虑到价格变动影响，若发生价格较大变化，可用因素替换法计算确定。

二、绝对市场占有率

$$绝对市场占有率=\frac{本企业某种产品销售量（额）}{市场上同类产品销售量（额）}\times 100\%$$

绝对市场占有率是衡量企业营销绩效的最显著、最重要的指标，它准确地反映企业在市场中的竞争能力。一定的市场占有率，是企业为之奋斗和捍卫的目标。企业只有取得了某一稳定的市场占有率，才能在激烈的市场竞争中取胜，才能获得可观的利

润。绝对市场占有率的增加或减少，反映了企业的兴盛和衰败，对经营决策具有较大的参考价值。

在计算绝对市场占有率时，市场上同类产品销售总量（额）可以从官方统计资料中获得，也可运用抽样调查的方法来加以预测。总之，这在实际操作中并无多大困难。

三、相对市场占有率

$$\text{相对市场占有率}=\frac{\text{本企业某种产品销售量（额）}}{\begin{array}{c}\text{该产品同行业在市场上部领先地位}\\\text{的前三名竞争对手销售量（额）总和}\end{array}}\times 100\%$$

当缺乏总的市场规模的统计资料时，可采用相对市场占有率来分析企业的营销业绩和竞争能力。它是一个横向比较指标，同样具有较大的参考价值。相对市场占有率越高，说明企业越接近竞争领导者地位：在竞争中越具有相对优势，企业宜采用稳定发展战略，巩固现有市场占有率：相对市场占有率越低，说明企业在市场上越接近被领导者地位，在竞争中就处于相对弱势，企业必须采取新的战略，或进一步扩大生产规模，加强营销工作，提高相对市场占有率，进而提高竞争地位，或实施多元化经营战略，分散风险，减少潜在竞争威胁。

如果把相对市场占有率与销售增长率结合起来，运用波斯顿矩阵分析法，就可以解决企业内不同产品间的组合问题，它为企业开发产品、开发市场、运用资金提供了可靠的决策依据。

四、销售增长率

$$\text{销售增长率}=\frac{\text{本期销售量（额）}-\text{基期销售量（额）}}{\text{基期销售量（额）}}\times 100\%$$

销售增长率动态地反映企业销售量（额）的增加或减少的变化情况，其值为正，则表示企业的销售量递增，如为负，则表示企业的销售量递减。但是企业不能简单地依靠销售增长率的变化来判断营销业绩的优劣，即销售量递增，不一定表示企业的营销能力在加强，市场占有率在提高，因为它是一个自比性指标。例如，当某企业的某一产品处在一个整体市场增长率为 10%的市场中该产品销售增长率仅为 6%时，从企业自身看，销售量递增，似乎销售能力较强，但事实并非如此。只要从整个行业分析就可以知道该企业的销售能力显然不强，因为企业的销售长远不如产品的市场增长，所以只有当企业的销售增长率大于整体市场增长率时，才能显示企业营销能力也在加强。如果缺乏整体市场增长率的有关资料，企业可根据其绝对市场占有率的增减来考核营销能力变化。企业如能将销售增长率与绝对市场占有率（或相对市场占有率）结合起来进行分析，那就更能清楚地说明问题。当企业销售增长率为正，并且绝对市场占有率也在增加时，说明企业营销工作处在良好状态中，应设法保持下去。

五、产品销售利润率

$$产品销售利润率=\frac{产品销售利润}{产品销售收入}\times100\%$$

产品销售利润率反映企业产品销售的创利能力，也能衡量企业控制与销售有关的成本费用能力。产品销售利润率越高，说明产品获利能力越强。

企业增加产品销售利润率的途径主要有三方面，即增加产品销售收入，减少产品销售成本和销售费用。其中产品销售成本主要取决于企业采购、加工、库存及其管理过程，它不属于营销评价的范围，但它影响企业的产品市场竞争力，成本越低，竞争力越强。因此，企业增加产品销售利润率，与营销有关的就只有两方面因素了。首先增加产品销售收入。由于产品销售收入＝产品销量×销售单价，故企业可以通过加强营销工作来增加销售量，进而增加产品销售收入。销售单价也影响销售收入，但影响过程比较复杂。如果产品价格弹性充足，则销售中采取降价策略能增加销售量，从而保证增加销售收入：如产品价格弹性缺乏，则销售中应采取提价策略，尽管减少销量，但在总体上还是能保证增加销售收入的。其次减少销售费用。但销售费用的减少不能以牺牲销售收入为代价，必须在保证一定的销售收入前提下，采取节约挖潜的办法来减少销售费用。

六、产品销售费用率

$$产品销售费用率=\frac{产品销售费用}{产品销售收入}\times100\%$$

产品销售费用率是反映企业投入一定销售费用所能获得销售收入的能力的一项重要指标。销售费用率越低越好，但在营销中一味追求较低的费用率，结果损失了销售收入，那就适得其反，因为任何产品销售收入的取得都必然要投入一定的销售费用，即销售费用率不可能趋向零。不同的产品，不同的行业，甚至同一种产品在不同的销售区域，产品销售费用率都会有所不同。企业可以根据需要制定不同的考核标准，然后与实际发生的销售费用率进行比较，依此来考核营销业绩。产品销售费用发生在产品销售过程之中，它包括运输费、装卸费、包装费、保险费、咨询费、广告费以及为销售本企业产品而专设的销售机构的职工工资、福利费、业务费等经常性费用。企业要降低销售费用率，就必须降低产品销售费用，销售费用中有些是必不可少的，如保险费、运输费、装卸费、技术服务费，但有的是可以根据实际情况适当减少的。

总之，企业降低产品销售费用不应以牺牲企业整体的、长远的利益为代价，而应致力于科学地组合各种营销要素，依此获得营销中的规模经济效益。

七、货款回收率

$$货款回收率=\frac{已收销货款总额}{应收销货款总额}\times100\%$$

货款回收率是反映企业销售货款回笼情况的一项重要指标。企业生产产品并通过营销渠道及时将其送达到消费者手中，只完成了营销工作的一半，还没有真正实现产品价值转换之目的，只有卖出了产品并回收了资金，才算完成了营销工作的一个循环。今天，企业在市场经济体制下开展营销活动，彼此间都是独立的经济主体，追求各自的经济利益，销售货款如不能及时回笼，就会造成资金短缺，运转不良的局面。销售工作不得力，销售便会成为资金陷阱，就会拖垮企业，进而制约其发展。当前我国市场体系不完善，制约机制不健全，企业间拖欠货款非常严重，产品难销售，货款难回收，成为普遍现象，催收货款已成为营销工作的一项艰巨而又重要的任务。

货款回收率可以用来评价营销业绩、营销人员的工作能力。货款回收率越高，营销业绩越好。从资本运营角度看，资金周转速度越快，利用率也越高。因此，企业应尽力实现较高的货款回收率。

八、用户满意率

$$\text{用户满意率}=\frac{\text{使用企业产品（或接受服务）感到满意的用户数}}{\text{使用企业产品（或接受服务）的用户总数}}\times 100\%$$

用户满意率是从总量上反映用户因使用企业产品（或接受服务）而产生满意与否的一项指标，它从另一角度检验企业整体营销工作。

在现代市场营销环境中，用户满意的外延非常宽广，内涵也极其丰富，它涉及到产品功能、质量、价格、包装、款式、品牌、服务、运输、保险、企业形象，甚至于营销人员的基本素质等。在产品日趋同质，竞争日益激烈的市场条件下，企业为在市场上占有一席之地，越来越重视企业形象，重视用户满意率，强调用户的满意就是营销的核心，不断追求100%的用户满意率。

九、客户投诉次数

顾客投诉次数是一个绝对量指标。投诉的客户仍给予企业弥补的企业，他们既有可能再次光临。据美国市场营销学会客户满意度手册所列的数据显示：每 100 个满意的客户会带来 25 个新客户；每收到一次客户投诉，就意味着还有 20 名有同感的客户。

通过分析客户对营销人员的投诉内容及次数，可以反映出营销人员的销售工作是否到位，以及在与客户的沟通过程中存在哪些问题。在营销人员绩效考核中，该指标越小越好，最佳状态是零。

在具体的绩效管理过程中，企业一般会设定一个绝对的数量标准，一旦顾客投诉次数超过了该标准，将对营销人员实行负激励。

十、客户故障处理及时性

该指标是定性指标。在销售过程中，分析销售部门处理问题的及时性以及处理满意与否是衡量客户满意度的重要指标。请顾客评价销售部门的服务绩效主要是通过客户满意度调查问卷来获得。对客户的抱怨和询问不能得到妥善的处理会造成他们的离去。企业应当认真倾听客户的意见，给予及时妥善的解决，并将处理的结果反馈给客户，让他们感觉到自己受到了尊重。这样做不仅可以提高客户的满意度和忠诚度，而且还能从客户那里收集到免费的建议，以便于不断地改善企业的产品和服务。

十一、访问成功率

$$访问成功率=\frac{成功的客户数}{拜访新客户的总数}\times 100\%$$

该指标是衡量营销人员把握销售机会能力的重要指标。该指标越低说明营销人员把握销售机会的能力越差，该指标越高说明营销人员把握销售机会的能力越强。通过该指标的分析，管理者可以帮助营销人员共同分析在与客户沟通过程中存在的问题，从而帮助营销人员获得进步，取得更好的绩效。

十二、广告认知率

$$广告认知数=\frac{对产品（或企业）广告认知的人数总和}{广告诉求对象的人数总和}\times 100\%$$

广告认知率是衡量企业广告效果的一项重要指标。广告认知是指广告信息对外传播后，受众接受信息，引起注意，思考并形成知觉，将广告信息经过思维加工之后，以某种独特的方式储存在大脑中的过程，认知率越高，广告效果越好，广告费用利用率越高。企业做广告就是希望通过信息传播引起消费者注意，刺激消费需求，实现产品销售。

注重企业财务指标和非财务指标的结合，财务指标有利于当前利益，而非财务指标有利于企业长远发展态势。

具体考核体系如表 8.7 所示。

表 8.7　营销人员考核体系

项　目	考核项目	实际完成情况	考核得分	方法说明
A	产销率			部门主管同财务部门，根据个人完成指标给予考核，考评分数按照每项 10 分（2、4、6、8、10）由差到优，每项满分 10 分，共计 10 个考核指标
B	市场占有率			
C	月销售增长率			
D	产品销售利润率			
E	产品销售费用率			
F	货款回收率			
G	用户满意率			
H	顾客投诉次数			
I	访问成功率			
J	广告认知率			

企业营销业绩评价指标还有很多，如合同履约率、市场覆盖率等，这是一个复杂的指标考核体系。在实际操作中，企业可根据情况和重要程度对上述指标作有选择的分析。值得一提的是，企业进行营销绩效评价时，不仅只施行定量考核，还应进行定性分析，并尽可能地将二者结合起来。只有这样，才能准确、全面地反映企业经营活动成果，才能衡量营销人员的工作业绩，才能防止出现以偏概全的错误。

在进行营销人员的绩效评价过程中尽量选择适合的指标，除了上述列出来的还可以根据企业情况作恰当的选择。

第四节　营销人员绩效评价的实施

为了对营销人员的绩效进行客观评价，合理使用评价结果，使绩效管理成为公司管理者的有效管理手段，促进营销人员工作能力的提高和工作方法的改善，提升营销人员的绩效水平，提高营销人员的满意度，增强企业的凝聚力，营销人员的绩效评价体系要逐步推进的有计划的实施。

对于营销人员绩效评价的实施，首先，需要领导团队充分认识其重要性和大力支持。其次，在建立营销人员绩效管理系统之前，必须进行广泛地培训和研讨，请第三方对自己的绩效评价体系进行审计之后，再搞针对性的培训，不仅在事前的观念引导，在整个过程中，也进行相关培训，例如，如何设定目标，如何避免评价中的错误。另外，还要建立预算管理，保证绩效评价体系实施的顺利进行。最后要对于实施结果进行信息反馈分析。

一、计划阶段

对于一个企业形成一个完整绩效计划的过程是一个双向沟通的过程，双向沟通意味着在这个过程中管理者和被管理的营销人员双方都负有责任，是企业管理者和营销人员共同沟通，对营销人员的工作目标和衡量标准达成一致的契约。第一，要清楚依据什么对绩效进行考核，绩效考核才有依据。第二，只有在绩效考核之前对什么是好的绩效或者差的绩效达成一致的衡量标准，在绩效考核过程中才能够避免争议和矛盾。因此，为了绩效考核的有效进行，在绩效计划阶段，管理者和营销人员达成一致的契约应包括以下内容：从何处获得关于营销人员工作结果的信息；绩效周期内，经理人员将如何与员工进行沟通；营销人员在本次绩效考核期间达到的工作目标；达成目标的结果如何，这些结果可以从哪些方面去衡量，评判的标准是什么；营销人员的各项工作目标的权重；员工在完成工作时可以拥有的权力和资源；员工工作的好坏对部门和公司有什么影响；员工是否需要学习新技能以确保完成任务。

（一）绩效计划的准备阶段

绩效计划是管理者和营销人员进行双向沟通后所得到的结果，为了使绩效计划能达到预期的效果，在制定绩效计划之前，一定要做好充分的准备工作，这些准备包括：企业组织的战略目标和发展规划绩效计划来源于组织战略的落实。制定绩效计划的目的就是为了提升营销人员和企业的整体绩效。如果绩效计划所设定的目标方向与企业战略背道而驰，则不仅无益企业的发展，还会给企业带来严重的影响甚至使其走向绝境。只有了解企业的战略目标和发展规划，才能使营销人员的绩效计划和企业目标有机结合起来，保证工作目标方向的正确性。

年度企业经营计划组织的战略是面向长远发展方向的，可能让员工觉得比较遥远，而遥远的目标总是难以让人觉得现实和具有强烈的影响力，这时结合企业的年度经营计划来制定绩效计划，确定员工方向方面更加真实，更接近实际。

销售部工作计划这个计划直接从企业年度经营计划中分解出来的，它直接与销售部门的职能相联系，从而也和营销人员的绩效标准结合更紧密。

另外，还有营销人员的职责描述，员工上一个绩效周期的绩效考核结果；除了这些信息需要被好好准备以外，应考虑企业文化氛围，营销人员的特点以及所要达到的工作目标有何特点。

（二）绩效计划的沟通阶段

沟通阶段是绩效计划中最重要的阶段。在这个阶段中，企业管理者和营销人员经过相互交流，使营销人员认识和了解本次绩效期间个人工作目标和计划，使营销人员的工作更接近企业的整体的目标方向。

在绩效计划的沟通阶段，要注意以下几个问题营造良好的沟通氛围，确定一个专门的时间进行绩效计划沟通，并且沟通的气氛要轻松，不能给彼此造成压力把握沟通的原则，沟通双方在沟通计划中要保持平等的关系，管理者应多听取营销人员的建议沟通过程中，首先是回顾一下会面前所准备的信息，然后在企业的经营目标的基础上，设立营销人员的自己的工作目标和关键业绩指标。

（三）绩效计划的确认阶段

经过各种准备，并且与营销人员沟通交流后，绩效计划也就初步形成，最后要确认本次绩效计划是否达到以下效果：营销人员个人工作目标和企业组织的整体目标能够紧密结合；企业管理者和营销人员对营销人员工作目标的各项标准、完成工作的程度，以及营销人员应该享有的权限达成共识；管理者明确自己在绩效实施过程中所能提供的最大可能性的帮助和支持。营销人员和管理者通过讨论后建立文档，该文档应非常清楚地标明营销人员的工作目标、最终应实现的工作结果、衡量营销人员工作结果的指标和标准等，最后企业管理者和营销人员双方签字，此文档生效。

二、实施管理阶段

营销人员绩效评价实施过程包括持续的绩效沟通，和员工数据、资料、信息的收集与分析。

（一）组织分工

为了使绩效管理能顺利进行，在该方案中对企业相关部门及人员给予明确的职责分工，以使各管理层的人员在绩效考核管理中负起应有的责任，避免责任不清或遇事互相推诿。

1. 直接主管的职责

直接主管在考虑企业的经营计划和目标的基础上，与营销人员进行沟通，共同设定营销人员的绩效指标，在绩效管理的实施阶段，根据市场实际情况，通过与上下级的反复沟通，及时修订绩效指标。以营销人员的实际业绩行为事实为依据，按照考核表要求，直接主管对营销人员逐项评分写出评语，直接主管要注意提高观察和评价的功能，尽量避免在评分中犯错误。直接主管应随时记录营销人员绩效情况并收集相关资料，作为绩效反馈的第一手资料。与营销人员面谈，让营销人员意识到自己的优点和不足。并提出改进意见，鼓励营销人员采取行动提高工作绩效。

2. 人力资源部的职责

人力资源部根据企业的实际情况，制定一个科学合理的营销人员的绩效考核办法，其中包括考核量表的设计、考核标准的核定等。并对考核者加以培训，培训内容应包括绩效目标和考核标准的设立过程、如何进行评估、怎样提供绩效反馈、怎样避免评价失误。当直接主管将营销人员的考核结果（绩效考核表以及考核分数汇兑表）送交人力资源部时，该部门对考核结果进行分类统计分析，报总经理审核，然后存档，以备在以后进行人事决策时使用。同时肩负着监督考核系统、受理申诉的职能。

3. 营销人员的职责

首先，在绩效指标的设计阶段，被考核的营销人员要与主管领导积极配合，以制定客观、有挑战性的绩效标准，其次，营销人员根据考核办法，按照考核表的要求，以自己的实际业绩和行为事实为依据对自己逐项进行自我考核评分。另外，对考核结果不满时，营销人员有权向人力资源部申诉。

（二）收集绩效信息

在公司中，营销人员的工作具有相对自由的空间，营销人员知道客户的具体情况等更多的信息，管理者作为公司的代表，授权营销人员从事销售工作，但不可能掌握营销

人员工作的全部信息，这就需要管理者主动收集绩效信息。

1. 绩效信息收集的必要性

绩效信息的收集和分析是有组织的系统的收集有关员工、工作活动和组织绩效信息并对收集到的信息进行分析。没有充足有效、有据可查的信息，就无法掌握营销人员的工作进度和所遇到的问题，对营销人员工作结果进行考核并提供反馈。通过收集绩效信息，为绩效考核提供事实依据，为营销人员改善绩效提供事实参考，有助于有效进行绩效反馈，减少不必要的劳动争议，促进营销人员的绩效管理循环不断进行并对企业产生良好的影响。

2. 绩效信息收集的内容

并非所有的数据都需要收集和分析，也不是收集的信息越多越好。要收集的信息只需包括目标和标准达到（未达到）的情况，营销人员因工作或其他行为受到表扬和批评的情况，证明工作绩效突出或低下所需要的具体证据，对管理者和营销人员找到成绩（或问题）原因有帮助的其他数据，和营销人员就绩效问题进行谈话的记录。

3. 绩效信息收集的方法

绩效信息收集的方法包括观察法、工作记录法、他人反馈法等。观察法指直接主管观察营销人员在工作中的表现并将相关绩效信息记录下来；工作记录法是指通过工作记录的方式将营销人员工作表现和工作结果记录下来；他人反馈法是指直接主管通过其他员工的反映、汇报来了解营销人员的工作绩效情况。在具体操作中，可以让营销人员本人参与到收集信息的过程中，注重信息的目的性，必要时可以采取抽样的方法收集信息。

4. 绩效信息收集过程中注意事项

所收集的信息材料的质量好坏，直接影响到绩效管理的有效性。应尽可能以文字的形式证明所有的行为，只记录客观事实，而不管是良好还是不良的记录，在描述营销人员的行为时，应尽可能对行为过程、行为的结果作为客观描述所收集的信息材料应当注明收集者和证明人，说明是管理者直接观察的结果，是第一手资料，还是由其他人观察的结果，是间接的第二手资料详细记录事件发生的时间地点以及参与者。在营销人员的事件纪录中，时间是非常重要的因素，它关系到营销人员对时间的掌握和利用程度。

（三）绩效实施配套措施

对于绩效的实施与管理配套措施。首先，需要领导团队充分认识其重要性和大力支持。其次，在建立绩效管理系统之前，必须进行广泛地培训和研讨，请第三方对自己的绩效管理进行审计之后，再搞针对性的培训，不仅在事前的观念引导，在整个过程中，也进行相关培训，例如，如何设定目标，如何避免评价中的错误。另外，还要建立预算管理、按业绩付酬的企业文化等，保证绩效实施的顺利进行。

三、考评阶段

实施营销人员的绩效评价时候，要详细评价各个指标，打出各个指标的分数。至于如何给这个指标评分，在本章第二节我们已经进行了介绍。但是在评价的过程中要注意绩效考核过程中产生误差。避免误差，我们知道在设置指标的过程中，评价经常会出现的误差主要有以下原因：考核标准缺乏客观性和准确性；考核者不能坚持原则，没有坚持统一的考核尺度；考核者对绩效信息观察不全面，收集信息失误，得到的信息资料不准确；信息不对称；行政程序不合理，不完善政治性考虑等。

从考核者可能出现的误差来看，主要类型有过宽或过严的误差自我中心效应后继效应。在绩效考核阶段，如何避免这些误差的产生，保证并提高考核的准确性是一个极为重要的关键问题。准确的绩效考核有利于做出科学的人事决策，能有效地激励营销人员，鼓舞士气不准确的绩效考核，浪费考核成本，不仅造成决策上的失误，严重挫伤营销人员的积极性，还会引起营销人员较大幅度的流失，给企业正常的生产活动带来极为不利的影响。

克服绩效考核的误差，可采取选取合适的考核方法，恰当的考核指标，培训考核者等措施。在保证绩效考核准确性的同时，还应注意绩效考核的公正性，带有偏见、缺乏公正性的绩效考核可能让营销人员产生不良的思想情绪，不但妨碍组织和各级管理者的管理活动，还会对以后的绩效管理活动产生严重的干扰和破坏。

四、评价的反馈阶段

营销人员绩效评价是一个往复不断的循环过程，绩效反馈阶段和下一个绩效评价周期的开始是连贯进行的，在绩效反馈面谈时即开始讨论绩效计划的制定问题，制定下一次绩效目标时应参照本次绩效结果和存在的问题。

（一）绩效反馈的功能

对同样的表现及结果，不同的人会有不同的看法，认为是不同的原因导致的。例如，如果一个营销人员未能完成目标销售额，原因可能有不同的几种，一是该营销人员不够努力，二是定额不合理，三是由于外界环境的变化。因此，直接主管和营销人员就应该通过绩效反馈，分析导致销售额未完成的原因。而不是一味地把责任归结为营销人员的自身原因。双方应通过沟通，对营销人员的表现达成一致看法，这样才能制定下一步的绩效改进计划。

通过绩效反馈，使营销人员了解自己的绩效现状，认识到自己的优点和有待改进的地方。当营销人员做出成绩时，也希望得到他人的承认或肯定，因此，绩效反馈一个重要作用即是可以使营销人员认识到自己的闪光点，从而对其起到激励作用。营销人员的绩效中也存在一些不足之处，或者虽然目前的绩效表现比较优秀，但如果想要达到更高的目标仍然有一些需要改进的地方，这些也是在绩效反馈的过程中应该指出的。

直接主管和营销人员双方对绩效考核的结果达成一致意见之后，可以在绩效反馈过程中一同制定绩效改进计划。通过绩效反馈，双方可以充分地沟通改进绩效的方法和具体的计划。营销人员可以提出自己的绩效改进计划并向直接主管提出自己需要他提供的支持，以及如何让直接主管得到自己的绩效改进信息直接主管则对营销人员如何改进绩效提供建议。直接主管和营销人员双方就下一个又一次绩效管理周期的目标，任务共同进行分析，对下一个绩效管理周期的目标和考核标准达成一致意见。

（二）绩效反馈的准备

适当的准备与计划对绩效反馈的效果起着重要的决定作用。绩效反馈的准备是双方面的，直接主管主持绩效反馈要做好准备，参与面谈的营销人员也要有所准备。直接主管应和营销人员事先商定选择绩效反馈与面谈的时间和地点，为了表示对营销人员的尊重同时也为了确认营销人员是否时间已有其他安排，这个时间一定要和营销人员一起商定而不是由直接主管单方面决定。另外，还应计划好面谈将要花费多长时间，这样有利于双方把握反馈面谈的进度，安排好自己其他工作。面谈地点可以选择直接主管的办公室、小型会议室或类似咖啡厅等休闲地点。办公室可以营造一种严肃、正式的感觉，但也经常会遇到各种各样的打扰，并且给人以一种明显的上下级感觉，容易给营销人员造成压力。小型会议室可以远离电话和来访的客人，将绩效问题在双方愉快的气氛中解决掉。类似咖啡厅的专访可以让营销人员感到比较放松，容易表达真实的想法、感受。进行面谈前，应该充分了解被面谈营销人员的情况，包括他的教育背景、家庭环境、工作经历、性格特点以及业绩情况等。另外，把过去进行面谈时所得的重点事项和谈话记录重新浏览一遍，更好地被面谈的营销人员。事先计划好面谈要进行哪些内容、先谈什么后谈什么、每一部分进行多长时间、面谈要达到何种目的、运用哪些技巧来促进双方沟通等。

由于绩效反馈过程中往往需要被考核者根据自己的工作目标陈述绩效情况。因此，被考核营销人员需要充分地准备好表明自己绩效善的一些事实依据。对于完成得好的工作任务需要以事实为依据，完成得不好的工作任务也需要以事实为依据来说明原因。绩效反馈注重现在的表现，更注重将来的发展。因此，主管领导除了想知道销售偏听则人员对个人过去绩效的看法和总结，也希望了解营销人员个人的未来发展计划，特别是针对绩效中不足之处如何进一步改进和提高的计划，营销人员应该能够自己提出发展目标和计划，而不是仅仅等待着主管领导为自己制定发展计划。绩效反馈面谈是一个双向交流的过程，不但主管领导可以问营销人员一些问题， 被考核营销人员也可以主动向主管领导提出一些自己关心的问题。绩效反馈面谈通常是一对一地进行单独交谈，因此被考核营销人员不必担心谈话内容被第三者所得知，可以准备好一些与绩效管理有关的问题，以便在面谈时向主管领导提问。由于绩效反馈面谈可能要占用约一个小时的时间，这段时间内营销人员没法在自己的工作岗位上，因此应事先安排好工作时间，在这段时间内不应安排与客户见面等工作。

（三）绩效反馈面谈的原则

绩效反馈能否顺利进行、取得成功，决定着绩效考核的效果及其激励、奖惩与培训等行为开发功能的发挥。作为绩效反馈面谈的实施者，营销人员的直接主管领导，即销售部经理在绩效反馈面谈中应掌握以下原则：抓住时机；及时反馈；重在绩效；而不是人；特征明确具体，言之有据；对事不对人；优点和缺点并重；反馈应定向于可以改进的个人，可控行为在平等的位置上进行商讨，倾听并鼓励营销人员说话。

（四）绩效反馈的实施

月度和季度绩效考核结束后的第 1 个工作日到第 5 个工作日内，销售部经理必须与营销人员进行面谈沟通，就绩效考核的结果、存在的问题、绩效改进措施、下阶段绩效目标的设定等进行充分的讨论，帮助营销人员不断地提高绩效，同时了解营销人员对绩效管理的看法和意见，形成书面材料，在第 10 个工作日内交给人力资源部。年度绩效考核结束后的第 5 个日到第 10 个工作日内，销售部经理应召集销售部全体营销人员进行一次有关绩效考核的分析会和讨论会。

营销人员对于认为受到的不公正的绩效考核或者对绩效考核程序、结果的质疑，在得到考核结果后的 5 个工作日内向销售部经理沟通，销售部经理应在营销人员反馈后的 3 个工作日内予以解决，沟通无法解决的，营销人员或在得到考核结果后的 5 个工作日内向人力资源部申诉，形式或采用直接面谈、电话沟通、书面材料等。相关部门或人员在接到申诉后的 3 个工作日内要给予明确答复。对于企业各级管理者不按时对营销人员的反馈进行沟通的，企业将对当事人进行处罚，处罚程度视情节轻重而定。

小　结

本章主要针对营销人员的绩效评价内容，包括普通营销人员和营销经理的业绩评价。从评价的目的到评价的内容和实施过程都作了详细地论述。

思考题

1. 营销人员绩效评价的目的是什么？
2. 绩效评价的意义和作用有哪些？
3. 怎样才是一个出色的营销经理？
4. 营销人员绩效评价应该从几个方面考虑？

案例分析

薪酬管理并不是对金钱的直接关注，而是关注如何正确使用薪酬这一金钱的激励作用。某房地产集团属下一家物业经营管理公司，成立初期，该公司非常注重管理的规范

化和充分调动员工积极性，制定了一套较科学完善的薪酬管理制度，公司得到了较快的发展，短短的两年多时间，公司的业务增长了110%。随着公司业务的增加和规模的扩大，员工也增加了很多，人数达到了220多人。

但公司的薪酬管理制度没有随公司业务发展和人才市场的变化而适时调整，还是沿用以前的。公司领导原以为发展已有了一定的规模，经营业绩理应超过以前，但事实上，整个公司的经营业绩不断滑坡，客户的投诉也不断增加，员工的工作失去了往日的热情，出现了部分技术、管理骨干离职，其他人员也出现不稳定的预兆。其中：公司工程部经理在得知自己的收入与后勤部经理的收入相差很少时，感到不公平，他认为工程部经理这一岗位相对后勤部经理，工作难度大、责任重，应该在薪酬上体现出这种差别，所以，工作起来没有了以前那种干劲，后来辞职而去。因为员工的流失、员工工作缺乏积极性，致使该公司的经营一度出现困难。

在这种情况下，该公司的领导意识到问题的严重性，经过对公司内部管理的深入了解和诊断，发现问题出在公司的薪酬系统上，而且关键的技术骨干力量的薪酬水平较市场明显偏低，对外缺乏竞争力；公司的薪酬结构也不尽合理，对内缺乏公平，从而导致技术骨干和部分中层管理人员流失。针对这一具体问题，该公司就薪酬水平进行了市场调查和分析，并对公司原有薪酬制度进行调整，制定了新的与企业战略和组织架构相匹配的薪资方案，激发了员工的积极性和创造性，公司发展又开始恢复良好的势头。

问题：

1. 如果你是管理者，怎样留住员工？
2. 薪酬体系的作用如何？

实训项目一　设计营销人员绩效评价内容

【实训目标】

熟悉营销人员绩效评价设计的过程和内容。

【实训内容与形式】

1. 模拟组成销售部门，并且选择其中一个人在其中为其评价。
2. 根据营销人员绩效评价的四个方面，设计详细的针对各自特点的细致内容。
3. 大家进行商讨，力争达到公平合理。
4. 形式是分组讨论，合理评价。

【实训要领】

1. 通过分组，要求每个同学都积极思考，提出有价值的评价内容和指标。
2. 注意指标权重的选择。

【成果与检测】

1. 根据学生的表现进行考核。
2. 把每组学生的指标内容都罗列出来，看哪些适合。
3. 最恰当、最合理的评价内容和指标给出每组综合分。

实训项目二　营销管理人员绩效评价

【实训目标】

区分营销主管和营销人员评价内容，给营销管理人员恰当的绩效评价。

【实训内容与形式】

1. 选择营销部门主管或者营销地区经理作为评价对象。
2. 对于管理人员选择恰当的指标体系。
3. 大家进行商讨，提出评价方案。
4. 形式是分组讨论，合理评价。

【实训要领】

1. 通过分组，要求每个同学都积极思考，提出有价值的评价内容和指标。
2. 选择最能够体现主管人员绩效的指标。

【成果与检测】

1. 给学生的方案的选择以一定的成绩。
2. 越接近实际情况的，分数越高。
3. 教师进行点评。

第9章

营销人员薪酬设计

学习目标

1. 掌握薪酬的含义和内容。
2. 掌握营销人员管理的特点。
3. 理解建立营销人员薪酬制度遵循的原则。
4. 理解营销人员薪酬制度的类型。
5. 理解设立薪酬制度的程序。

技能训练目标

1. 培养学生薪酬设计方案能力。
2. 加强学生的计算分析能力。

案例导入

河南有一户种桃子的农民，在桃子熟了的季节，为了赶在第二天拿到集市上卖掉就找了两个人给他摘桃子，说好一天全摘完给每人20元钱，这两人答应了。可到了吃中午饭的时候主人发现这两人是摘不完的，于是又找了两人，说好摘完也是20元的报酬，这两人也答应了。到了下午很晚的时候，这家主人发现这四个人再快也不能摘完，没办法只好又找了两个人，许诺他们每个人摘完后也是每人20元。天黑了，桃子终于摘完了，主人给下午和中午来的人每人20元。他们高兴地走了。给早上来的人工钱的时候，他们就有些不高兴了，他们嘟囔道，为什么我们干的活比他们多却给我们一样的工钱呢?

这说明了什么呢? 公平是相对的，而不公平是绝对的，而这个不公平又是怎样才可以核算呢? 处于这种情况下的企业是有很多的，在内部薪酬公平这个问题上，有的员工在感到自己受到了不公正的对待后，可能会采取各种消极抵抗的方式对待工作，甚至最终会离开公司。由于现代企业是一个分工协作的群体，个人对组织的边际贡献很难准确测量，大多数员工总会认为自己贡献得多而收入得少，总会希望取得更多的报酬，因而“自我比较不公”总是存在。企业要关注解决的主要是内部公平，但内部公平的测量在很大程度上要依据外部比较。因而在关注内部公平的同时也要关注外部竞争。

（资料来源：www.pmt.net.cn）

第一节　营销人员的薪酬制度概述

营销是一项极具挑战性的工作，营销人员在工作中相对要遇到更多的挫折，因此容易感到沮丧，并丧失信心。合理的薪酬奖励是激励他们克服困难，力创佳绩的法宝。虽然营销人员的薪酬制度依其工作性质及公司制度而各不相同而设计的，但是营销人员会通过比较，考虑在目前公司中的收入是否合理；同时也会与公司其他工作人员来比较，决定自己的付出是否值得；与其他公司和自己做工作差不多的人员来对比。因此如何建立一个内部公平，外有竞争的营销人员薪酬制度，对于一个企业至关重要。

一、薪酬的含义和内容

（一）薪酬的含义

薪酬指企业内所有员工，即管理人员和普通员工的货币性和非货币性劳动收入的总和，具体包括薪金、工资、奖金、佣金、红利及福利待遇等各种报酬形式。

薪酬有四个基本特性：①薪酬是员工合法的劳动收入，国家现行的劳动法规、劳动政策、集体合同和劳动合同等，是薪酬决定和薪酬分配的法律依据；②薪酬是企业对员工履行劳动义务的物质补偿形式；③薪酬是员工基于劳动和贡献所得的全部劳动报酬；④员工依靠其他要素参与企业分配，也具有薪酬的性质。

（二）薪酬的内容

传统上一般将企业员工的全部收入分为三大部分：基本薪酬、辅助薪酬和员工福利。现代企业薪酬系统强调薪酬的激励功能，可将薪酬分为基本薪酬、补偿性薪酬、浮动或激励薪酬以及员工福利四个部分。无论何种划分方式都表明，企业员工的薪酬是一个有机的整体，是一由功能各异的薪酬要素组合而成。

1. 基本薪酬

基本薪酬也称基础薪酬，主要由狭义的工资构成。基本薪酬是企业员工劳动收入的主体部分，也是确定员工其他报酬形式的基础。它具有常规性、固定性、基准性的特点。对不能保证获得其他薪酬的员工，其基本薪酬的数额不能低于法定的最低上资标准。

2. 浮动薪酬和激励薪酬

（1）浮动薪酬

传统的浮动薪酬只包括奖金、分红等，在现代企业薪酬中，利润昆明理工大学硕士论文安利营销人员薪酬激励研究分享、股票期权，以及特殊奖励等，都属于广义的浮动薪酬。其中，奖金是企业对员工超额劳动或突出绩效以货币形式支付的奖励性报酬。分红、酬金及员工持股、股票期权等与一般员工报酬有性质上的区别，不属于传统的劳动报酬，因为它们不直接与员工的劳动数量、质量和绩效相关。其中，分红、酬金等是比较传统的薪酬要素而员工持股、股票期权等则不仅承担着薪酬要素的职能，还是新的薪酬管理制度和管理方式，对这些要素的管理是现代企业薪酬管理的核心。

（2）激励薪酬

激励薪酬属于现代薪酬范畴。它与浮动薪酬有一些相同的特征，例如，都加入了风险机制，都具有较强激励作用都随着员工的能力或对企业的贡献而变动等，但激励薪酬比浮动薪酬的含义更为宽泛、形式更为多样、更能体现管理者的意志和政策导向、更强调现代薪酬管理理念。故而，激励薪酬最能体现现代薪酬管理的核心职能一一激励。换言之，传统薪酬要素，如基本薪酬主要发挥的是满足员工基本需要的功能，对员工绩效的激励作用不很显著。而现代薪酬要素的主要作用是吸引、留住、激励和开发企业所需要的人才。

3. 福利薪酬

福利薪酬主要是企业为员工提供的各种物质补偿和服务形式，包括员工法定福利、集体福利和个人福利等。从支付形式看，传统的员工福利以非货币形式支付为主但随着企业部分管理职能的社会化，一些企业福利也以货币的形式支付，即货币的福利。比较常见的福利薪酬包括：社会保险与保险待遇、集体福利、个人福利。

在企业薪酬管理中，福利薪酬有多种作用：其一，是货币工资的替代形式，它具有劳动报酬的性质和功能又以多种灵活的形式支付，所以有“柔性薪酬”之称；其二，可以降低企业人工成本，享受国家税收方面的优惠等；其三，可以满足员工多种工作和生活需求，具有货币薪酬所不能比拟的提供服务、增强企业凝聚力等功能。

二、营销人员的薪酬管理

（一）营销人员及其管理的特点

研究营销人员的薪酬，首先要研究营销人员的特点。营销人员作为企业员工中相对独立的一个群体，有明显的特点。

1. 营销人员的群体特点

1）工作时间自由，单独行动多。

2）工作绩效可以用具体成果显示出来。

3）工作业绩的不稳定性。

4）对工作的安定性需求不大，营销人员经常想到跳槽以改变自己的工作环境。另一方面，他们也试图想通过不断的跳槽来找到最适合自己的工作。从而使自己对未来的职业生涯有所规划。

2. 营销人员管理的松散特性

营销人员的管理具有松散管理的特性，希望工作制度富于弹性，能够给他们较多的自由，希望得到独立行事的机会以证明自己。营销人员日常工作行为必须用科学有效的业绩考核制度来约束才能得到规范。营销人员独立开展销售工作，管理人员无法全面监督营销人员的行为，营销人员的工作绩效在很大程度上取决于营销人员愿意怎样付出劳动和钻研销售，我们很难用公式化的硬性规定来约束营销人员的行为，只有用科学有效的绩效考核制度和薪酬福利制度来作为指导营销人员从事销售活动的指挥棒，才能真正规范营销人员的行为，使营销人员全身心地投入到销售工作中，提高工作效率。

3. 销售工作的岗位进入壁垒低

和财务人员、研发人员、生产人员、技术人员等岗位相比，销售工作的平均岗位进入壁垒较低。岗位进入壁垒，就是非本岗人员转换到本岗位并从事本岗工作的难易程度。如证券分析员、外科手术医生、新产品开发研究员等岗位，从事其他岗位工作的人员要转换到本岗，可能性极小，其岗位进入壁垒较高。而营销人员，从事其他工作的人员，无论是从事技术性工作或服务人员，只要身体健康，年龄适当，就可能转到销售岗位上，所以说销售岗位的岗位进入壁垒低。以××年某大学应届毕业生为例，高分子材料专业、精密仪器与仪表专业、电气自动化专业、机械设计与制造专业、法学专业的毕业生中有相当一部分放弃了所学专业，从事起销售工作。较低的岗位进入壁垒，使销售成为很多人的就业切入点。较低的岗位进入壁垒，使目前并不从事销售工作的人员或新生劳动力随时可能转入到销售队伍中来，进而使销售队伍日益庞大。现有的营销人员，如不重新学习新技术如财务、计算机操作等转行，则有三种职业出路。一是成长为高级销售经理，能达到这一目标的营销人员为数很少；二是转换到管理岗位；三是自己创业。可以看出，从销售队伍中走出来远不如走进去那样容易，所以营销人员之间的竞争也是十分激烈的。

（二）营销人员薪酬的概念

公司支付给营销人员的薪酬分为外在薪酬和内在薪酬两大类，两者的组合称之为“全面薪酬”。外在薪酬，主要指为营销人员提供的可量化的货币性价值，比如基本工资、佣金、奖金等短期激励薪酬，退休金、医疗保险等货币性的福利以及公司支付的其他各种货币形式的开支。内在薪酬则是指那些给营销人员提供的不能以量化的货币形式表现的各种奖励价值，比如对工作的满意度、培训的机会、提高个人名望的机会、优秀的企业文化、相互配合的工作环境，以及公司对个人的表彰等。外在薪酬与内在薪酬各自具有不同的功能，它们相互补充，缺一不可，忽视精神方面的激励，一切都想用钱来解决问题，同样会伤害员工的积极性。

对于外在薪酬，即薪酬中可用货币量化的部分，主要是基本薪资、奖金、佣金和红利支付的直接货币性报酬。

基本薪资根据营销人员的销售技能、工作的复杂程度、责任大小以及劳动强度为基准，按员工完成定额任务或法定时间的实际劳动消耗而计付的工资。它在营销人员的总薪酬中所占的比例根据企业、职位、时期的不同而不同。

奖金或佣金根据营销人员超额完成任务以及优异的工作成绩而计付的薪资。其作用在于鼓励员工提高工作效率和工作质量，所以又称“效率薪资”或“刺激薪资”。

津贴为了补偿和鼓励员工在恶劣工作环境下的劳动而计付的薪资，或对交通、通讯等付出的补偿。它有利于补偿营销人员延长劳动时间、并经常出差等具体付出。

福利为了吸引营销人员到企业工作或维持企业骨干人员的稳定性而支付的作为基

本薪资的补充的若干项目，如失业金、养老金、午餐费、医疗费、退休金及利润分红等。

总之，营销人员的薪酬是企业对员工为企业所做的贡献、包括他们实现的绩效，付出的努力、时间、学识、技能、经验与创造支付的相应的回报和答谢。这实质上是一种公平的交换或交易。

三、营销人员薪酬制度的类型及考虑因素

（一）营销人员薪酬制度的类型

1. 投入薪酬工资

以投入为基础的薪酬工资是一种取决于员工在工作中所付出的时间数量或者努力程度的薪酬，员工工资随着员工工作努力程度的变化而变化，工资与产出是没有关系的。采用投入工资最根本的原因是对产出无法客观或是量化地衡量。投入本身也不易衡量，但是企业可以用一些近似的指标来对员工的努力程度进行评价。最常见的评价指标就是员工在工作中所耗费的时间。这种方案隐含了一个假设是，员工在工作中耗费时间越长，则他们在工作中所付出的努力程度越高，一般情况下，这种假设是成立的，因为员工所付出的努力程度与他们的工作时间总量肯定是正向联系在一起的。固定的岗位工资和根据工作投入表现考核发放的奖金就是投入薪酬工资的具体形式。

2. 产出薪酬工资

这种方案的关键特征在于员工的薪酬取决于某些结果性指标，而不取决于他们对工作所投入的时间和努力，员工在某一项目上所花费的时间并不会影响企业愿意支付给他们的工资数量，员工工资随着员工劳动产出的变化而变化。产出薪酬工资最能体现员工业绩与薪酬的关系，可以说是一种客观愿军的、对企业和员工双方都易于接受的薪酬制度。计件工资、销售提成以及根据工作产出考核发放的奖金都是产出薪酬工资的具体体现形式。

3. 混合的工资方案

现实中大多数员工的薪酬采用的是混合的方案。换一种说法就是工资加奖金，工资属于以投入为基础的薪酬方案，奖金是属于以产出为基础的薪酬方案。如果要达到激励的效果，那么决定奖金的数额时管理者需要作出有效的判断。最初，给一般员工的奖金是其基本收入的 33.3%，根据国外有关的激励研究认为低于 25%的奖金激励一般被认为不可能提高员工的努力。

（二）选择营销人员薪酬制度类型考虑的因素

选择薪酬制度种类时应考虑以下两方面的因素：

第一是激励工资所诱发的“替代效应”，即员工以减少其他方面的努力和牺牲企业其他方面的利益，来取得激励工资所要求的效果，增加自己的收入。所以，当员工使用

复杂的技术，从事非单一性的工作且其工作的某些方面效果不易测量时，企业不应过多使用产出薪酬工资。

第二是激励制度的可行性。激励要做到可行，一定要以可观察得到的行为或行为结果为依据。企业采用投入还是产出薪酬工资，要看对员工投入和产出的观察和测度哪一个更容易。

第二节　营销人员的薪酬体系设计

一、营销人员薪酬设计的影响因素

（一）销售业绩

营销人员为企业创造的价值是通过其销售业绩体现出来的。销售业绩的大小是决定营销人员劳动报酬多少的最主要因素，这既体现了多劳多得的基本原则，也是对员工的一种激励。

（二）销售经验

销售经验的多寡对营销人员的销售业绩有着非常明显的影响，一个有着丰富销售经验的员工有可能为企业创造更多的销售额。薪酬水平一般是薪酬中的固定部分和员工的岗位经验成正比，这有利于促使员工愿意不断地学习产品知识，不断接受培训，提高销售能力和工作效率。

（三）职位高低

职位的高低是以责任为基础的，责任是由判断或决定能力而产生的。通常情况下，职务高的人权力大，责任也较重，因此其薪酬较高。这样就可以说明为什么销售经理的薪酬高于一般营销人员，因为销售经理决定和判断的正误对于公司产品的市场、信誉与赢利等产生重大的影响，必须支付与其责任相称的、适当的薪酬水平。

（四）教育程度

营销人员作为企业与客户包括终端客户与营销人员的纽带，代表企业与客户接触，其本身的一言一行表现出企业的文化层次。使营销人员的基本薪资与其受教育程度挂钩，一方面是对营销人员前期投资的回报，另一方面体现出企业对知识和文化的认可，对于留住高文化层次的营销人员起到积极作用。

（五）工作年限

工龄长的员工薪酬通常高一些。主要是为了减少人员流动。连续计算为企业服务的年限并与薪酬挂钩有利于稳定员工队伍，降低流动成本的作用，并能提高员工对企业的忠诚度。但对于营销人员来说，这个权变因素不能占有过高的比重。营销人员的正常流动是必要的，如果工龄占权重过高，可能造成老员工和新员工的基本工资差异过大，产生内部不公平。

（六）盈利能力

每个企业的盈利能力不同，其支付能力亦不同，盈利能力强的企业可以支付较高的薪酬，从而可以吸引一流的销售人才。而对于一些盈利能力差的企业，受到其支付能力的影响，其营销人员的平均薪酬则相对较低。

（七）行业特点

对于一些需要营销人员拥有较高技术能力的行业，其薪酬水平相对较高。如医药、IT 行业的销售工作中包含了一定的技术支持，相比其他的营销人员，其岗位进入壁垒高薪酬也高。

（八）地区差异

薪酬水平是同企业当地的经济发展水平成正比。这也是外派营销人员的薪酬比较难于管理的原因之一。

（九）市场供求

营销人员的薪酬水平也受市场上劳动力供求状况的影响。如果市场供给不足时，其薪酬水平会提高。相反，其薪酬水平会下降。一般而言，技术含量高的销售工作，以及高级销售管理人员在市场上较为稀缺，其薪酬水平较高，而普通的营销人员在市场上供大于求，其薪酬水平一般较低。

二、薪酬的设计原则

在营销人员的薪酬管理中，有以下原则要遵循：

（一）公平性

企业员工对薪酬的公平感，也就是对薪酬发放是否公正的认识和判断，是设计薪酬制度和进行薪酬管理时要考虑的首要因素。公平的赏罚是取得员工的信任、争取员工支持并为企业作出更大贡献的基础。当员工为企业努力工作、业绩突出时，无论他是企业的骨干，还是一般员工，也不论他以前曾有过什么过错，都应该公平的给予奖励。对于在同一个部门工作的员工，如果他们为企业作出的贡献大小相同，且其他因素也相近，那么就应该付给他们相同的或相近的薪酬水平。这样，员工才不会抱怨企业的薪酬制度不公平，才不至于削弱士气。

在企业薪酬管理中，薪酬公平的实现通过四个途径：

1. 外部公平

外部公平即同一行业同一地区或同等规模的不同企业中类似岗位的薪酬应基本相同。因为此类岗位对员工的知识、技能与经验要求相似，付出的脑力和体力也相似，薪酬水平应大致相同。在这种外部比较中，营销人员可以得出自己的薪酬是否具有外部公平性。外部公平是企业吸引和留住员工的一个重要因素。

2. 内部公平

在同一企业中，不同岗位的员工所获得的薪酬应正比于其各自为企业所作出的贡献。工作评价是衡量内部公平的重要依据。

3. 团队公平

许多岗位和绩效的评定，不是以员工个体为单位的，而是以团队为单位的，因此，内部公平还体现在不同的团队之间。维护团队之间公平的措施是建立科学和严格的集体绩效评估体系，按照团队内部公平的原则进行成员之间的报酬分配。

4. 个人公平

个人公平即同一企业中占据相同岗位的员工，所获得的薪酬应与其贡献成正比。同样，不同企业中岗位相近的员工，其薪酬水平也应基本相同。

为了保证企业中营销人员薪酬制度的公平性，企业的高层主管应注意以下几点:

1）薪酬制度要有明确一致的原则作指导，并有统一的，可以说明的规范作依据。

2)薪酬制度要有民主性和透明性。当员工能够了解和监督薪酬制度的制定和管理，并能对制度有一定的参与和发言权时，猜疑和误解便易于冰释，不平感也会显著降低。

3）销售经理要为员工创造机会均等，公平竞争的条件，并引导员工把注意力从结果均等转到机会均等上来。如果机会不均等，单纯的收入与贡献比均等并不能代表公平。

（二）竞争性

竞争性指在社会上和人才市场中，企业的薪酬标准要有吸引力，才足以战胜竞争对手，招到企业所需的营销人员，同时也能留住优秀的营销人员。

企业薪酬的竞争力直接和企业的外部薪酬政策相联系。企业外部薪酬政策主要是处理企业与外部市场的关系。薪资政策的制定，反映了企业决策层是否将薪资作为提高企业竞争力的一个有效手段。在分析同行业的薪酬数据后，选用不同的薪酬水平。同产品定位相似的是，在薪酬定位上，企业可以根据企业状况，企业可以选择领先策略或跟随策略。薪酬上的领头羊未必是品牌最响的公司。因为品牌最响的公司依靠其综合优势，不必花费最高的工资也可能找到最优秀的人才。往往是那些后起之秀最容易采取高薪政策，他们多数在创业初期或快速上升期，希望通过挖到一流人才来快速拉近与巨头公司的差距。

对于直销企业来说，普遍采用按销售额提成的薪酬政策，但也有少数直销公司采用固定薪酬加销售额提成的办法。直销企业的营销人员薪酬的竞争性主要体现在提成比例的大小和可提成的销售额大小，目前也有的直销公司引入了销售额不归零，即每月销售可累计的做法，也从另一个方面提高的营销人员薪酬的竞争力。

（三）激励性

在企业内部，不同职务、不同级别、不同销售业绩的营销人员之间的薪酬水平应该有一定的差距，从而不断地激励员工提高工作绩效，因此当他们因业绩突出时，将获得更高的薪酬水平。除此之外，适当拉开不同销售业绩的营销人员之间的薪酬差距，还可以吸引其他企业，有时甚至是竞争对手中的优秀营销人员到本企业来工作，不仅增强了自身的实力，而且削弱了对方的竞争力，从而使本企业在竞争中处于有利地位，不断扩大市场份额，不断成长。

具有激励性的薪酬可以增强员工的责任感，并调动他们的积极性和工作热情，创造一种奋发向上，积极进取得企业氛围。员工的责任感不只是员工的满意程度，员工责任指的是员工所感觉到的工作的发挥程度，所感觉到的被管理组织的有效程度，在工作中的满意程度。只有在这样一个充满员工责任感的组织氛围中，企业才会不断成长为著名的管理学家彼得·圣吉在《第五项修炼》中所提出的学习型组织。相反，如果企业内部营销人员之间的销售业绩不同而薪酬差距却不大，不足以产生足够的吸引力，员工便失去了奋斗的目标，优秀的、能力出众的营销人员不甘于埋没自己的才华，常常会辞职而去。而那些没有辞职的员工多半工作的积极性也不高。

（四）经济性

营销人员的薪酬一般包括基本薪资（保底薪资或固定薪资）和佣金（或奖金）。基本薪资应计入企业的人力成本，而佣金或奖金往往计入销售费用。由于基本薪资在大部分营销人员的薪资中所占比重不高且不是本文讨论的重点，所有这里所指的经济性主要指营销人员的佣金或奖金部分。提高营销人员的佣金水准，可以提高其竞争性与激励性，同时也不可避免的导致企业销售费用的上升和销售利润的下降，这一点在销售类企业中尤为重要。因此，佣金水平的高低不能不受经济性的制约，即要考虑销售的毛利率的大小。此外，行业的性质及成本构成也影响着销售佣金的高低。在直销企业中产品多以清洁用品、化妆品、保健食品等居多，产品价值和价格要保持一个合理的水平，提成比例也要合理，这样企业才能健康发展。有的直销企业，销售佣金在总销售费用中的比重可高达 50%，这时，佣金水平稍有提高，会使销售成本明显提高但在手机等销售毛利率较高的行业中，佣金却

只占销售成本的10%～20%，而营销人员的工作热情与革新性、开拓性，却对企业在市场中生存与发展起着关键作用。当然，企业的高层主管在考察销售费用时，不能仅看佣金水平的高低，还要看员工的绩效水平。实际上，员工的绩效水平对企业产品竞争力的影响会大于销售费用的因素。总之，经济性的原则就是花最少的钱办最多的事。

（五）现实性原则

现实性原则也可称为是实用性原则，即薪酬应制定在比较现实的水平上。也就是说既不让员工感觉到吝啬，又要不给人以浪费感。只有这样权衡才能使成本费用保持在既现实又较低的程度上。

（六）指导性原则

薪酬应能够引导员工的努力方向，应使员工清晰地了解其努力或成就与其所获得的收入之间的关系，这样才能达成制度的目标。

（七）合法`性

合法性指企业营销人员的薪酬制度必须符合现行的法律法规。

三、薪酬设计的策略选择

虽然所处的行业不同，典型的营销人员报酬计划都依赖于销售佣金形式的奖金。例如，在保险业，营销人员的收入几乎全部以佣金的形式支付。只有在运输设备业，营销人员的收入才习惯以薪资的形式支付。然而，营销人员最通行的报酬方式是薪资、佣金（或奖金）的混合支付。一般情况下，有三种营销人员的薪酬计划可供选择：

（一）单一薪资计划

营销人员报酬的主要形式是薪资，当然偶尔也可能获得红利、销售竞赛奖之类的奖励。营销人员接受固定的薪酬，不随着销售额、市场份额以及其他销售指标的变动而变动。从营销人员的观点看，这种报酬形式没有风险，激励性弱。

当营销人员的销售业绩与员工的个人发挥并无直接关系或不能用量化指标显示时，往往采用单一薪资计划，如公司的主要目标是从事开发性工作（包括寻找新顾客），而且计划实施的很好；或者营销人员主要从事事务性工作；或者参与国家与当地的贸易展销活动等等。在销售技术产品的行业中经常有此类职位。

对营销人员直接采取单一薪资计划的优点表现在：营销人员预先知道他们的收入是多少，雇主也有固定的、可预知的营销人员开支计划。这就便于改变营销人员工作范围或工作定额，或重新为他们安排工作，并可以培养营销人员高度的忠诚感。单一薪资计划更多的鼓励营销人员培养企业的长期顾客，这对企业的长期市场及长期发展有很大的好处。然而，单一薪资计划也有其不足之处，最主要的一点是它与雇员个人业绩无关。

事实上，薪资通常与资历（而不是与绩效）相联系，这会降低具有潜在高绩效的雇员的进取精神，因为他们知道是根据资历，而不是个人绩效来付酬。

（二）单一佣金计划

佣金计划是直接按销售额的一定比例确定营销人员的报酬，营销人员的全部收入来自佣金，它只根据业绩来确定报酬，可分为三种形式：

1. 直线佣金

营销人员的佣金与销售和服务的价格成固定比例，例如，100 美元的销售额付给 10%的佣金，即 10 美元；销售 550 美元，佣金为 55 美元。

2. 分段佣金

随着销售单位的增加，佣金比例增加，如销售 100 件产品，提成 5%；销售 200 件，提成 8%；销售 300 件，提成 10%等。

3. 复合档佣金

提前设置一个销售水平，如果超过了这个水平，每一个销售单位的佣金比例加大。

佣金计划有几个优点：单一佣金计划最符合最低成本战略，因为企业把所有的销售风险都推给了销售者；营销人员可以得到最多的奖金；由于报酬明确的同绩效挂钩，因此它可以吸引高绩效的营销人员；由于销售成本同销售额成比例（而不是固定不变），因此可以减少公司的销售投资；佣金基准量也容易理解和计算。

佣金计划的不足之处在于：营销人员只注重扩大销售额和推销高额项目，而忽视培养长期顾客，不愿推销难以出售的商品。营销人员之间的收入差距会拉大，从而使人认为计划不公平，这一现象在销售管理工作中普遍存在。更严重的是，它鼓励营销人员不去推销获利小的商品。此外，在经济繁荣时期，营销人员收入往往过高；而在萧条时期，其收入又往往过低。

（三）复合计划

多数公司对营销人员实施复合形式的薪酬制度，在多数此类计划中，营销人员的收入中有相当一部分是薪资形式的收入。根据某项研究，最常见的搭配比例是 80%的薪资加 20%的奖金；其次是 70%和 30%的搭配比例；再次是 60%和 40%的搭配比例。最常见的有以下三种复合方式：

1. 薪水加佣金计划

其中薪水是营销人员的固定薪资，佣金是指基于一个产品或服务价格的百分比而构成的激励薪酬。其中佣金部分将公司与营销人员的销售风险脱节，营销人员没有销售回款就没有佣金收入。

2. 薪水加奖金计划

其中薪水是为了保证营销人员基本生活需求，奖金主要是为了激励营销人员的销售绩效和其他组织期望的绩效。例如，彩电的营销人员，除了销售回款以外，组织还期望库龄、资金周转天数、价格规范程度等指标，此时，用奖金来与这些指标挂钩，是一种较为理想的计酬方法。

3. 生活费加佣金计划

生活费即提前给营销人员提取一部分生活费，生活费有两种形式，一种是公司先借给营销人员，等赚了销售款之后再偿还；还有一种是不偿还的，但是双方要约定一定的期限，比方说一年之后，还不能达到一定的销售额，则取消合同。

复合计划不仅具备薪资计划和佣金计划的优点，同时也具备二者的缺点。营销人员有基本收入，因此可以确保维持其家庭生活开支。而且，公司可以通过确定营销人员的薪资来指导其活动，而佣金则是激励绩效显著的营销人员的一种手段。然而，薪资并不同绩效挂钩，因此，企业实际上把营销人员的一部分奖金让渡为工资。复合计划由于变得越来越复杂，会使营销人员产生各种误解，在简单的“薪资加佣金计划”中就此类问题会相应减少。但多数计划并不那么简单。

四、薪酬的设计流程

我们可以将建立业务员薪酬制度的程序简单地归纳为以下四个步骤：

1）确定所需薪酬的水准。

2）选择适合的薪酬结构。

3）选择适合的业绩考核指标及标准。

4）建立薪酬与考核结果挂钩的体会。

具体如图 9.1 所示。

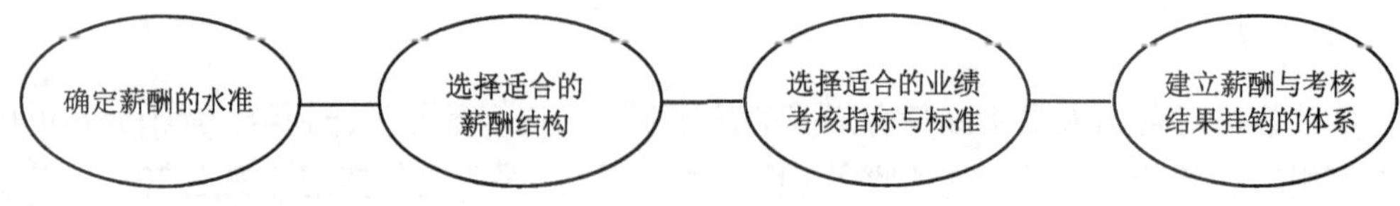

图 9.1　营销人员薪酬业务

1. 销售薪酬的“适度”原则

市场销售作为一个特殊的职业，在现代市场经济条件下对企业的生存起着至关重要的作用，薪酬水平的高低不仅影响业务人员的工作意愿和流动倾向，也关系企业的利润及竞争的强弱。确定薪酬水准问题是一个十分重要的问题，薪酬水平是否合理是薪酬制度有效的前提。

根据企业经营战略的要求，对销售薪酬水准的确定应该坚持“适度”的原则。所谓适度薪酬原则，就是要求企业对营销人员劳动薪酬的确定，既不能过低，也不能过高。过低则导致销售薪酬丧失其激励的价值，过高又会影响企业的正常收益，并产生各种负面作用。所以薪酬标准的确定上，既要考虑企业的收益，又要注意调动营销人员的积极性，即在双方之间寻求共同的基础或一致性，以确保相互之间建立起积极、有效的互动关系。

企业在销售薪酬制度的选择上，之所以要特别强调“适度薪酬”的原则，原因主要表现在：

第一，确保企业的利益全面实现。这是企业确立销售薪酬标准的一个前提。企业在销售管理中追求的利益是利润的获取或实现其总量的增长。在市场竞争愈益激烈的条件下，为了实现企业收益增长的目标，企业通行的做法是自动让渡一部分物质利益给营销人员，这既有利于企业建立必要的管理权威，增加对营销人员的行为控制，又有利于刺激营销人员的工作热情。对销售薪酬方式的确定是以企业的利益追求为出发点的，所以企业必须确立对企业利益追求的全面认识。

企业对利润的追求并不只表现为一个短期的过程。在多数情况下，对长期利润的追求更能体现企业的战略目标。因此，一些旨在追求短期收益的高薪酬方式很可能与企业的战略目标发生冲突。

企业所追求的利益也不仅仅表现在利润这个单一指标上。企业形象的塑造、销售队伍的稳定性、企业成员的亲和力、管理成本的节约等因素形成企业综合性的目标追求。因此，单纯以物质利益为手段的高薪酬方式可能并不利于企业整体目标的实现。

第二，确保营销人员的利益全面实现。营销人员的利益追求也是一个颇为复杂的体系，其中既包括对于物质利益的追求，也包括职业与生活稳定性、发展问题、人际关系状况以及其他各种心理的满足。对于企业而言，为了确保销售队伍的稳定性和长期性，就不能仅仅采取物质化的高薪酬方式，因为单纯的物质薪酬手段无助于营销人员综合性的需求实现，对于营销人员而言，如果引导他们仅仅为获得物质利益而努力，又会助长各种过分的利益主义或利己行为，从而引发营销人员之间大量的资源和利益冲突，也会大大降低营销人员对于企业的责任感和忠诚意识。

第三，有助于实现个人收入与投入风险之间的平衡。营销人员能够获得多大的薪酬，与其所承担的风险是一致的。显而易见，高薪酬方式意味着营销人员要承担高的投入风险，而低薪酬方式意味着降低了营销人员的投入风险。理想的薪酬方式要求企业在收益和风险之间实现平衡。这要求企业认真研究营销人员的风险承受能力，不能因为追求高薪酬而忽视对企业营销人员风险能力的评估。否则，企业即便是确立了较高的薪酬方式，也难以发挥应有的作用。事实上，由于风险因素的介入，使得企业的薪酬制度与激励程度之间存在复杂的关系。高薪酬方式并不一定意味着高激励。这种情况又会导致企业营销人员为降低风险而努力，甚至离开原定的工作岗位。

2. 确定薪酬水准的依据

薪酬水平的拟订要同时考虑许多相关的因素。下列各方面因素是在拟订及调整薪酬水平时所要注意的：

1）企业经营目标的优先次序。是追求合理稳定的企业利润？还是追求业绩快速成长？或是先拓增及培养销售人力？

2）现行的薪酬对于吸收新人是否具有足够的吸引力？能留任优秀人才吗？

3）业务人员对现行制度有何意见或抱怨？

4）成本及销售效率上的考虑。销售费用中工资的比例如何，销售效率与同行业比较是高还是低？

5）同行业水准。如果薪酬水准较同行业类似工作的薪酬水准低，则难以吸引或保留可用的优良营销人员；如果薪酬水准较同行业类似工作的薪酬水准高，则必将增加销售成本。因而提高售价，从而可能减少销货量。

6）业内其他工作薪酬。确定薪酬水准也要注意配合企业内其他工作的薪酬水准。如果欠公平，则最容易影响员工们的工作情绪和积极性。特别要注意的是销售部门内各种工作薪酬的一致性。有时干练的推销人员的薪金加上薪酬或奖金，可能比地区销售经理或销售总经理所获得的薪酬还高，则常出现使上下关系发生尴尬的现象。

第三节　营销人员的奖金体系设计

一、针对不同人员的激励计划

（一）两类营销人员

销售管理上，根据不同的经济关系将营销人员分为两大类：独立代理人和销售代表。

1. 独立代理人

独立代理人是一个微型的商业单位，他们拥有特殊的客户关系或者销售渠道，出售没有个体差异的产品。一个独立代理人的行为能够创造交易收入。比如，地产经纪人、股票经纪人、贸易商、独立销售代表等。他们的价值不在于他们提供的产品，而在于他们经营的关系。他们提供的产品常常也是其他营销人员也在销售的商品。他们与其他营销人员的不同之处在于他们与客户的关系。当他们跳槽的时候，往往能够把自己的老客户带给新东家。

2. 销售代表

销售代表“代表”的是他所在公司的产品、服务以及解决方案的价值。对客户来说，价值存在于公司的产品或服务中，而不是存在于营销人员身上。公司与客户之间关系的固有价值取决于公司的价值，销售代表的任务就是向所有的客户阐明这一价值，以达到销售的目的。

（二）两类营销人员的薪酬激励

大卫·J.西克海利在《销售团队的薪酬设计》一书中，根据营销人员的类别，分别提出了独立代理人的薪酬方案和销售代表的薪酬方案。他认为两类营销人员的薪酬是不同的：独立代理人薪酬的显著特征是没有基本薪酬，收入完全来自于销售佣金，即纯佣金制的薪酬。因此，独立代理人具有高度激励性，佣金的比率是他们衡量自己的收入是否具有竞争性的标准。销售代表的薪酬水平取决于与目标绩效紧密相关的目标薪酬水平。目标薪酬包括固定薪酬和根据目标业绩确定的目标激励性薪酬。销售代表的表现决定了激励性薪酬的获得，即低绩效，低收入；高绩效，高收入。为独立代理人制定薪酬的时候，确定佣金比率是起点。无论业绩高低，独立代理人都会分享一部分销售产品收入。公司对独立代理人承诺的是佣金比率。当为销售代表制定销售薪酬时，销售目标和目标激励性薪酬额是起点。由管理者决定销售代表最低应该达到的业绩水平以及相应的激励性薪酬水平。销售代表的薪酬是在薪酬方案的参与者中进行重新分配的结果。目标激励性薪酬额作为一种预期的结果，控制着销售代表的收入。当销售代表业绩低于目标业绩时，实际激励性薪酬就低于目标激励性薪酬额；当业绩高于目标时，实际激励性薪酬就高于目标激励性薪酬额。公司对销售代表承诺的是获得目标激励性薪酬额的机会。这种说法在某些环境下有一定道理，但是它在管理实践中的情况却有所不同：由于营销的“精耕细作”化趋势的加剧，销售渠道的演变、产品品类的扩展和延伸、行业的差异甚至是地域人文环境的不同都有可能导致营销人员的薪酬方案变得更加灵活。以营销人员类别的不同或者有无基本薪酬、销售目标和目标激励性薪酬额来区分两类营销人员的薪酬可能是不合理的。环境的变化使两类营销人员的薪酬激励方案难以简单的截然分开。为加强对独立代理人的管理，激励独立代理人共同努力实现销售目标，公司可能同样会对代理人设置销售目标和目标激励性薪酬额，同样要对独立代理人承诺获得目标激励性薪酬的机会。而且，过去应用于销售代表的薪酬方案，也可能应用于独立代理人。在管理实践中，对薪酬方案的运用非常灵活。虽然在设计薪酬方案时要考虑营销人员的类别，但是更多的时候是根据具体的产品和所处的市场环境来做出选择。比如从寡头垄断的电信市场，到充分竞争的日化用品市场和服装市场都会有公司为独立代理人设定目标销售业绩，并为不同的业绩水平制订不同的激励性薪酬方案（如递增的佣金比率，式返款计划等），从而鼓励独立代理人提高销售业绩。

虽然薪酬激励方案并没有必要根据营销人员的类别不同而进行分类，但是在具体的操作细节上却有一些差异。一般而言，相同情况下独立代理人获得的激励薪酬比率和激励薪酬额比销售代表高。因为独立代理人掌握重要的客户资源和客户信息。与销售代表相比，使用独立代理人可以节省公司在渠道和客户关系上的投入以及人员招募、培训和监督上的成本。公司为独立代理人支付的更高薪酬抵偿了一部分节省下来的成本。

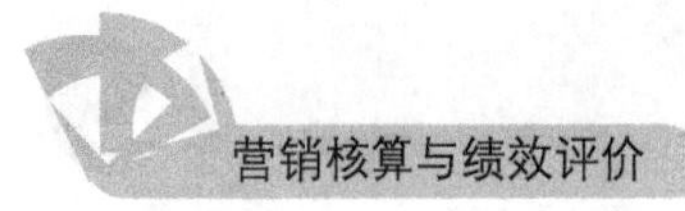

二、员工福利

（一）职工福利的概念

职工福利指职工所在单位通过举办集体福利设施，建立各种补贴，提供服务等办法，为本单位职工提供方便，帮助职工解决生活上难以解决的困难，改善职工生活和环境，解决职工在生产过程中某些共同的和特殊的需要，以改善职工的物质文化生活，保证他们正常和有效地进行劳动。职工福利也可以概括为：职工所在单位在工资和社会保险之外，对职工提供经济上的帮助、生活上的照顾和方便，以补充满足其基本的、经常的、共同的或特殊的生活需要所采取的福利措施和举办的福利事业的总称。

（二）营销人员福利待遇的种类

1. 补贴福利

补贴福利指企业根据国家有关政策、规定和企业的实际情况，发给员工的各种补贴，包括住房补贴、交通补贴、书报费、医疗补贴。

2. 健康福利

健康福利是企业为了保证员工的身体健康，更出色地为企业服务而设立的福利项目，包括医疗救助计划和团体意外伤害保险。

3. 退休福利

退休福利是企业为了解除员工的后顾之忧，让退休的员工安度晚年而设立的福利项目，即养老保险。

4. 休假福利

休假福利是企业为了照顾员工的身心健康而设立的项目，包括产假、婚假、探亲假、丧假、工伤假等。

5. 教育培训福利

教育培训福利是企业为使员工的知识、技能、态度等方面与不断变动的经济技术、外部环境相适应而设立的福利项目，包括员工在职或短期脱产培训、公费进修等。

6. 设施福利

设施福利是企业为了丰富员工的业余生活，培养员工积极向上的道德情操而设立的项目，包括创建文化、娱乐场所，组织旅游，开展文体活动等。

案例学习

福利激励到位

公司大多数的员工都是在混日子，因为公司在行业中工资水处于下等水平，更主要的员工找不到一种信任和关怀的企业文化，大家抱着多做少做一个样，做一天和尚撞一天钟。

为了改变这一现象人事部制定一些小福利以改变此种现象:

1）温度在30°以上允许开空调。

2）洗手间放有纸及洗手液。

3）公司申购一个小冰箱方便夏天带饭（因为在工业区吃饭环境不好）。

4）当月生日的同事发放50元生活用品（洗发水、淋浴露等）。

5）节日发放节日礼物。

6）每月组织一次员工活动（登山、运动比赛等，大约每月300元费用）。

7）一年一次员工旅游活动。

通过这样活动，员工们慢慢调动了积极性，但是随着时间的推移，老板为了节约开支，给人事部门的标准是每月开支不能超过100元。在端午节发粽子都是每人一个，结果员工意见越来越大，老板也不满意。

分析问题：

1）此福利待遇的问题在哪里？

2）如何改进才能让老板员工都满意？

小　结

最大限度地发挥营销人员的潜力，使之为企业服务，就需要有一系列好的奖惩制度，因此如何建立一个内部公平，外有竞争的营销人员薪酬制度，对于一个企业至关重要。本章从薪酬的内容出发，详细介绍了制定薪酬体系的原则，方式和流程以及相关的福利待遇。

思考题

1. 什么叫薪酬，薪酬的特性包括哪些？
2. 薪酬管理的设计原则有哪些？
3. 简述薪酬体系设计的流程。
4. 营销人员福利待遇的种类有哪些？

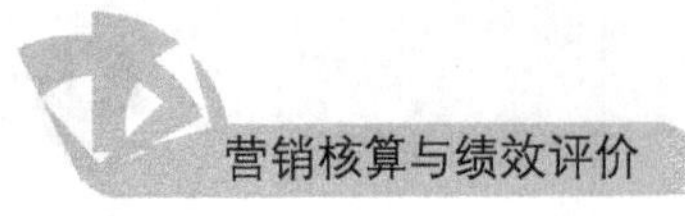

选择薪酬激励的要素

薪酬激励体系设计是一个既需要理论又需要有实践经验的工作，而薪酬激励体系设计中最权变的方面就是薪酬激励要素的选择。下面通过银川新华百货东桥电器有限公司（以下简称“新百东桥”）薪酬体系设计的案例，对如何选择薪酬激励要素提出解决方案，并对薪酬激励要素选择对经营业绩的影响进行阐述，以供人力资源管理从业者参考。

新百东桥是2002年4月由银川新华百货和银川东桥百货家电合资成立的，并由新华百货控股，主要从电器批发和手机销售业务。2003年下半年，国美信远和大中（加盟店）入驻银川，新华百货的多家电器卖场受到极大的影响。2003年12月，新华百货把旗下3个大商场的电器卖场交给新百东桥进行经营。

卖场完成交接后，经营不久，许多深层次的问题就开始暴露出来了。首先是经营上的问题，主要竞争对手国美信远和大中（加盟店）拥有全国统一的进货渠道，在价格上明显比新百东桥更有优势；其次，由于零售卖场的员工一部分是从总公司新华百货这个国有企业过来的，而另一部分员工又是来自原东桥这个民营企业，他们的文化价值观、行为模式上差异都很大，合并以后矛盾重重；第三，公司的内部结构面临着挑战，实际上相当于电器批发业务、手机批发业务、手机零售业务以及新并入的电器零售业务在同一个平台上要进行运转，而原有的管理体系已经明显感觉到力不从心。

公司决策层经过多次讨论以后，明确了未来几年的三条战略方针，即加速融合战略、优质服务战略以及优秀人才战略。并根据战略部署将公司明确划分为3个事业部，即电器批发事业部、电器零售事业部、通信事业部，分别由3位副总经理带领三名营销总监进行管理。

大的经营思路和组织架构虽然得以清晰，但是迟迟落不到实处，成效也不大，许多关键性的问题没有解决。例如，如何能够调动各个事业部的经营积极性；如何能够让两部分员工不再相互拆台而在经营中形成合力；如何能够提高员工的主动服务意识，提高服务质量；如何能够解决员工恶性攀比心态而关注业绩提高；如何能够留住公司的核心人才，并吸纳优秀人才加盟公司。这些问题恰恰是三条战略方针能够落到实处的必要条件。加速融合战略如果没有两部分员工真正形成合力将只会是一些形式上的组合；而如果员工不去积极提供优质服务，那么优质服务战略也是一句空话；如果公司没有机制吸引和保留人才，那么优秀人才战略也将落空。这些恰恰是企业战略得以实现的关键落脚点，要想战略落地就必须先解决这些问题，而这些问题背后都有一个关键性的驱动因素，那就是利益机制——薪酬激励体系。

经过讨论，公司形成一个百元工资含量的方案，并迅速加以实施。方案主要考虑的因素就是每销售100元的商品，营业员和柜组长能够从中分享到一定比例的提成。这个薪酬体系实施一段时间后，营业员和柜组长的积极性被调动起来了，销售额出现提升的势头，但是新的问题又很快暴露出来。首先带来的问题就是卖小家电的认为收入不公平，因为大家电带来的销售额大，卖出一台液晶彩电相当于卖出几十个小家电，但实际上卖小家电更辛苦。第二，公司的残次品增加了，因为营业员为了提高销量，忽视了对残次品的及时处理。第三，公司其他人员比如行政人事、售后服务、物流配送人员产生了不满情绪，由于销量的提升，增加了工作量，但是工资却没有变化。第四，公司的许多核心人员主要在管理岗位上，而百元含量的政策使得某些营业员的工资甚至高于他们，而导致一些人才表现出离职的意愿。第五，百元含量主要以个人业绩作为提成依据，奖励的也是个人，因此员工间的相互协作出现更加严重的问题，大家都只顾自己提高销售业绩，不愿帮助别人。

2004 年底，公司总结工作，发现虽然一年下来销售额增加了不少，但是公司利润并没有真正增长多少，同时这支团队非常松散，没有整体战斗力。

事实上薪酬体系是一个系统工程，是牵一发而动全身的大事，一个不好的薪酬决策，不仅不能实现战略目标，反而可能背道而驰。如果只考虑到解决某个问题，那么其结果可能是会带来新的问题。在这一认识下，公司决策层决定将现有的薪酬体系进行变革。

在经过一段时间的调研后，发现公司目前薪酬模式原理上存在着问题。

第一，在新百东桥，无论何种职位的员工都是通过一个公式来计算出工资，即个人工资等于当月实现销售额乘以百元含量系数。从激励原理上看，这个薪酬激励模式的优点是让所有员工的报酬与实现销售额紧密挂钩，从而将员工利益和销售规模紧密结合在一起。但是由于忽视了团队的作用，使得员工之间的协作状态不仅没有变好，反而更差。

第二，这种模式忽略了影响销售业绩的非个人努力因素。比如，位置好的卖场经营业绩显然高于位置不好的。再比如，畅销商品的销售额要明显优于非畅销商品，而这些非个人努力因素却导致出巨大的薪资差别。

第三，这种激励模式忽视了业绩是由多个职位共同创造的。公司是一个整体，只强调了对营业人员的激励，而忽视对其他类型人员例如采购人员、物流配送人员的激励，必然会带来其他人员的不满，而影响全局。

总体思路：新百东桥薪酬体系设计必须以实现新百东桥的战略意图为导向，通过薪酬方案将不同人员的利益有机地结合在一起，并突出其中核心人员的作用，调动各级人员的主动性，从而实现企业战略。

（资料来源：www.bupt.edu.cn/news/bul/viewtx.asp?id=32780）

问题：

1. 如何体现内部公平的薪酬？
2. 如果你是该公司管理人员，你将如何做？

如何确定市场部人员的薪酬

小张进入一间从事医疗器械和化妆品的公司担任市场部经理三个月，目前是固定薪水（整个市场部所有员工都是这样），但小张更希望薪水能与小张以及我们部门的付出与成果相连轨，根据公司的业绩等指标有一定的浮动。一方面有利于提高整个部门工作的效率，防止“多做少做一个样，做好做坏一个样”的不良风气。另一方面也是公司对个人努力成果的肯定。

在与老板讨论这个问题时，老板给出目前采用固定薪水的原因：

1）市场部是新成立的部门，公司也没有专门的人力资源部门，不知道这个提成或奖金应如何定才合理。

2）如果单把薪水与公司业绩挂钩，因为公司除了市场部外还有销售部，如何界定业绩的增长是哪个部门产生的呢？他们的比例是多少？

3）因为市场的工作是一个长期的过程，不是几个月就可以出效果的，如果单把薪水与公司业绩挂钩，如何避免一些急功近利的情况出现？

问题：

1. 目前老板希望可以建立一个合理的薪酬制度，给出相关的建议。
2. 根据老板的顾虑，如何配备各个部门的业绩？

实训项目　薪酬设计

【实训目标】

设计一份外有竞争，内有激励的薪酬项目。

【实训内容与形式】

1. 如果你是营销人员，你希望什么样的薪酬方案？
2. 如果你是营销人员，你能够为公司作出多大的贡献？
3. 如何使得薪酬和绩效挂钩？
4. 如何达到外竞争、内激励？
5. 形式：分组讨论。

【实训要领】

1. 通过此次实训，要求同学根据自身的想法出发，并且结合现在的情况，发表自己的意见。

2. 此次讨论，要形成自己的观点，要有价值，不要谈不切合实际的空话，形成最后的体系。

【成果与检测】

1. 教师可以深入各组，听各组的表现。
2. 把学生最后形成的记录结果提交，根据此结果给个人及小组评分。

第三篇　商超营销核算与绩效评价

第10章

商场核算与控制

学习目标

1. 熟悉商场招商的工作流程。
2. 熟悉厂商进场管理规定。
3. 掌握商场联营商品业务处理流程。
4. 掌握商场销售赠品的会计处理方法。

技能训练目标

1. 各种表格填写的训练。
2. 场地效益分析的训练。

案例导入

大商集团："土"办法节能降耗

在能源成本控制上，大商最近两年有很多突破。虽然有些办法听起来有点"土"，但在降低能耗上颇为有效。

去年，大商集团在一家面积1万平方米左右的店铺进行了节能尝试，人为灵活地控制照明时间。如早上7点入场进行前期准备时尽量少开灯，人为地调节空调使用时间，同时通过安装节能器，一年节电比率达到15%。结果仅电费一项，就在以前一年200万元的基础上节省了60多万元。

一般情况下，在大商1万平方米的门店，每年经营费用会在1000万元左右。而能源耗费一项，就会达到300多万元，用电设备会占到30%左右。在超市，用电是无处不在的。通过更多的人为控制用电时间，如以前24小时运转的设备，现在分段运营，降低到18小时或12小时，以节省能耗。

在北方地区，供暖是能源支出的一个大项目。大商的供暖费统一是按照面积测算，每平方米收费25元，一个1.8万平方米的门店，正常的采暖费要50万～60万元。后来门店与供暖单位协商，改变了收费方式，用表计量供暖费用。门店自行调节供暖，卖场内温度高的时候，可以少用一些。根据季节和店内人流，对供暖温度进行控制。在用表以后，去年单店全年的采暖费只有15万元。

此外，门店还会在用电的制度上想办法，如包干到人，谁用电，谁承担费用的原则。对于一些进店的厂家，也采取了谁使用设备、电器，谁承担的原则，将一部分费用分摊到了厂家。

第一节　招　　商

一、百货商场招商的工作流程

1）在总经理领导下，由市场经营部主管，各职能部室、商店按管理权限分工负责商场招商工作。

2）商场进货管理委员会负责审批被招商企业的进场资格，市场经营部负责定期或不定期组织有关部室对被招商企业商品质量、经营品种和销售情况进行考核，对物价、计量、商标、陈列卫生进行检查。

3）劳动人事部负责对来场导购员进行面试、审查体检表和岗前培训。经考试合格，方可发上岗合格证。负责定期或不定期会同有关部室对信息员服务规范、劳动纪律、商容风纪等进行检查考核。

4）安全保卫负责商场导购员的验证（身份证、工作证、健康证、暂住证）工作，并将审核情况登记入册，与被招商企业签订安全责任书，负责定期或不定期会同有关部室，对被招商企业进行安全检查，特别是防火、防盗、防汛检查。

5）行政部负责来商场导购员的工服发给，收取食堂、医疗、美发、淋浴等项目服务的管理费和借用财产管理等工作。

6）各商场商店明确一名经理负责被招商企业日常管理工作。并负责向市场经营部提供被招商企业执照副本、招商审批表、联销协议、商品样品、价格目录及来场信息员的各种证件。

表 10.1 为供应商基本情况。

表 10.1　供应商基本情况

供应商名称、品牌			
地　　址			
供应商类别		法定代表人	
电　　话		税务登记号	
开户银行		银行账号	
供应商资质证明	营业执照□　组织机构代码证 □ 税务登记证（一般纳税人□　小规模纳税人□） 代理授权委托书　□　商品质检报告 □ 与商品生产、销售相关的有效证件　□		
经营范围			
备　　注			

经理：

二、招商工作及费用使用

（一）招商工作

制定大型招商计划、营销宣传计划，为保障供应商利益，发展商要做好细致的准备工作。运营公司要确定招商时间安排、主要招商场所、主要招商骨干、招商宣传与招商策划、主要招商活动、招商费用，并得到主要领导的支持。在开展实际招商工作之前，我们首先确定招商目标，然后确定商家档次、规模、具体租金条件。

在专业顾问团队的协助下，考虑到主力店、次主力店、国际名牌店及其他品牌招商的不同特点，制定"先确定主力店，再全面招商"的基本策略。在执行过程中，主力店、国际名店和餐饮要提前招商，其他随后进行。

在招商分工方面采取自我招商为主，中介合作为辅的方式，因为每家顾问公司的资源都是有限的，因此，可以委托多家商业顾问公司同时分块招商，加快整个招商进度。

在这一策略的指导下，经过专业培训师培训的招商团队，根据实际情况灵活调整和实施租务政策。例如，根据不同类型的租户提出的不同需求，为他们提出度身订做的解决方案；妥善安排好各租户的楼层位置、相互位置，使之相对成行成市、互惠共赢，而不是互相干扰、削弱；根据整体市场定位和业态组合，对进驻租户提出要求，并协助他们调整、提升和完善他们新店的定位、档次和其他品质。

由于国际著名品牌的招商具有比较严格的条件，一般联络和初步考察需要一年的工作，因此，对于国际名牌招商需要提前准备。

（二）招商费用管理

1. 招商费用

招商费用主要包括：人员差旅费用、商家接待费用、宣传费用——广告及招商活动费用。

降低招商成本提高招商效率的一个重要措施是：委托专业顾问公司招商，大商家招商工作组成联合招商小组，小商家与品牌供应商可以委托顾问公司代理，代理费用一般是收取一个月的代理费用。

2. 招商费用使用策略

1）招商任务指标分解到人，成本分解到人。

2）关键性招商集中使用，避免零打碎敲。

3）重点保障优秀招商人才的工资待遇和奖励管理。

4）重视客户营销和关系营销，费用安排上予以倾斜。

三、招商中要注意的问题

（一）业态设计是基础

准确、差异化的业态定位乃是商场竞争胜出的原因。

××城有优秀专家带领设计适合深圳的特大型商场。××城开发与运营始终坚持“全新的建筑形态、全新的消费环境、全新的业态组合”的理念。在业态组合方面，××城也突出自身的特点。主力店/次主力店所占比例为40%，其中主力店招商中，国际名牌占3%，餐饮占15%，娱乐占20%，精品店占22%。以餐饮为例，××城设置了25家餐厅，除了中国传统菜系外，不走出国门，也能品尝到来自世界各地的风味，包括了顶级的法国菜、意大利菜、日本菜、泰国菜等。从目前招商成果来看，整个比例与最初的商业规划比较切合。

（二）招商推广是关键

商场的招商推广是打造成功商场的重要一环。在确定了商业规划后，必须通过招商和市场推广这些前期工作来实现商场的商业功能。制定适合商场特点的招商策略和市场推广策略，并通过掌握招商知识和市场推广知识的专业人士将项目介绍、推介给潜在租户，是商场成功的关键所在。

（三）控制招商质量

1）控制主力店铺和国际名店的质量，没有主力店的带动就没有整体租金的提升。

2）招商团队分工明确，由招商总监统一管理招商，通过团队明确分工保障了招商的有序，进而提高质量。

3）采用距离谈判方式，大部分租户委托中介公司招商，主力商家和国际品牌等重要客户发展商领导才出面。

4）严格执行先确定业态后确定招商租金价格和位置的方案，通过科学的业态方案实施增强租户信心。

非核心地段的商场需要采取如下措施解决招商难：

1）在商场市场调查和主题策划方面下功夫，设计能够有效吸引人流的主题和业态方案，租户组合合理，解决吸引人流的问题。

2）预算比较充足的招商经验，委托有经验的招商团队联合招商，对招商团队实行良好的激励与约束措施。

3）提前动手做好主力店招商，制定正确的招商策略。

第二节 进　场

一、厂商进场管理规定

为了进一步规范品牌引进程序，加大引进力度，提高引进质量，特对品牌进场程序

规范如下：

1. 品牌登记

1）所有进场品牌均需填写《品牌信息报告单》，此表由商场业务部填写，对品牌的风格、价位、铺货商场销售情况、商品档次、厂方或代理商联系方式、厂商要求等逐项填写清楚，并认真考察供应商实力，验证有关证件（即营业执照、税务登记证、商标注册证、质检报告、委托书或代理证），留存相关销售报表资料、画册。

2）商场业务部将填写好的《品牌信息报告单》即有关资料转交商场业务部经理，商场业务部经理根据商场整体情况对品牌进行总体把握，由此签署意见，并转回商场业务部。

3）商场业务部根据总经理意见，转达各楼层业务经理，由其与供应商进行进一步的洽谈，达成初步合作意向，报送商场业务部。

4）品牌评审委机构会进行最终审核，确定符合要求可以引进的品牌。

2. 进场审批

1）品牌评审机构准予引进的品牌，由楼层业务人员负责填写《品牌进场审批表》，办理品牌进场所须缴纳费用（即入场费、质量保证金、装修保证金等），将《品牌进场审批表》附上缴费凭证复印件转交商场业务部。

2）商场业务部接到《品牌进场审批表》后，要对合作条件认真审核，尤其是检查费用缴纳情况，商场业务部经理必须见到缴费凭证后方可签批。

3）商场业务部经理或总经理进行最终审批。

3. 签订合同

1）《品牌进场审批表》签批通过后，由楼层业务人员负责与供应商签订《联营合同》一式三份、《补充条款》一式二份。

2）商场业务部负责审批合同文书，并与《品牌进场审批表》认真核对，尤其是入场费、质量保证金、装修保证金、区域面积、扣率、促销费、合同期限、销售任务等要项。

3）商场业务部将审后的合同交商场业务经理签批，并加盖公司合同章。

4）商场业务部负责将有关合同转财务部、楼层经理各一份，由楼层经理转厂商。

4. 厂商进场

1）《品牌进场审批表》签署后，由楼层业务人员通知厂商将品牌装修立体效果图、平面图、电路图交楼层业务人员，由其到相关部门进行审核签字，最后经商场业务部审核签字后，厂商进场装修。

2）由厂商填写《非自营商品进店登记表》，经商检口岸验货审核签字后交录入室进行编码，并打印价签。

3）厂商上货。

表 10.2 为联销厂家进场审批表，表 10.3 为联销业务变更审批表，表 10.4 为联销厂家提前退场审请表。

表 10.2　联销厂家进场审批表

场地位置		面积		核定销售利润	
新进厂家名称					
经营品牌品种					
签约形式	□　保底超扣　销售______，扣率______，保底额______，超扣______。 □　保底　　销售______，扣率______，保底额______。 □　扣点　　销售______，扣率______。				
经营期限					
其他条款	□　促销费　基数_______，扣率_______%。 □　工资　　每人保底_________，提成________%，共________人。 □　保证金_______________元。				
进场原因及商场、分公司经理意见					
业务部意见					
总经理审批					

注：厂商进场需受分公司与业务部双重制约，方可批准进场。

表 10.3　联销业务变更审批表

<table>
<tr><td>场地位置</td><td></td><td>面积</td><td></td><td>核定销售利润</td><td></td></tr>
<tr><td>项目</td><td colspan="2">现有状况</td><td colspan="3">变更后状况</td></tr>
<tr><td>厂商（供方）</td><td colspan="2"></td><td colspan="3"></td></tr>
<tr><td>合同号</td><td colspan="2"></td><td colspan="3"></td></tr>
<tr><td>经营品牌品种</td><td colspan="2"></td><td colspan="3"></td></tr>
<tr><td>签约形式</td><td colspan="2">□保底超扣　销售____扣率____
保底额____超扣____
□保底　　销售____扣率____
保底额____
□扣点　　销售____扣率____</td><td colspan="3">□保底超扣　销售____扣率____
保底额____超扣____
□保底　　销售____扣率____
保底额____
□扣点　　销售____扣率____</td></tr>
<tr><td>经营期限</td><td colspan="2"></td><td colspan="3"></td></tr>
<tr><td>其他条款</td><td colspan="2"></td><td colspan="3"></td></tr>
<tr><td>变更原因及商场、分公司经理意见</td><td colspan="5"></td></tr>
<tr><td>业务部意见</td><td colspan="5"></td></tr>
<tr><td>总经理审批</td><td colspan="5"></td></tr>
</table>

表 10.4　联销厂家提前退场申请表

<table>
<tr><td>场地位置</td><td></td><td>面积</td><td></td><td>核定销售利润</td><td></td></tr>
<tr><td>厂家名称</td><td colspan="3"></td><td>合同号</td><td></td></tr>
<tr><td>经营品牌品种</td><td colspan="5"></td></tr>
<tr><td>年销售任务</td><td></td><td colspan="2">年利润或扣点</td><td colspan="2"></td></tr>
<tr><td>经营期限</td><td colspan="5"></td></tr>
<tr><td>提前退场时间</td><td colspan="2"></td><td>月均
销售额</td><td colspan="2"></td></tr>
<tr><td>退场原因及厂家代表签字</td><td colspan="5"></td></tr>
<tr><td>商场及分公司意见</td><td colspan="5"></td></tr>
<tr><td>业务部意见</td><td colspan="5"></td></tr>
<tr><td>总经理审批</td><td colspan="5"></td></tr>
</table>

二、专柜引进与清退的流程

1. 目的

规范专柜引进、清退的程序，使专柜管理工作高效、有序进行，确保引进后的专柜商品质量可靠，货源正规，取得好的经济效益。

2. 适用范围

专柜引进、清退过程的控制。

3. 职责

1）采购员/招商员负责与专柜供货商的洽谈及评价，进行引进或清退的报批、合同的签订或专柜撤场通知的发放，并办理新专柜入场及专柜撤场的相关手续。

2）采购部经理/招商部经理、公司总经理负责专柜引进或清退的审批并签署意见。

3）合同管理员负责合同或撤场通知的盖章、电脑资料的录入、资料的存档及转发入场、清退的相关资料。

4）质监物价部负责新专柜商品进场前的商品质量检验和零售价审核。

5）仓储部理货区负责专柜商品资料的电脑录入。

6）楼面负责新专柜进场或专柜撤场的具体现场操作，并办理相关的手续。

4. 说明

（1）专柜的引进

1）采购员/招商员结合本商场专柜的经营情况进行市场调查，积极开发新专柜供货商。

2）采购员/招商员负责与待引进的供货商洽谈，并对其进行评审，同时填写《专柜申请表》。洽谈达成一致意见，进行引进的审批，填写《设立专柜审批表》，审批表在说明引进原因时务必要清晰、详尽。

3）采购部经理/招商部经理、公司主管总经理的审批时限各为一日；审批通过后，采购员/招商员与新专柜供货商签署《专柜经营合同》，填写《办理供货商代码卡的协议书》。

4）合同管理员负责合同的盖章，供货商电脑资料录入、存档及转发《专柜进场通知单》，办理新专柜供货商代码卡。

5）质监物价部负责对新专柜商品进行进场前的质量检验和零售价审核。

6）楼面负责审核新进专柜的装修图纸、为专柜设立库区、发放办公用品及营业员上岗资格的审核，在非营业时间监督新专柜的装修和专柜货架、商品的进场。

7）仓储部理货区负责为新专柜分配电脑库区，录入该专柜的商品品名、条码、价格等资料。

（2）专柜的清退

1）采购员/招商员负责对已有专柜的经营情况进行评价，对经营差或严重违反合同约定的专柜提出清退意见。

2）采购员/招商员负责与拟清退供货商洽谈，达成一致意见后，进行清退的审批，填写《专柜清退、调整审批表》，审批表在说明清退原因时务必要清晰、详尽，并与拟

清退的专柜要签订中止合同协议。

3）采购部经理/招商部经理、公司主管总经理的审批时限各为一日。

4）审批通过后，采购员/招商员填写《专柜撤场通知》。

5）合同管理员负责转发《专柜撤场通知》。

6）楼面负责在非营业时间监督清退专柜的撤场，并在专柜撤场前，与专柜供货商签署《专柜售后服务质量保证协议书》及结清各项在营运分部未结清的款项。

另外，专柜的清退和引进须保持紧密衔接，即被清退专柜从商场撤出和引进专柜的进场应同时进行，尽量避免商场出现“空位”现象，影响商场销售。

三、进场的统一管理

进场后，商场的统一管理的理念在于统一招商管理、统一营销、统一服务监督，达到“统一管理，分散经营”的管理模式。

1. “统一招商管理”要求招商的品牌审核管理和完善的租约管理

（1）品牌审核管理

所谓“品牌审核管理”，指招商对象需经品牌审核后才能进入。

审核包括对厂商和产品的审核，须具有有效的营业执照、生产许可证、注册商标登记证、产品合格委托书（适用于批发代理商）、品牌代理委托书（适用于专卖代理商）、税务登记证、法人授权委托书等。

（2）完善的租约管理

租约管理包括约定租金、租期、支付方式、物业管理费的收取等，还有其他比较关键的租约条款管理，比如：

1）承租户的经营业态是受到整个商场的统一商业规划的限制，如果发生重大变化，须经业主委员会的认可（业主委员会成立之前，经开发商认可）。

2）营业时间的确定。

3）承租户的店名广告、促销广告的尺寸大小、悬挂位置、语言文字方面须接受统一管理。

4）为整个商场促销承担的义务。

5）承租人对停车场的使用，确定有偿还是无偿，有无限制。

6）投保范围事宜。

7）是否统一的收银。

2. “统一的营销管理”有助于维护和提高经营者的共同利益

由于目前商业竞争激烈，打折降价的促销竞争手段比较流行，以吸引购物者光顾。管理公司应该为商铺策划好 1 年 12 个月的营销计划，所谓“大节大过、小节小过、无节造节过”。

组织策划相关的促销活动，所发生的费用应预先与业主沟通预算，经业主同意后，对实际发生的费用按照承租户销售额的一定比例进行分摊。如果商铺统一收银管理，就能较好地执行按销售额分摊费用。

3. “统一的服务监督”有助于经营者间的协调和合作

商场须设立由开发商领导、商业专家组成的管理委员会，指导、协调、服务、监督承租户的经营活动，保证商场的高效运转。常见的方式有：

1）指导项目，培训售货员、卖场布置指导、促销活动安排。

2）协调项目，协调经营者之间的紧张关系，增进经营者之间合作。

3）服务项目，行政事务管理。

4）监督项目，维护商场的纪律、信誉，协助工商、税务、卫生、消防等部门的管理。

第三节 商场联营商品业务处理流程

商场联营商品业务处理流程如图 10.1 所示。

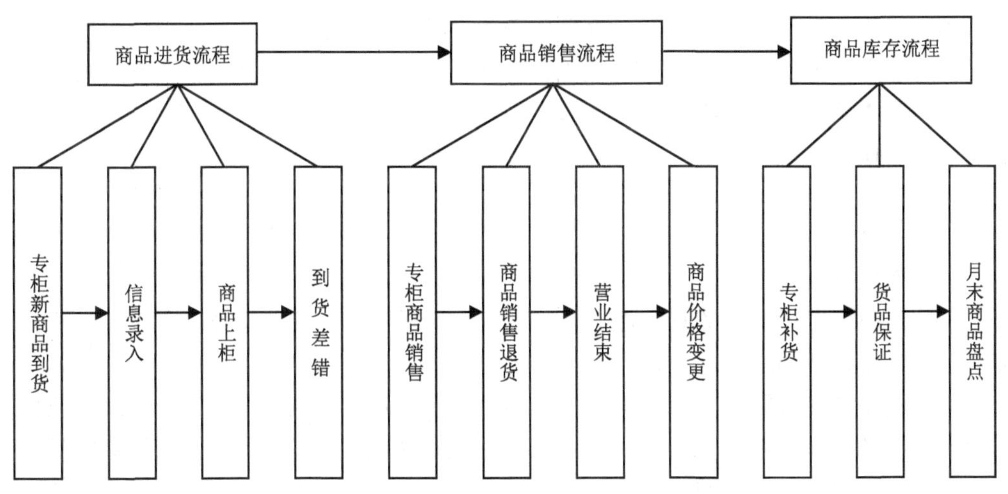

图 10.1 商场联营商品业务处理流程

一、商品进货

1. 专柜新商品到货

各营业部门品牌专柜新商品到货上柜之前，须填报一式三联“联营商品信息表”，按厂商产品目录、报价单、全称填写商品的品名、品牌、产地、规格、型号、商品原代码、含税售价、扣率、所需价格签规格数量等信息，特别要写明此次商品到货数量，报营业科审核，营业科审核批复后，传递信息科，将信息录入 POS-MIS 系统。

2. 信息录入

信息中心接到审核后的“联营商品信息表”做商品信息录入，并由 POS-MIS 系统中打印出“商品直上柜入库单”。每个单品均由系统自动生成本企业商品编码，并按单品到货数量，打印出本企业该商品的条码及商品销售价签交营业科。营业科继续作业务处理。

3. 商品上柜

专柜商品到货，专柜欲上柜之前，营业科应凭审核后的“联营商品信息表”“直上柜商品入库单要逐品种进行点、验。主要检验商品品牌、数量、质量（质量检验尤为重要）验收无误后将商品条形码，依实际到货数量发放到专柜，并监督专柜负责人逐件粘贴在商品合适的位置（特殊业种商品可以不在商品上粘贴）。

专柜收到“入库单”、商品条码、须在“直上柜入库单”上签字做确认。同时将信息表第一联留在专柜登记账簿后备查；第二联信息中心留存；第三联由营业科留存。

4. 到货差错

在到货商品验收中，实际到货数量少于“联营商品信息表”预报到货数量或商品没有到货的，由专柜负责人填报“联营商品信息表”在表头前写明“退场”字样，在收到数量栏填写“负数”。并将原制作条形码粘贴在“联营商品信息表”（第二联）背面，上报信息科作业处理、备查。

5. 商品退场

对于专柜需要正常调、退返厂的商品，由专柜填报退场“联营商品信息表”，由营业科审查商品退场原因的真实性，检验打包要退场商品，清单退场商品编码，报批后实施全程监督该商品退场。

退场商品“信息表”由专柜填写，营业科审核，公司批复。信息中心接到批复的信息表单录入系统，打印“专柜商品退场单”专柜负责人签字后，第一联交营业科核算会计，第二联交专柜登记账簿、备查。

二、商品销售

1. 专柜商品销售

商品销售时专柜员工要填写“商品销售凭证”一式四联。其中收银、顾客、专柜、客服（活动凭证）各一联，由顾客到附近收银台交款结算。

收银员收取顾客交递的销售凭证和顾客交纳的现金或银行结算卡。输入商品编码，核对商品信息，操作收款机打印出机制“销售付货凭证”并在手写“销售凭证”联加盖现金收讫章，同找回现金返还顾客；顾客使用银行卡结算的要按银行作业要求办理。

顾客凭加盖现金收讫章的“商品购物凭证”和系统打印凭证，返回专柜。专柜服务员工收取有效的“付货凭证”专柜联留存，交付商品于顾客。

专柜负责人每日凭“销售凭证”做账簿记录，记载销售日期、销售商品数量、金额、并核减库存数量。

每日营业结束时，专柜必须填报“销售日报”，上报本营业科。营业科收集齐全后，转交本营业科核算会计，做统计并核对系统营业记录、核对专柜账簿。

2. 商品销售退货

顾客购买商品后，因某种原因提出商品退货时，要求顾客必须持有公司给付的购物原始凭证（手写购物凭证、机打销售凭证），由专柜营业员工检验商品、并确认为本专柜销售之商品。属于符合公司关于退换商品规定条件的退货，专柜须填写退货商品“销售凭证”并在退货凭证备注栏，签注“货已收回”字样。同时按公司规定逐级审批签字。

退货额在 500 元以下的由营业科长签字，方可退款。本科科长不在由上一级负责人签字。500～1000 元必须申报公司值班业务副总签字，方可退款。业务副总不在可以直接向总经理报批。1000 元以上由公司总经理签批，方可退款。总经理不在由当值副总代签。

经批复的退货凭证，由顾客与营业科主管一同到收银台办理退款。

收银员核对退货凭证无误后，打印退货机制凭证，退付顾客现金（如非现金结算的，要按原交款路径返回）当日营业结束收银员将退货“商品销售凭证”上报收银科备查。

对于顾客缺少原始购物凭证的销售退货，按规定审批权限办理。不论是属于商品质量或是其他原因的退货，都必须首要由专柜确认、同意退换，方可办理。并要由专柜提供购物凭证（专柜留存联）并须复印后报批。

对于没有商品条码的销售退货，要按规定审批权限办理。由签批人在退货“商品销售凭证”第三联（专柜付货留存联）背面签批“无条码”字样。

专柜员工要持退货“商品销售凭证”第三联（专柜付货凭证）和机制退货凭证到信息科办理，补打退货商品的条码，并由专柜员工按规定粘贴。

3. 营业结束

每日营业结束后，由收银员在 POS 机打印出“收银交款单”联同“商品销售凭证”（收银存根）及所收营业款上缴收银科，经收银主任（副主任）审核、清点无误后，将销售款全部送存银行。

4. 商品价格变更

经营过程中各个专柜申请商品价格变更的，要由专柜提交原厂“价格变更通知表”填写“商品变价调整单”按规定审批权限报批，经批复后方可实行。

报营业科→经营副总或总经理→送达财务科→信息科，由信息科录入 POS-MIS 系统。特别注意，本期“商品变价调整单”起止日期于同期是否日期重叠。

专柜商品价格申请调低的可以批复，但是现行公司政策不承担降价损失，也就是不降扣率。商品价格申请调高的，要查明原因，属原厂调价的，须提供证明。属于供应商私自调高价格的不予批复。

属于营业专柜负责人错报销售价格的，并能够提供一定证明材料的可以批复。

三、商品库存

1. 专柜补货

各个专柜日常商品补货，货到时须立即填写“联营商品信息表”写明补货的商品编码、品名、规格型号、商品条码、即时含税售价、扣率、收货数量等信息，报营业科，经营业科科长签批、报信息科做作商品信息录入，打印商品条码。营业科专柜验收，粘贴条码后，商品上柜销售。

2. 货品保证

专柜销售应在营业科销售计划分解指标的约束下开展，专柜货品要由一定的陈列量、储备量，以满足全季节销售的需要。

营业科要根据分解计划指标，时时检查专柜商品存量状况。要了解品牌生产单位生产状况，生产地到销售地运输时间。合理掌控货品存量，对货品不足的专柜要采取预先告知制度，对货品不足、又不配合进行补货地专柜，要有效地控制，必要时进行适当处理，甚至清除出场。

3. 月末商品盘点

实施“单品”进、销、存全程条码管理。因此，每个月月末各个专柜要进行库存盘点。月末由信息科打印出盘点单，营业科在当月最后营业日结束时分发到各个专柜。要求专柜按时盘点，并要严格进行监点，确保库存商品数量准确。

月末实施盘点各个专柜须认真填写、上报“库存盘点表”到营业科，由营业科核算会计审核、信息科录入POS-MIS系统，生成“商品溢余短缺表”，同时专柜进行核对。对盘点发生的溢余、短缺查明原因后，由营业科核算会计按规定进行处理。

第四节　商场核算与效益分析

一、商场促销效益分析

（一）自然增长率

一般商场做分析时，往往只做同期比，而忽视了自然增长率这个重要的比率因素。

比如，在七月份搞一次“幸运大转盘，购物就旅游”活动，活动档期为 13 天，各项数据分析如表 10.5 所示。

表 10.5 “幸运大转盘，购物就旅游”营销效果反馈数据

项 目	数 量
本期预计销售额/万元	1594
本期实现销售额/万元	1767
本期销售额同比增长率/%	1.1
销售额比前期增长率/%	12.62
前期比同期增长率（自然增长率）/%	-10.24
实际增长率/%	11.34

其中

$$\text{预计销售额}=\frac{\text{当月销售计划}}{\text{月份天数}}\times\text{活动档期}$$

$$\text{比前期增长率}=\frac{\text{本期销售额}-\text{前期销售额}}{\text{前期销售额}}$$

前期销售额，即活动开始头一天向前推一个同样长度的档期（13 天），但要考虑双休日的天数相当。

前期比同期增长率（即自然增长率），就是本期活动的前期相对于本期去年同期的增长率。表中数据为-10.24%。单看自然增长率这个数字，是负增长的。也就是说，搞活动之前商场相对于去年同期销售一直是负增长的，才积累出－10.24%这个比例。

用同比增长减去自然增长率，得出的 11.34%，才是实际增长的数字，这要远比 1.1%的同比数字要高。如果只看销售额比前期增长率，数据也不反映实际情况，有些过高了。

这次活动虽然采取了转盘摇奖的促销方式，表面看似热闹，人流要经常排到堵塞卖场通道，比前期要热闹多了，但是较去年同期的增长还是少得可怜。如果单从这两个层面分析，你很难判断成功与否。

但考虑到前期的销售一直处于下降态势，最终的实际增长还是比较可观的。

其中关键在于那个自然增长率——它包含了商场在一整年中的各种销售影响因素，既包括商场内部品牌、结构调整、引进的因素，也包括社会因素的影响，天气、非常事件、国家政策出台等。所以，在考虑营销活动实际效果的同时，也要考虑自然增长率，用同期增长率减去自然增长率得出的才是实际增长率。

销售增长是比较复杂的，在数据比较分析时，还要考虑到前期和同期档期的双休日天数对比情况，以及有无大型促销活动同期举办。如果条件大致对等，对比分析才是可信的。

（二）不断反思营销费用

现在有些零售商老总只愿看到活动轰轰烈烈，人流熙熙攘攘，而忽视了活动的费用

控制问题，一味地省钱，或大把地烧钱，其实两者都不可取。

决策者们要通盘考虑全年的营销活动，客观、细致地分析活动费用，确定一个合理的费用率区间，并根据竞争对手和活动的重要程度灵活调整。

1. 媒体广告费用控制

这部分费用一般取决于活动重要程度、顾客群体范围和媒体组合选择。

区域性商场不能一味追求“狂轰滥炸”，要善于搭配各种媒体，提高广告宣传的受众精度、广度，和效果上的立体感。例如有些小媒体，价格很低，但用起来却润物细无声，立竿见影。当然，不同阶段也应采用不同的广告宣传策略。

2. 店面装饰费用控制

商家总觉得这部分费用投入越多，效果越好。其实不然。

现在各地区的广告装饰市场较为混乱，价格水分较大，而多数零售商又不可能自己养队伍。经验是：能省的钱一定要替公司省，不该省的要力劝公司坚持原则。比如临近年关，大节接踵而至，如果每个节日都要推出店面主题装饰，费用自然很大，而如果以“过节啦”为主题来直接渲染气氛，效果也很好。

像门前看板这类的重要户外媒体，却不可以省，一定要购置质量、设计都好一些的——要知道，引人进店这个环节是最难的。

3. 促销活动成本控制

“买 100 送××”活动，始于北京，兴于武汉；起于百货，见于超市，迅速风靡全国，但具体什么玩法既省钱又让顾客满意还是要仔细考虑。

例如，“买 120 送 120——买 120 即送券，最多可得 120 元赠券”和“买 200 送 80——买 200 即送券，最多可得 80 元赠券”，根据不同面值赠券的比例，商场损失率可能相差 200 万元之巨。

同样是“买 120 送 120”，也有不同：

A 方案：120 元赠券数量占刮刮卡总量的 2%；50 元赠券数量占 50%；10 元赠券数量占 48%。

B 方案：120 元赠券数量占刮刮卡总量的 2%；80 元赠券数量占 15%；50 元赠券数量占 50%；20 元赠券数量占 15%；10 元赠券数量占 18%。

假设赠券全部送出，A 损失 644 万元，B 损失 884 万元，相差 240 万元。

但是，A 方案 10 元赠券比例过大，在刺激顾客需求上力量不够，销售额无法冲高。某店在一次“购物送大奖”活动中，在几十个千元以上奖品外，还设计了 3000 张面值 20 元的购物券，但顾客来兑现的只有 562 张，还不到 1/5。如果能加大末等奖中奖金额，减少中奖数量，比如设置 100 名 200 元的购物券，影响会更大。

根据各地习惯，必须在最低损失程度上找到最佳组合。

无论怎样做，促销成本还是较高，所以掌控一些细节就格外重要。笔者曾总结某商场成功实施“买 160 送 160”的详细流程，就曾发现几个可在以后借鉴的细节点，例如，赠券使用有效期的设定。很多商场赠券规定：活动结束后几日内截止，或活动结束，赠券即作废。这两种方式都不科学，容易引起顾客反感，并引发回款高峰，引致销售和财务人员的大量加班成本。而采取领券当日顺延 *N* 天方法，则不仅方便了顾客，而且便于商家缓解结账压力。

促销活动中的过程控制也很重要，例如采取上述赠券顺延法，就要注意每天发放一次印章，不要一次性交给工作人员，以防“人情章”。

（三）挖掘对手的数据

好的营销效果反馈报告，除了自身效果评估外，分析主要竞争对手的促销动向和数据也尤为重要。

坚持每天调研竞争对手，把第一手、鲜活的资料提供给公司决策层，强有力地支持公司营销决策。大连某商场，光用于营销分析的表格就有十几个，其中对促销活动期间竞争对手的反应、同品类销售数据对比、客流分析、客单价都在重点研究之列。

对于同一商圈或定位相近的对手，商家会利用各种手段获取对方商业情报。但实际操作中还有更高级别的做法。据了解，北方某知名商业集团，已经实现了与竞争对手的销售情况互换制度，由以往的“地下间谍”走向“合作伙伴”，充分说明了竞争对手的数据分析之于营销效果反馈的重要性。

二、场地效益（实际与平均）对比分析

某商场 200×年 1~8 月实际销售额与毛利额情况如表 10.6 所示。

表 10.6　某商场实际销售额与毛利额

单位：元

供应商名称	200×年 1～8 月	
	销售量	毛利
沈阳 A 公司	4 571 780. 5	733 000
沈阳 B 公司	4 795 747	742 000
锦州 C 公司	1 665 004	247 000
沈阳 D 公司	869. 87	98 000
沈阳 E 公司	1 106 289	270 000

根据表 10.6，能够计算出各个供应商的场地效益（即销售额/平方米、毛利额/平方米）。

$$沈阳A公司预计年销售额=\frac{4\,571\,780.5}{8}\times 12=6\,857\,670.75（元）$$

$$沈阳A公司每平方米销售额=\frac{6\,857\,670.75}{567}=12\,094（元）$$

$$沈阳A公司预计年毛利额=\frac{733\ 000}{8}\times 12=1\ 099\ 500（元）$$

$$沈阳A公司每平方米毛利额=\frac{1\ 099\ 500}{567}=1939（元）$$

其他同理可得表 10.7 所示的数据。

表 10. 7　场地效益（实际与平均）对比分析表

供应商名称	面积/平方米	场地效益		场地效益对比（+、-）	
		销售额/（万元/平方米）	毛利额/（万元/平方米）	销售额/（万元/平方米）	毛利额/（万元/平方米）
沈阳 A 公司	567	1.2	0.19	平	-0.01
沈阳 B 公司	368	1.95	0.30	0.75	+0.10
锦州 C 公司	151	1.65	0.245	0．45	+0.045
沈阳 D 公司	98	1.33	0.15	0.13	-0.05
沈阳 E 公司	147	1.128	0.275	-0.072	+0.075
商场平均场地效益：1.2 万元 销售额/平方米；0.20 万元 毛利额/平方米。					

通过以上数据表明：

1）沈阳 B 公司场效最高，为本商场贡献最大。

2）沈阳 D 公司、沈阳 A 公司场效较低，考虑是否可以换其他品牌，但沈阳 A 公司占地面积较大，要慎重。

三、库存效益分析

通过表 10.8～表 10.17，从总体看，经销商品库存占 47%，小规模商品库存占 11%～12%，代销商品库存占 41%～42%，整体把握较好。

1. 第一季度各商场库存分析

第一季度家电商场经销商品库存中残损 857 000 元，占 25%，应适当削价处理，减少库存。家电代销商品库存中残损 168 000 元，占 29%，应进行友情提示，减少库存。

第一季度文化商场经销商品库存中冷背呆滞（即没有销路）367 000 元，占 39%，存在很大问题，应进行品类调整，寻找适销对路商品。

第一季度鞋帽商场小规模商品库存中销小存大 127 000 元，占 25%，零售周转不足，应适当削价处理，减少库存。鞋帽代销商品库存中冷背呆滞（即没有销路）203 000 元，占 92%，零售周转严重不足，应进行友情提示。

第一季度针织商场中冷背呆滞（即没有销路）库存较小，很好。

表 10.8　2008 年一季度商品库存分析明细

单位：　　　　2008 年 4 月 26 日　　　　金额单位：千元

项目／单位	经销商品库存									小规模商品库存									代销商品库存								
	合计	正常商品	比重/%	销小存大	比重/%	冷背呆滞	比重/%	残损变质	比重/%	合计	正常商品	比重/%	销小存大	比重/%	冷背呆滞	比重/%	残损变质	比重/%	合计	正常商品	比重/%	销小存大	比重/%	冷背呆滞	比重/%	残损变质	比重/%
合　计	12 635	9435	75	397	3	1878	15	925	7	2863	2484	87	173	6	179	6	28	1	11540	10446	91	190	2	677	6	227	2
家电商场	3440	1160	34	145	4	1278	37	857	25										588	267	45	35	6	119	20	168	29
百货商场	589	547	93	3	1	17	3	21	4	34	32	95			2	6			417	270	65			127	30	19	5
文化商场	936	463	50	62	6	367	39	45	5	222	69	31	46	21	80	36	27	12	334	201	60	51	15	52	16	30	9
食品商场	233	233	100							5	5	100							806	806	100						
鞋帽商场	1243	1132	91			112	9			512	361	71	127	25	24	4			220	7	3			203	92	10	5
金店商场	1034	1034	100							1988	1988	100							115	115	100						
针织商场	4849	4796	99			53	1			9	8	91			1	9			2224	2205	99			19	1		
男装商场	25					23	93	2	7	67	20	30			45	68	1	2	266	205	77	46	17	15	6		
女装商场	203	13	6	180	89	9	5			26					26	100			263	263	100						
精品商场	84	58	69	6	8	20	23												6307	6107	97	58	1	142	2		

部门负责人：　　　　填表人：

注：销小存大是指批发库存四个月周转不足一次，零售三个月周转不足一次；冷背呆滞指没有销路。

表 10.9　2008 年一季度××集团商品库存分析汇总

汇表单位：　　　　　　　　　　　　　　年　月　日　　　　　　　　　　　　　　金额单位：千元

单位	项目	库存商品	正常商品	比重/%	销小存大	比重/%	冷背呆滞	比重/%	残损变质	比重/%
××集团	合计									
	经销									
	小规模									
	代销									
××商厦	合计	27 038	22 366	83	759	3	2734	10	1179	4
	经销	12 635	9435	75	397	3	1878	15	925	7
	小规模	2863	2484	87	172	6	179	6	28	1
	代销	11 540	10 447	91	190	2	677	6	226	2
	合计									
	经销									
	小规模									
	代销									

部门负责人：　　　　　　　　　　　　　　制表人：

注：销小存大是指批发库存四个月周转不足一次，零售三个月周转不足一次；冷背呆滞指没有销路。

表 10.10　2008 年四季度商品库存分析明细

单位：　　　　　　2008 年 12 月 31 日　　　　　　金额单位：千元

项目 / 单位	经销商品库存									小规模商品库存									代销商品库存								
	合计	正常商品	比重/%	销小存大	比重/%	冷背呆滞	比重/%	残损变质	比重/%	合计	正常商品	比重/%	销小存大	比重/%	冷背呆滞	比重/%	残损变质	比重/%	合计	正常商品	比重/%	销小存大	比重/%	冷背呆滞	比重/%	残损变质	比重/%
合计	10 914	9166	84	260	2	1159	11	329	3	2667	2563	96	19	1	75	3	10		9498	8397	88	67	1	738	8	296	3
男装商场	14					12	86	2	14	51	51	100															
女装商场										5	5	100															
鞋帽商场	17	17	100							548	548	100							176			27	15	139	79	10	6
针织商场	5175	5129	99			46	1			6	5	83			1	17			2012	1989	99			23	1		
百货商场	1206	680	56	7	1	459	38	60	5	137	62	45	5	4	60	44	10	7	831	282	34	32	4	365	44	152	18
家电商场	2092	1030	49	189	9	608	29	265	13										292	118	40			40	14	134	46
精品商场	42	11	26	7	17	24	57												6055	5887	97	5		163	3		
食品商场	949	880	93	57	6	10	1	2		32	4	12	14	44	14	44			86	75	88	3	3	8	9		
金店商场	1419	1419	100							1888	1888	100							46	46	100						

部门负责人：　　　　　　填表人：

注：销小存大是指批发库存四个月周转不足一次，零售三个月周转不足一次；冷背呆滞指没有销路

表 10.11　××商厦库存结构（汇总）

商厦　　2008.12.31　　金额单位：千元

项目 单位	库存商品金额	其中：						备　注
		经销商品	比重/%	小规模	比重/%	代销商品	比重/%	
一季度	27 038	12 635	47	2863	*11*	11 540	42	
四季度	23 079	10 914	47	2667	*12*	9498	41	

部长：　　制表：

表 10.12　外埠店库存结构（汇总）

××集团　　金额单位：千元

项目 单位	库存商品金额	其中：						备　注
		经销商品	比重/%	小规模	比重/%	代销商品	比重/%	
锦 州	27 038	12 635	47	2863	11	11 540	42	
阜 新	1442	849	59	593	41	0	0	
黑 山	2845	707	25	1808	64	330	11	金店库存（96.4 万元）体现在小规模库存商品中
绥 中	3082	802	26	1660	54	620	20	金店库存（94.8 万元）体现在小规模库存商品中
兴 城	2011	826	41	574	29	611	30	
凌 源	1636	642	39	476	29	518	32	
赤 峰	1138	646	57	141	12	351	31	金店库存不在财务报表中
北 票	1557	814	52	301	19	442	29	
合 计	40 749	17 921	44	8416	21	14 412	35	

部长：　　制表：

表 10.13　商品削价情况

填报单位：　　　　　　　　　　　　　　　　　　　　年　　月　　日

商品编码	品名规格	产地	进货时间	库存数量	进货价		现行零售价	削后零售价	削后总值	损失金额	削价幅度	削价原因
					单价	金额						

经理：　　　　部门经理：　　　　业务科长：　　　　物价员：　　　　部主任：　　　　实物负责人：

注：针对销小存大（批发库存四个月周转不足一次，零售三个月周转不足一次）、冷背呆滞（指没有销路）、残损等商品，各商场应根据实际情况填报《商品削价表》。

表 10.14　2008 年 12 月销售计划检查情况

填报单位：　　　　2008 年 12 月 31 日　　　　金额单位：千元

	本 年	本月			去 年 同 期		比同期增、减/%	
	计 划	本 月	累 计	累计占计划/%	同 月	同期累计	比 同 月	比同期累计
合　　计	357 800	40 383	349 622	97.7	36 000	302 650	12.2	15.5
男装分公司	55 500	11 365	60 957	109.8	11 779	55 848	-3.5	9.1
西装商场	13 500	1402	12 663	93.8	1043	12 125	34.4	4.4
休闲商场	5200	776	6053	116.4	588	4550	32.0	33.0
精品商场	11 800	1433	11 200	94.9	1234	9504	16.1	17.8
羽绒服商场	25 000	7754	31 041	124.2	8914	29 669	-13.0	4.6

表 10.15 ××分公司 2008 年场地计划安排情况

填报单位：　　　　　　　　　　2008 年　月　日　　　　　　　　　　金额单位：万元

场地序号	场地面积	供应商名称	商品品牌	计划销售额	经销		联销其中：					计划场效		供应商纳税形式	合同有效期	备注
					毛利额	折扣率/%	联销倒扣			保底超扣、死包		销售额	毛利额			
							毛利额	折扣率/%	毛利额	折扣率/%	超额扣率/%					

备注：表内场地序号与场地图纸序号对应，并在图纸上标明每块场地年计划指标（毛利额、销售额）。

商场经理：　　　　　　　　　　　　　　　　　　　　制表人：

表 10.16　2008 年 1～6 月经营场地效益完成情况

单　位	面 积/平方米	场地效益					
		计　划				完　成	
		年销售额（万元/平方米）	年毛利额（万元/平方米）	1～6 月销售额/万元	1～6 月毛利额/万元	年销售额（万元/平方米）	年毛利额（万元/平方米）
女装分公司	**5170**	**1.22**	**0.25**	**3111.8**	**575.9**	**1.20**	**0.22**
名品商场	859	1.51	0.31	711	126.5	1.66	0.29
精品商场	717	1.53	0.3	521	115.5	1.45	0.32
商务休闲	1183	1.23	0.27	580.8	142.4	0.98	0.24
少淑商场	1385	0.9	0.21	514	121.4	0.74	0.18
时装商场	1026	1.17	0.17	785	70.1	1.53	0.14
男装分公司	**5370**	**1.03**	**0.21**	**2714.1**	**544.2**	**1.01**	**0.20**
休闲商场	594	0.9	0.2	318	66.2	1.07	0.22
西装商场	1252	1.03	0.22	656	137.7	1.05	0.22
精品商场	874	1.28	0.26	630	133.2	1.44	0.30
羽绒服	2650	0.92	0.17	1110.1	207.1	0.84	0.16
针织分公司	**3750**	**1.19**	**0.2**	**2281.2**	**488.7**	**1.22**	**0.26**
羊毛联	600	1.5	0.3	522	113.9	1.74	0.38
羊毛配	700	1.47	0.28	474	128	1.35	0.37
羊绒商场	710	1.73	0.29	674.2	117	1.90	0.33
内衣商场	810	0.91	0.2	417	93.9	1.03	0.23
床上商场	930	0.05	0.05	194	35.9	0.42	0.08

表 10.17　2008 年 1～6 月（经代销、联销）经营场地效益完成情况

单　位	面积/平方米	经代销场地场效					联销场地场效				
		面积/平方米	1～6 月销售额/万元	1～6月毛利额/万元	年销售额/（万元/平方米）	毛利额（万元/平方米）	面积/平方米	1～6月销售额/万元	1～6月毛利额/万元	年销售额（万元/平方米）	年毛利额（万元/平方米）
女装分公司	**5170**	**510**	**201.8**	**73.4**	**0.79**	**0.29**	**4660**	**2910**	**502.5**	**1.25**	**0.22**
名品商场	859						859	711	126.5	1.66	0.29
精品商场	717	104	58.6	22.3	1.13	0.43	613	462.4	93.2	1.51	0.30
商务休闲	1183	43	47.5	15.4	2.21	0.72	1140	533.3	127	0.94	0.22
少淑商场	1385	220	85	31.8	0.77	0.29	1165	429	89.6	0.74	0.15
时装商场	1026	143	10.7	3.9	0.15	0.05	883	774.3	66.2	1.75	0.15
男装分公司	**5370**	**2292**	**1027.3**	**203.4**	**0.90**	**0.18**	**3078**	**1686.6**	**340.8**	**1.10**	**0.22**
休闲商场	594	65	30.9	14.1	0.95	0.43	529	287	52.1	1.09	0.20
西装商场	1252						1252	656	137.7	1.05	0.22
精品商场	874	7	0.4	0.2	0.11	0.06	867	629.6	133	1.45	0.31
羽绒服	2650	2220	996	189.1	0.90	0.17	430	114	18	0.53	0.08
针织分公司	**3750**	**867**	**569.3**	**105.4**	**1.31**	**0.24**	**2883**	**1702.3**	**383.3**	**1.18**	**0.27**
羊毛联	600	35	12.5	3.7	0.71	0.21	565	510	110.2	1.81	0.39
羊毛配	700						700	464.5	128	1.33	0.37
羊绒商场	710	652	500.3	84.7	1.53	0.26	58	174.6	32.3	6.02	1.11
内衣商场	810	90	39.5	12.6	0.88	0.28	720	376.6	81.3	1.05	0.23
床上商场	930	90	17	4.4	0.38	0.10	840	176.6	31.5	0.42	0.08

2. 第四季度各商场库存分析

第四季度家电商场经销商品库存中残损 265 000 元，占 13%，应适当削价处理，减少库存。家电代销商品库存中残损 134 000 元，占 46%，应进行友情提示，减少库存。

第四季度文化商场经销商品库存中冷背呆滞（即没有销路）367 000 元，占 39%，存在很大问题，应进行品类调整，寻找适销对路商品。

第四季度鞋帽商场小规模商品库存、经销商品库存都属于正常商品库存。鞋帽代销商品库存中冷背呆滞（即没有销路）139 000 元，占 79%，零售周转严重不足，应进行友情提示。

第四季度针织商场中冷背呆滞（即没有销路）库存较小，很好。

第四季度食品商场经销商品库存中销小存大 57 000 元，占 6%，冷背呆滞（即没有销路）10 000 元，占 1%；食品商场小规模商品库存中销小存大 14 000 元，占 44%，冷背呆滞（即没有销路）14 000 元，占 44%，是何原因应进一步分析；食品代销商品库存中冷背呆滞（即没有销路）8000 元，占 9%，应进行友情提示。

第五节　商场销售赠品的会计处理方法[1)]

商场作为促销手段的赠品形式是多样的，很显然，其会计处理方法绝不同于我们的商业折扣，而且目前的各种会计制度和准则中又没有相关的规定，那么发生赠品的企业应该如何对赠品进行会计处理呢？根据现有的会计核算原则及其核算方法，对此分几种情况进行处理。

一、对同种商品买一赠一

此类销售行为在会计上的处理关键就是赠品的确认和计量问题。所谓确认就是在什么时间入账，计量就是以什么样的金额入账。按照税法上的规定，将自产、委托加工或购买的货物无偿赠送他人的应视同销售货物行为，征收增值税。在此种销售方式中，应当将作为赠品处理的商品与普通销售的商品区分开来。利用这种方法促销商品，本来就是企业的一种让利行为，但用此会计处理方法虽然符合税法的规定，企业却要对赠出的商品按其正常销售价格缴纳税金，加重了企业的负担。具体处理是借记“销售费用”，贷记“库存商品”、“应交税费——应交增值税（销项税额）”。

例如，培硕百货公司促销，2007 年 3 月推出 A 牌白酒买一赠一活动，即买一大瓶（500 毫升）赠送一小瓶（50 毫升），A 牌酒的进价是 0.9 元/50 毫升，销售价是 1.6 元/50 毫升，某一天共销售 240 瓶，增值税率为 17%。

对于发生的赠品应作会计处理如下：

1）本节为选学内容。

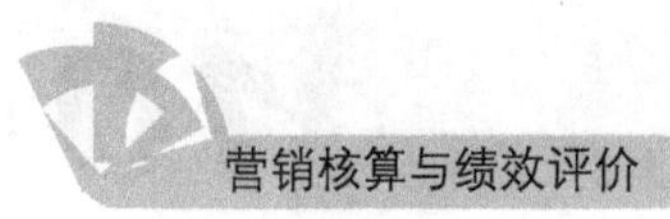

借：销售费用　　272

　　贷：库存商品　　216

　　　　应交税费——应交增值税（销项税额）　　56

二、赠送确定商品

这种促销方式也是最常见最实用的，赠送商品多为低值物品，如笔、小挂件、小玩具等，他们随同产品的销售而赠出，赠品数量确定，赠完为止。在这种方式下，赠品的赠出也是为了销售商品而发生的，因此对于赠出商品的处理应按成本价计入“销售费用”账户。在销售商品时借记“销售费用”，贷记“库存商品”、“应交税费——应交增值税（销项税额）”。这里值得一提的是，赠品在购进然后赠出过程中，进项税和销项税相抵消，不存在多交税金的问题。

例如，培硕公司 2004 年 3 月对所有购买 A 牌酒的客户每人赠送签字笔一只，总赠品数量为 10 000 只，全部赠完。签字笔成本价为每只 0.8 元，市场价（不含税）为每只 1.1 元。

对这些赠品公司应作如下会计分录：

借：销售费用　　9870

　　贷：库存商品　　8000

　　　　应交税费——应交增值税（销项税额）　　1870（1.1×10 000×0.17）

三、赠送购物券

目前很多商场都采用购买一定数量的商品赠送购物券的促销方式，如买 100 送 20 的活动，满 400 送 200 的活动等都属于此类。这种促销方式不会使商家负担多余的税金，因此是比较流行的促销手段。在会计处理上，我们始终应遵循会计上的谨慎性原则，在销售商品时应将赠送出的购物券作为或有负债处理。同时对于已送出的购物券，并不确定会在哪一个会计期间发生，所以不能全额计入赠送当期的费用，可以先作待摊的费用处理，待实际发生时计入当期费用。确认无法回收的购物券，冲销“其他应收款”和“预计负债”。

例如，某公司 2008 年 3 月搞促销活动，凡购物满 100 元送 20 元的购物券，共发出 1000 张购物券，收回 800 张。

会计处理如下：

1. 发出购物券时

借：其他应收款　　20 000

　　贷：预计负债　　20 000

2. 收回购物券时

借：预计负债　　16 000

贷：主营业务收入　　13 675

应交税费——应交增值税（销项税额）　　2325

3. 对未收回的购物券作冲销处理

借：预计负债　　4000

贷：其他应收款　　4000

如果企业送出的购物券只在本期间有效，也可以在发生时直接确认为当期费用。

1）发出购物券时

借：销售费用　　20 000

贷：预计负债　　20 000

2）收回购物券时：

借：预计负债　　16 000

贷：主营业务收入　　13 675

应交税费——应交增值税（销项税额）　　2325

3）对未收回的购物券作冲销处理：

借：预计负债　　4000

贷：销售费用　　4000

四、赠送不确定赠品

在这种促销方式下，赠品的取得需要满足一定的条件，如某品牌的啤酒集到一定数量的瓶盖就可获得一瓶啤酒。在这种状态下，赠品的发生具有不确定性，根据会计谨慎性原则，应在销售商品的同时对预计赠出的赠品作出相应的会计处理。具体可这样：销售时，以赠品的成本借记“销售费用”，贷记“预计负债”，当赠品发出时，借记“预计负债”，贷记“库存商品”、“应交税费——应交增值税（销项税额）”。对于“预计负债”的余额具有不确定性，应视最终的核查情况予以调整。当赠品没有全部发出时，应按估计额与实际发生额之间的差额冲消“销售费用”和“预计负债”账户。

例如，某公司 2008 年 3 月促销其某品牌啤酒，规定只要集齐 30 个瓶盖就可以免费获得该品牌啤酒一瓶，啤酒市价为 3 元/瓶，成本价为 2.4 元/瓶，某日销售 5000 瓶啤酒，预计赠出赠品数量为当日销售数量的 2%，实际赠出啤酒为 80 瓶，活动期末预计负债账户有借方余额为 150 元。

1）销售实现时预计负债：

借：销售费用　　240（2.4×5000×2%）

贷：预计负债　　240

2）实际赠出啤酒时：

借：预计负债　　233

贷：库存商品　　192（80×2.4）

应交税费——应交增值税（销项税额） 41（240×17%）

活动期末，冲销预计负债账户借方余额，会计分录如下：

借：销售费用 150

贷：预计负债 150

对于不同的赠品促销方式应本着谨慎性原则分别采用不同的会计处理方法，既要做到能够真实反映赠品的发生，又要避免因增值税问题给企业带来额外负担。同时对于赠品应在会计报表附注中予以批露。

通过对本章的学习，使学生初步了解商场招商的工作流程、厂商进场管理规定，掌握商场联营商品业务处理流程，重点是商场促销效益分析、场地效益（实际与平均）对比分析。

1. 试述商场招商的工作流程。
2. 招商中应注意哪些问题。
3. 简述厂商进场管理规定。
4. 简述商场联营商品业务处理流程。
5. 商场销售赠品如何进行会计处理？

以“退”为进：退费促销效果明显

退费促销，是指顾客按卖方规定的价格全部付清款后，卖方再按一定比例将货款的一部分退还给顾客，以此来促进销售。

退费促销起源于20世纪70年代美国能源危机时期。当时美国汽车的销量直线下降，克莱斯勒汽车制造商为了挽救颓势，首先采用退费促销。此后，其他汽车制造商竞相仿效，成为美国汽车业惯用的一种促销工具。在我国，针对普通消费者的退费促销活动已被一些厂家或商家进行了成功的尝试，并逐渐被认知和采用。

1. 退费促销的方法

（1）购买单一商品时的退费优待

购买单一商品的退费优待，适用于促销高价位的耐用消费品，如汽车、家庭暖气、摩托车、空调机等。

（2）多次购买同一商品的退费优待

这种办法是为了使顾客多次购买，或一次大量购买。适用于促销单价低、使用期短、购买频率高的日常生活消费品。

（3）购买同一厂家生产的多种产品的退费优待

经验证明，这种退费办法要求顾客购买的品种不宜过多，应限制在6种以内。

（4）购买不同厂商生产的相关性商品的退费优待

为了节省费用，有时候几家企业联手合作，规定顾客必须购买了几家企业的产品后，才能得到退费优待。

2. 退费促销的类型

（1）现金退费

这是一种最常见、吸引力最强的退费办法。比较普遍的做法是：顾客购物时按原价付款，但收银员会给顾客一个收据，这个收据中附带购买凭证的退费申请卡，顾客填卡后，寄给或送给厂家或商家，就可以在规定的时间里得到退费。

（2）折价券退费

厂家或商家退给顾客的不是现金，而是折价券。例如，商家推出“节省20元”的退费促销活动，顾客在该店购物达到100元，就可得到一张面值20元的折价券，用以换取该店价值20元的商品。这种办法通常在零售店使用，优点是省钱，缺点是对顾客的吸引力赶不上现金退费。

（3）现金加折价券退费

有的商家为了既节省开支，又吸引顾客，采用了退送现金和退送折价券相结合的办法。例如厂商在收到顾客寄来的购物凭证和退费申请卡后，不是寄给顾客20元现金，而是10元现金外加10元面值的折价券。

（4）现金加赠品退费

例如，某家电卖场刊登广告说：“从5月1日到5月30日，……买××分体式空调机，可得到9%的退款和精美T恤衫，或者是价值500元的饮水机一台”。

（5）全额退费

全额退费有3种具体情况：

第一种情况是商品价格很低，全额退费等于把商品送给消费者试用。消费者试用后感觉质量非同一般，今后就会长期购买。例如吉列公司在推出一种新剃须刀片时规定：消费者只要向吉列公司寄回这种刀片的空包装盒，就可收到公司寄回的这种刀片的全部价款。

第二种情况是抽奖与退费相结合。如某家电卖场在广告宣传说：“购买任何一款××空调，均可参加本次大抽奖活动……一等奖100名，全额退款（限5000元）。”这种办法吸引力强，但退款几率小。

第三种情况是顾客在购买了高档耐用消费品后，经过若干年，商家把价款全部退还。

问题：

1. 试对退费优待进行优缺点分析。
2. 退费促销有何技巧？
3. 试讨论退费促销适用哪些商品？

实训项目　招商、进场训练

【实训目标】

熟悉招商流程，进行联销厂家进场审批等表填写的训练。

【实训内容与形式】

1. 以自愿为原则进行分组，以6～8人为一组。
2. 每组推选临时负责人，初步组建“××公司××（大学生模拟）公司”。
3. 对本公司的组建提出各种设想，并进行充分交流。
4. 去本市大型商场招商部和业务部进行调查，实地了解招商流程，在调研与分析的基础上，确定并描绘你的客户——供应商。
5. 与大型商场招商部和业务部沟通，练习联销厂家进场审批表、联销业务变更审批表、联销厂家提前退场申请表等表的填写。

【实训要领】

1. 此次实训的主要目标是不论个人还是小组，同学们都应迅速地进行调查，实地了解招商流程，完成填表工作，对完成效果好的小组和个人进行表扬。
2. 小组中有适当争论（当需要时，能够提出并坚持自己的观点，不随波逐流），又迅速达成一致（而非不负责任的苟同）。

【成果与检测】

1. 教师与模拟公司负责人负责对学生的表现进行考核。
2. 评估各公司组织状况的好坏。
3. 教师根据各公司完成的文字材料和实际效果及讨论中的表现评估打分。

第11章

超市的核算与控制

学习目标

1. 了解连锁超市的管理控制体系。
2. 熟悉商品采购全程管理。
3. 掌握畅销商品的统计辨识、调整与管理。
4. 掌握生鲜经营中产生损耗的原因与控制。

技能训练目标

1. 如何进行单店货品销售数据分析。
2. 如何进行畅销商品的统计辨识与管理。
3. 如何进行生鲜经营损耗的控制。

案例导入

科学分析店铺日常数据

定期进行科学的数据分析是门店负责人掌握门店经营方向的重要手段。

1. 门店经营指标数据分析

销售指标分析：主要分析本月销售情况、指标完成情况、与去年同期对比情况。通过这组数据的分析可以知道同比销售趋势、实际销售与计划的差距。

销售毛利分析：主要分析本月毛利率、毛利额情况，与去年同期对比情况。通过这组数据分析可以知道同比毛利状况，以及是否在商品毛利方面存在不足。

营运可控费用分析：主要是本月各项费用明细分析、与去年同期对比情况，有无节约控制成本费用。这里的各项费用是指：员工成本、能耗、物料及办公用品费用、维修费用、存货损耗、日常营运费用（包括电话费、交通费、垃圾费等），通过这组数据的分析可以知道门店营运可控费用的列支，是否有同比异常的费用发生，有无可以节约的费用空间。

坪效：主要是本月坪效情况、与去年同期对比。日均坪效指日均单位面积销售额，即

$$日均坪效=\frac{日均销售金额}{门店营业面积}$$

人均劳效：主要是本月人均劳效情况、与去年同期对比。本月人均劳效计算方法为

$$本月人均劳效=\frac{销售金额}{本月工资人数}$$

盘点损耗率分析：主要是门店盘点结果简要分析，通过分析及时发现门店在商品进、销、存各个环节存在的问题。

门店商品库存分析：主要是本月平均商品库存、周转天数，与去年同期对比分析。通过该组数据的分析可以看出门店库存是否出现异常，特别是否存在库存积压现象。

2. 商品经营数据分析

便利店经营商品目录执行情况总结分析：主要是本店执行商品目录情况与经营业态

主力商品情况及新品引进情况、淘汰商品是否进行及时清退。便利营运管理分中心每月1日会将最新目录主力商品货号、目录新引进商品货号、目录淘汰商品货号发至各门店邮箱，门店根据相关货号查询出经营情况，特别是主力商品、新引进商品经营情况，以及淘汰商品门店有没有及时清退。通过这组数据的分析可以了解门店是否按照商品目录的调整进行了门店的商品结构调整。

商品动销率分析：主要是本月商品动销品种统计、动销率分析、与上月对比情况。月经营总品种数查询方法：进入百年系统"进销存分析"查询出本月进销存数据，在查询出门店经营的总品种数后，同样在该模块可以将动销品种数过滤出来，商品动销率计算公式为：动销品种数÷门店经营总品种数×100。滞销品种数＝门店经营总品种数－动销品种数。通过此组数据及具体单品的分析，可以看出门店在商品经营中存在的问题及潜力。

商品品类（3级）分析：主要是门店本月各品类销售比重及与去年同期对比情况，门店本月各品类毛利比重及与去年同期对比情况。门店需对本月所有（3级）品类销售及毛利情况，特别是所有销售下降及毛利下降的品类进行全面分析，并通过分析找出差距，同时提出改进方案。

本月商品引进分析：主要是引进商品产生销售、毛利的分析。这里的引进商品需要门店日常对新引进商品建档，并跟踪分析引进商品的动销率、适销率、销售额以及毛利状况，同时分析这些引进商品是否对门店销售业绩的提升作了贡献、是否有引进不对路的商品存在，并在以后的工作中不断优化调整。

特价商品业绩评估：主要是特价商品品种数执行情况，特价商品销售情况、占比情况及与前期销售对比情况分析。"特价商品与前期销售对比分析"即将本档期特价商品的销售情况与特价执行前相同天数的销售情况进行对比分析（特价档期的执行天数为14天或21天）。通过以上这组数据的分析可以看出门店特价产生的效果以及门店在特价商品经营中存在的问题。

其实，在日常工作中还有一些数据需要门店负责人分析，但无论哪方面数据，分析只是一个开始，关键是能够找出门店存在的问题及可以挖掘的潜力，指导如何开展下一步工作才是最重要的。

（资料来源：超市周刊.2007年8月9日）

第一节 连锁超市的管理控制体系

在连锁零售企业通过并购整合实现全国化快速发展的过程中，一个主要的共性问题就是面临跨地区、多业态发展，管理复杂程度大大增加，可能引发的具体问题包括：

1）企业战略目标不清晰，企业内部的各业务单元、各层级对企业长、短期目标的理解不一致，缺乏共同为之奋斗的目标，导致日常运营的低效率。

2）企业内业务信息的传递和沟通不畅，信息传递未形成有效的清晰的体系，具体表现为数据缺乏一致性、不同共享，众多的报表报送和接收混乱，无效的、重复的信息传递效率低下。

3）对分布在全国各地、不同业态的业务单元、业务部门的业绩评估缺乏科学合理的标准和实施手段，导致不能迅速发现利润改善空间。

要解决以上问题，建立和完善连锁零售企业内部的管理控制体系（managing control system，MCS）将会是一个切实可行的解决方案。连锁超市的管理控制体系主要包括以下内容（见图 11.1）：

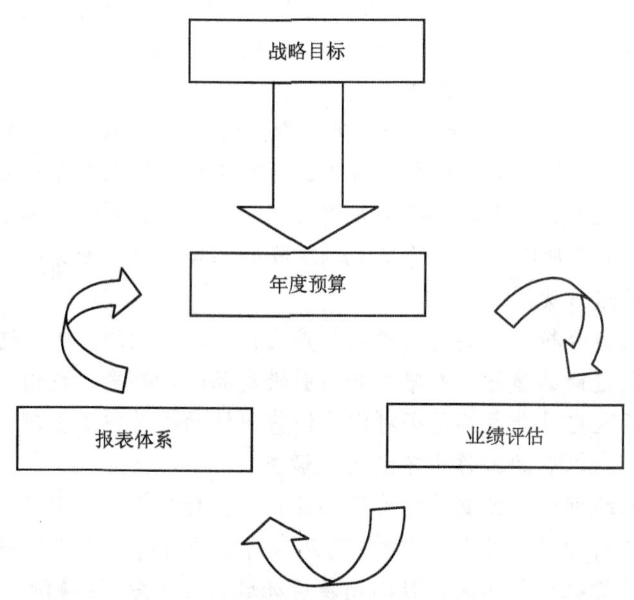

图 11.1　连锁超市的管理控制体系

一、预算管理

实施全公司全面预算管理，对公司各个部门一定时间内的各项财务指标都进行清晰、统一的预算。预算管理可分为月度、年度、3～5 年等不同年限，与公司短期、中长期战略目标相匹配，支持战略实施过程中资源配置、时间安排，并与日常工作相互衔接。其中常用的、最能发挥效用的是年度预算。

（一）年度预算管理的主要程序

年度预算管理的主要程序如图 11.2 所示。

在这里着重讲述年度预算的制定过程。年度预算的制定总体上讲，是一个自上而下、自下而上的双向沟通过程。公司总部负责自上而下传达公司中长期战略愿景，布置各业务单元战略目标和中长期业绩要求，业务单元负责分析本区域内市场趋势、竞争对手，提出年度各项经营计划，如价格政策、费用控制重点、新店拓展计划、营销促销计划等，并以此为依据，详细制定各项年度财务预算。公司总部根据总体要求审核通过后，形成全公司上下共同承诺的年度预算。

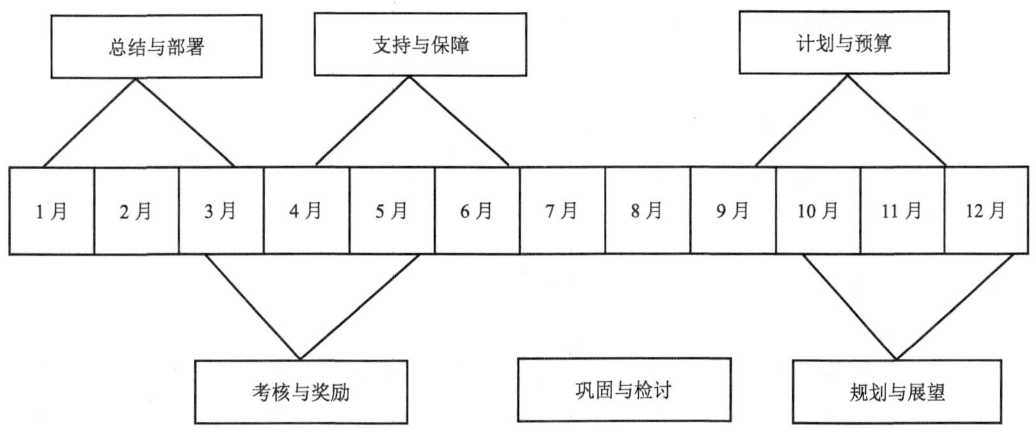

图 11.2　年度预算管理的主要程序

（二）全面预算管理的作用

1. 统一企业各业务单元、各层级中短期目标

业务单元上报、总部审核通过的年度预算，相当于是公司上下都承诺的一个年度财务目标，即形成了彼此一致的、共同为之努力并承担责任的目标。

2. 作为业务单元、业务部门考核的主要依据

为日常的业绩监控提供依据，在业务报表中与同比、环比、标杆比等一同作为重要的参照项，同时为下一步的业务部门的业绩评估打好基础。

（三）年度预算管理中需要注意的问题

1. 预算制定过程中需要注意的问题

预算制定过程中，各业务单元应本着实事求是的原则，根据各项经营计划合理上报预算，总部同样应本着有理有据的宗旨，通过历史同比、内外部标杆比较，认真审核各项预算指标，切忌一刀切，使得预算编制过程变成讨价还价的过程，消耗管理资源、滋长消极情绪。

2. 在预算实施过程中需要注意的问题

在预算实施过程中，必须注意因为内外部环境变化引起的短期目标修正，引进滚动预算管理，及时调整短期目标。具体做法是在年度预算的基础上结合内外部环境变化制

定月度和季度预测，作为上下一致的短期目标，避免预算目标脱离实际情况、流于形式，失去预算的意义。

二、界定部门关键业绩指标，制定评估标准

年度预算编制完成后，必须通过对采购、营运等业务部门的指标分解、业绩评估，将年度预算分解和贯彻落实。预算的分解主要涉及到业务部门的关键业绩指标（KPI）定义，即业务部门的关键业绩指标。不同的连锁超市企业可能有着截然不同的KPI，这和企业的经营理念和经营方式、管理风格、组织结构、业务流程等密切相关。举例来说，以营运为主导的连锁超市系统中，门店有可能被要求考核毛利率，而采购主导的连锁系统中，门店可能只被要求考核生鲜毛利率。

在业绩评估中，还可以引进平衡积分卡的概念和方法，综合评估业务部门表现。还是以采购为例，财务性指标可能包括销售、毛利、采购收入、租金收入、库存周转等，顾客指标可能包括缺货率、品类交易次数等，市场指标可能包括品类市场份额等，生产力指标可能包括促销投入回报率等。在实际实施过程中，市场指标等数据往往需要AC尼尔森等外部公司提供，而生产力指标等数据大多数企业还缺乏合理有效、易于操作的获取手段。

有了相对合理的评估标准，对业绩评估的日常监控也是保证预算顺利完成的重要一环。这就需要业务报表体系来支持了。

三、建立企业业务报表体系

应建立完善连锁超市内部相对固定的报表体系，除了月度的财务报表体系外，还应完善日常的业务报表体系，在建立完善连锁超市业务报表体系中，应注意以下几点：

（一）日报、周报、月报

报表应按发送频率定义为日报、周报、月报等，不同的频率报表关注的指标应有所侧重，如日报可能主要关注门店销售，周报则应关注品类销售、毛利、采购收入、库存等预算指标的完成进度，月报主要和财务报表相补充，回顾月度预算完成情况。

（二）报表生成

大部分报表应由IT系统自动生成，由专门的部门负责审核、分发给固定的接收者。新增报表由业务部门提出后，必须由专门部门负责分析需求、高层管理者批准后，提交IT部门实施。

（三）报表发送

各项报表的接收者应包括高层管理者和营运、采购、物流主要负责人，应有清晰的定义。需要扩大接收范围的，必须通过高层管理者的审核同意。

由以上几点可见，业务报表体系应符合清晰、统一、固定的总体要求，从而有效地

解决数据口径不一致、发送混乱、多头查询等现状问题。

业务报表体系的主要功能，除了及时反映企业经营情况、为高层管理者决策提供依据外，也是监控预算实施情况的重要手段和工具，同时为业绩评估提供准确、及时、统一、客观的依据。

由以上论述可见，连锁超市管理控制体系三大部分之间有着密切的配合关系，年度预算将企业战略目标分解细化成为公司共同的短期财务目标；日常的业务报表体系与财务报表体系相结合，成为公司监控和支持年度财务预算顺利完成的重要工具；业绩考评以年度预算为主要依据，报表体系为日常监控手段，通过合理的评估标准考核业务部门业绩；而业绩评估的情况又对下一年度的预算编制有着重要的影响。

连锁超市管理控制体系三大部分相辅相成，互为因果，全国性连锁超市面对跨地区、多业态发展时，如能够全面合理地加以运用，能较好地解决一部分复杂的管理问题，例如企业中短期目标、业务部门业绩评估、业务信息高效传递等，为高层管理者实施战略管理和日常管理提供一项较为有效的管理工具。

在实际运用中，应成立业务单元内专门的业务控制部门，负责管理控制体系各块工作的建立、完善、维护和日常运作。专门的业务控制部门，是作为财务、IT、HR、发展等支持部门与业务部门之间的衔接桥梁，在预算编制、业绩评估、报表需求等工作中，汇总、整理和分析业务单元各方面信息，不断完善管理控制体系。同时，也通过管理系统本身，为高层管理者提供决策依据，对实施管理行为、日常管理施加影响。

第二节　超市采购分析与管理

一、商品采购全程管理

为了科学地组织商品采购，超市必须根据自身状况，建立相应的采购机构；根据商品经营范围、品种，形成商品经营目录：确定采购渠道；进行进货洽谈、签订订货合同；完成商品检验与验收活动。

（一）建立相应的商品采购机构

商品采购机构有两种：一种是正式的采购组织，专门负责商品采购工作，人员专职化设立正式的采购部门，采购工作专业化，可以统一规划商品采购工作，人员职责、权限明确，便于提高工作效率，加强与供货单位的业务联系。另一种是非正式的采购组织，企业不设专职采购部门，由销售部、组负责商品采购工作。非正式采购组织一般不设专门采购人员，而由销售人员兼职从事商品采购。非正式采购组织由销售人员参与采购，便于根据市场商品销售确定采购活动，使购销紧密连接，但不利于对采购工作的统一控制管理。

（二）制定商品经营目录

商品经营目录是商品经营部（组）所经营的全部商品品种目录，是组织进货的指导性文件。制订商品经营目录，是根据目标市场需求和企业的经营条件，具体列出各类商品经营目录；借以控制商品采购范围，确保主营商品不脱销，辅营商品花色、规格、式样齐全，避免在商品采购上的盲目性。商品经营目录并不是一成不变的；也根据市场需求变化和企业经营能力适时进行调整。调整中可依据商品销售数据进行分析哪些种类的商品销售下降，如果较长时间内无销售记录，可逐渐筛选淘汰。如有些商品销售上升，可适当增加经营品种和采购数量。还应经常开展市场调研预测：分析市场需求变化趋势，了解新产品开发情况，根据企业条件，增加市场前景好的商品经营。在深入研究市场发展变化，总结自身经营状况的基础上，适时调整商品经营目录，是改善经营的重要手段。

（三）购货洽谈、签订合同

在对供货商进行评价选择的基础上，采购人员必须就商品采购的具体条件进行洽谈。在采购谈判中，采购人员要就购买条件与对方磋商，提出采购商品的数量、花色、品种、规格要求，商品质量标准和包装条件，商品价格和结算方式，交货方式，交货期限和地点也要双方协商，达成一致，然后签订购货合同。

一项严谨的商品采购合同应包括以下主要内容：①货物的品名、品质规格；②货物数量；③货物包装：④货物的检验验收；⑤货物的价格，包括单价、总价；⑥货物的装卸、运输及保险；⑦贷品的收付；⑧争议的预防及处理。签订购货合同，意味着双方形成交易的法律关系，应承担各自的责任义务。供货商按约交货，采购方支付货品。

（四）商品检验、验收

采购的商品到达指定的仓库，要及时组织商品验收工作，对商品进行认真检验。商品验收应坚持按采购合同办事，要求商品数量准确，质量完好，规格包装符合约定，进货凭证齐全。商品验收中要做好记录，注明商品编号、价格、到货日期。验收中发现问题，要做好记录，及时与运输部门或供货方联系解决。

二、超市采购指标管理

作为零售业——超市企业的采购管理者，控制好采购环节是实现经营计划目标的重要手段，控制好采购环节就等于控制住了商品流通的起点和源头。

（一）采购控制的目标

采购控制的目标是什么？这是每一家超市要首先确定的。

采购计划控制，采购计划是达到经营目标的依据，因此在采购计划的制定中要控制好经营目标值、市场份额值和盈利值和盈利率，一般可考虑以下集中控制的方法：

1）采购计划的制定要细分落实到商品的小分类，对一些特别重要的商品甚至要落实到品牌商品的计划采购量，采购计划要细分到小分类，其意图就是控制好商品的结构，使之更符合目标顾客的需求。同时采购计划的小分类细分也是对采购业务人员的业务活动给出了一个范围和制约。

2）如果把促销计划作为采购计划的一部分，那么就要要求在与供应商签订年度采购合同之前，要求供应商提供下一年度的产品促销计划与方案，便于我们在制定促销计划时参考，必须认识到超市的促销活动实际上是一种对供应商产品的促销动员，促销组合。还必须认识到在制定采购计划时要求供应商提供下一个年度新产品上市计划和上市促销方案，作为制定新产品开发计划的一部分。

（二）采购考核的指标体系

对采购的控制除了采购计划的控制外，还有与供应商进行交易的制度计划（供应商文件），采购组织机构控制和采购程序控制。但在日常具体的采购业务活动中，还必须建立考核采购人员的指标体系对采购进行细化的控制。采购考核指标体系一般可由以下指标所组成：

1. 销售额指标

销售额指标要细分为也就是店指标、处指标、科指标、大类商品指标、中分类商品指标、小分类商品指标及一些重点商品指标。应根据超市全店商品销售的特点来制定分类的商品销售额指标比例值。

2. 商品结构指标

商品结构指标是为了体现超市特征和满足目标顾客需求度的考核指标，如根据对一些超市的商品结构发现，反映超市重点商品只占 20%，公司自有品牌商品占 10%，其他商品则高达 70%。为了改变这种商品结构，就要从指标上提高重点商品和自有商品的比重，并进行考核，通过指标的制定和考核可同时达到两个效果。第一，在经营的商品重点商品特征更明显，第二，高毛利的自有品牌商品比重上升，从而增强了竞争力和盈利能力。

3. 毛利率指标

根据超市品种定价的特征，毛利率指标首先是确定一个综合毛利率的指标，这个指标的要求是反映超市的业态特征控制住毛利率，然后分解综合毛利率指标，制定比例不同的类别商品的毛利率指标并进行考核。毛利率指标对采购业务人员考核的出发点是，让低毛利商品类采购人员通过合理控制订单量加快商品周转，扩大毛利率，并通过与供应商谈判加大促销力度扩大销售量，增大供应商给予的“折扣率”，扩大毛利额率。对高毛利率商品类的采购人员，促使其优化商品品牌结构做大品牌商品销售量，或通过促

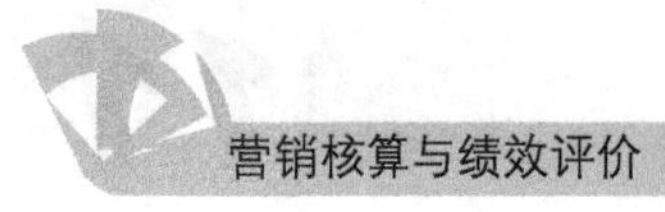

销做大销售量扩大毛利率，要明白一个道理，超市毛利率的增加，很重要一个途径就是通过促销做大销售量，然后从供应商手中取得能提高毛利率的“折扣率”。

4. 库存商品周转天数指标

这一指标主要是考核门店存货的平均周转天数。通过这一指标可以考核采购业务人员是否根据店铺商品的营销情况，合理地控制库存，及是否合理地确定了订货数量。

5. 门店订货商品到货率指标

这个指标一般不能低于98%，最好是100%。这个指标考核的是，门店向供应商订货的库存商品可供销的接口比例。这个指标的考核在排除供应商的工作因素后，或特殊原因外，主要落实在商品采购人员身上。到货率低就意味着门店缺货率高，必须严格考核。

6. 配送商品的销售率指标

门店的商品结构、布局与陈列量都是由采购业务部制定的，如果配送到门店的商品销售率没有达到目标，可能是商品结构、商品布局和陈列量不合理。对一些实行总部自动配送的公司来说，如果配送商品销售率低，可能还关系到对商品最高与最低陈列量的上下限是否合理。

7. 商品有效销售发生率指标

在超市中有的商品周转率很低，但为了满足消费者一次性购足的需要和选择性需要，这些商品又不得不备，但如果库存准备的不合理损失就很大。商品有效销售发生率就是考核配送中心档案商品（档案目录）在门店 POS 机中的销售发生率。如低于一定的发生率，说明一些商品为无效备货，必须从目录中删除出去并进行库存清理。

8. 新商品引进率指标

为了保证各种不同业态模式超市的竞争力，必须在商品经营结构上进行调整和创新，使用新商品引进率指标就是考核采购人员的创新能力，对新的供应商和新商品的开发能力，这个指标一般可根据业态的不间而分别设计。如便利店的顾客是新的消费潮流的创造者和追随者，其新商品的引进力度就要大，一般一年可达60%～70%。当一年的引进比例确定后，要落实到每一个月，当月完不成下一个月必须补上。如年引进新商品比率为60%。每月则为5%，如当月完成3%，则下月必须达到7%。

9. 商品淘汰率指标

由于门店的卖场面积有限，又由于必须不断更新结构，当新商品按照考核指标不断引进时，就必须制定商品的淘汰率指标，一般商品淘汰率指标可比新商品引进率指标低

10%左右，即每月低1%左右。

10. 通道利润指标

超市向供应商收取一定的通道费用只要是合理的就是允许的，但不能超过一定的限度，以致破坏了供商关系，偏离了超市经营的正确方向。客观而言，在超市之间价格竞争之下，商品毛利率越来越低，在消化了营运费用之后，利润趋向于零也不是不可能的，由此，通道利润就成为一些超市公司的主要利润来源，这种状况在一些超市竞争激烈的地区已经发生。一般通道利润可表现为进场费、上架费、陈列费、促销费等，对采购人员考核的通道利润指标不应在整个考核指标体系中占很大比例。否则会把方向领偏，通道利润指标应更多体现在采购合同与交易条件之中。

第三节　超市销售效益分析

一、单店货品销售效益分析

（一）畅滞销品分析

畅滞销品分析是单店货品销售数据分析中最简单、最直观，也是最重要的数据因素之一。畅销品即在一定时间内销量较大的商品，而滞销品则相反，指在一定时间内销量较小的商品。商品的畅滞销程度主要跟各品的可支配库存数（即原订货加上可以补上的货品数量的总和）有关，比如某品销售非常好，但当初订货非常少，也无法补的到货，这样在很短的时间内就销售完了，其总销售数量并不大，那么也不能算是畅销品，因为该品对店铺的利润贡献率不大。

在畅滞销品的分析上，从时间上一般按每周、每月、每季来分。畅滞销品的分析对各品的补货判断会有较大帮助，在对相同类别的品式的销售进行对比后，再结合库存，可以判断出需要补货的量，以快速补货，可以减少因缺货而带来的损失，并能提高单品的利润贡献率；畅滞销品分析还可以查验陈列、导购推介的程度，如某品订货数量较多，销售却较少的情况下，则首先应检查该品的陈列是否在重点位置、导购是否重点去推介该品；畅滞销品分析可以及时、准确对滞销品进行促销，以加速资金回笼、减少库存带来的损失。

（二）单品销售生命周期分析

单品销售生命周期是指单品销售的总时间跨度以及该时间段的销售状况（一般是指正价销售期）。单品销售周期分析一般是拿一些重点的品式（订货量和库存量较多的品式）来做分析，以判断出是否缺货或产生库存压力，从而及时做出对策。单品的销售周期主要被季节和气候、品式自身销售特点、店铺内相近产品之间的竞争等三个因素所影

响。单品的销售周期除了专业的销售软件以外，还可通过 Excel 软件，先选定该品的销售周期内每日销售件数，再通过“插入”→“图表”功能，通过矩形图或折线图等看出其销售走势，从而判断其销售生命周期。

如果该品在此时间段内的陈列等其他因素未作改变，5～9 日是该品的销售高峰期，而前后几天都是非常大的反差，这样我们就应该对照近期的天气气温和该品种的特点。一般来讲，单品销售出现严重下滑主要有以下三个原因：一是近期天气气温不适合该品销售；二是销售生命周期已到，是一种正常的下滑；三是新上了一个与之相类似的品式，并且可能在陈列时更突出一点，由于消费者的视觉疲劳而更青睐于新到的品式。如果该品库存量较大，我们就应该做出相应对策。如果是第一种原因，我们不用急，等到最适合天气气温时重点陈列，但应考虑一下自己的上货时间把握是不是存在一些问题；如果是第二种原因，我们应该即时促销，以提高该品的竞争力和该品的库存风险；如果是第三种情况，则应考虑把与之竞争的新品撤掉或陈列在较一般的位置，并检讨自己的上货时间把握。相反，如果根据销售走势判断出还有一定的销售潜力，则完全可以分析出该品大概还可以销售多少件，这样再结合自己的库存量，进行合适的数量快速补货，以减少缺货损失。

（三）营业时间分析

一般一个地区的店铺开业和打烊时间都是差不多的，但中间的班次安排就可能有所区别。这就要求我们对每个时间段对进店人数、成交票数和金额等进行分析，从而得出哪些时间段的进店率和交易率更高，再根据这一结果对员工班次进行调整。比如上午这些因素数据较低而下班前一小时这些因素数据较高，则可考虑改变全天营业时间；比如某一时间段这些因素数据非常集中，则可考虑将最多的员工、精力、促销等集中在这一时间段……通过准确的数据分析来合理调整工作时间和工作安排，能有效促进员工工作激情和销售增长。

二、多店之间的销售/库存对比分析

对于品牌公司、省级代理商或开单一品牌多家店铺的加盟商而言，店铺之间的销售对比与货品调配能有效提升总仓的物流管理能力以及各店销售水平和解决库存能力。我们可以通过某一时间段内所选定的店铺之间的销售/库存对比分析表格来做多店之间的货品销售数据分析管理（如表 11.1 所示）。对于销售/库存对比表，一般店铺的选择是在同一区域内；在款式选择上一般是上货时间差不多。

表 11.1 某品牌 4 月 1～14 日销售/库存对比

款号	总仓		A 店铺		B 店铺		C 店铺		……
	销售	库存	销售	库存	销售	库存	销售	库存	
款式 X	1138	65	12	42	85	14	52	20	
款式 Y	356	42	46	14	12	50	9	11	
……									

在例表中，其中款式 X 有三个重要问题，第一是所有的店铺销售都不错，为什么 A 店铺销售不太好？是因为 A 店铺当地确实不喜欢该品，还是该品的陈列有问题，还是导购在该品的推介上有问题……是否需要将该店铺库存往其他店铺进行调拨？第二个问题是，该品的整体销售都不错，结合该品的销售生命周期，总部是否需要继续下单生产，需要下多少。第三个问题是，就目前的总部库存而言，应该如何给 B 店铺和 C 店铺进行分配，是平均分配，还是先满足某一家店铺？而款式 Y 则有两个问题。第一个是 A 店铺和 B 店铺的销售库存存在较大的反差，应考虑将两店的该品货品进行调配，这样不但可以提高该品在 A 店的销售量，而且可以有效降低 B 品的库存；第二个是 C 店铺销售一般，但库存也较少，其销售是因为本身订货量不足还是本身销售潜力所致，是否应考虑将总仓库存再给 C 店铺补点货。当然，在实际的店铺之间的销售/库存对比分析工作中，还会出现更多的现象，只要针对不同的现象分析并做出相应对策，对店铺间的销售都会有较大的帮助的。

三、老顾客贡献率分析

行销学一个著名的法则叫做 20/80 法则，在顾客管理理论中是指 20%的顾客完成 80%的销售额，而这其中的 20%的顾客即我们的老顾客，特别是持我们品牌 VIP 卡的顾客。所以对于老顾客的管理是店铺管理中最重要的项目之一。由于某些店铺对 VIP 卡的办理条件制定不合理，或因顾客的其他特殊原因（如他人赠送购物、旅游购物等），常常造成部分发放的 VIP 卡为无效卡。相反，一些顾客虽然经常光顾，却由于某种原因一直无法达到 VIP 办卡条件，这对店铺的 VIP 卡客户管理都带来了一定的麻烦，所以老顾客的贡献率分析就显得尤为重要了。我们需要对老顾客（特别是持 VIP 卡的顾客）进行每次的消费登记和统计，并对特别重点的老顾客进行消费特点、消费频率和消费金额的分析。这样首先我们可以制定出更合理的 VIP 卡办理条件，其次是对老顾客的管理工作就更加准确了。比如有针对性的对老顾客进行短信祝福、新货及促销活动的通知、VIP 专属特权、生日及节日礼物等工作，对老顾客的品牌忠诚度、介绍朋友、回头频率和再次的购买欲望等都会有较大的提升。

四、员工个人销售能力分析

通过员工个人销售能力分析，可及时了解和掌握每个员工的工作能力和工作心态，以便对症下药，提高个人销售业绩。不论在计算提成的时候是按个人业绩还是按平均业绩的，都要对每位员工的销售业绩进行统计。个人销售业绩分析包含两个方面，一个是每月个人销售业绩，另一个是分时间段个人销售业绩。每月个人销售业绩主要有两个因素构成，一个是个人的销售能力和工作积极性，第二个是个人“抢生意”的能力。通过每月的个人销售业绩分析，不仅可以看出个人的销售水平和工作积极性，还可以判断出团队协作意识、团结意识和店长的团队协调和管理水平。分时间段的个人销售业绩一般是由店长及时性进行统计和比较的，如某些员工在一段时间内销售业绩出现异常，则可能是该员工的心态存在问题，比方说是否家中有事、失恋、对公司管理或上月工资不满、与同事发生矛盾等。店长应即时去了解并帮助其解决，以改变其心态，从而提高该员工的个人销售业绩。

五、周边店铺数据分析

只有准确了解竞争品牌和周边店铺的销售信息，才能针对性的制定对策，以赢得市场竞争优势。

1. 如何获得对手销售信息

1）搞好与周边店铺的关系，与其进行销售信息共享。竞争不等于战争，并不表示与竞争品牌和周边店铺搞对立。相反，我们应该与他们保持好的关系，并与之进行销售数据和信息的共享，而达到共赢的目的。

2）制定顾客调查表，进行信息归类和分析。

3）以顾客形式对竞争品牌和周边店铺进行暗访调查。

2. 对手的促销调查与分析

竞争对手和周边店铺的促销对我们的销售有着非常大的影响，这一点在现今的百货商场销售上显得尤为突出。曾经有两个隔壁的定位相仿的百货商场，在去年的圣诞节促销战中，A 商场制定了“满 400 减 160，满 800 减 320”的活动，B 商场得到这一情报以后马上制定对策：“满 400 减 160，满 600 减 180，满 800 减 320”。这两个看似相同的促销活动，却让 B 商场在此次活动打出了一场大胜战，因为虽然其活动力度完全相同，但由于此时商场内的服装大部分吊牌价格均在 600～700 元，这让 B 商场的活动更有优势。这不得不说明是因为对竞争对手促销方案的调查而起到的作用。

六、畅销商品分析

（一）畅销商品的统计辨识

畅销商品的统计辨识方法有历史资料法、竞争对等法和数据信息法等。

1. 历史资料统计法

历史资料法又称经验法，是指超市参照历史同期的销售统计资料，在总的商品品种中选择出销售额排名靠前的 20%的品种作为畅销商品。经验法依靠人工统计，工作量大，主要适宜于 POS 系统尚未建立的、规模较小的超市。按历史资料法选择畅销商品一定要注意历史统计资料时间上的一致性，严格按季节进行。

2. 竞争对等法

竞争对等法是指超市通过调查并统计竞争对手的畅销商品的情况而确定自己的畅

销商品。如超市刚成立不久，历史同期销售统计资料缺乏或不全，可采用竞争对等法来选择畅销商品。在供应商接待日以外的时间，超市可派遣采购人员于 12：00～13：00 或 20：00 以后以竞争店卖场去观察“磁石点”货架（如端头货架、堆头、主通道两侧货架、冷柜等，这些位置一般陈列畅销商品）上的商品空缺率，因为这一时段是营业高峰刚过，理货员来不及补货的空隙。通过畅销商品主要陈列货架商品空缺情况的调查，可以初步得出结论：如果陈列货架商品空缺多，该商品销售良好，可列为畅销商品的备选目录。这种方法简便易行，但调查容易受到竞争店店员的阻挠，且带来一定的偶然性。按竞争店调查法选择畅销商品要注意竞争店店址、卖场面积、经营品种等因素应具有相似可比性，以保证参照借鉴的实效性；同时还要注意，由于目前的调查信息与下一步商品采购有一个时滞，所以这些信息对下一年畅销商品选择的参考价值可能更大些。

3. 数据信息统计法

数据信息统计法是指超市根据本企业 POS 系统汇集历史同期的销售信息来选择畅销商品的方法。这些信息资料主要是：销售额排行榜；销售比重排行榜；周转率排行榜；配送频率排行榜。这四个指标之间存在密切正相关性，核心指标是销售额排行榜。根据销售额（或销售比重、周转率、配送频率）排行榜，挑选出排行靠前的 20%的商品作为畅销商品。如超市公司经营的商品品项总数为 7000 种，则销售额排名第一至第 1400 的商品就构成 20 商品目录。采用信息统计法，信息完整、准确、迅速，是超市尤其是规模较大超市选择畅销商品的首要方法。

（二）畅销商品的调整

由于畅销商品具有鲜明的季节性特点，加上消费需求和供货因素的不确定性，超市畅销商品并不是一成不变的，而是不断变化的，所以辨识了畅销商品之后也不是万事大吉了，而应随时进行不断调整。

1. 按季节变化调整

随着季节的变化，超市畅销商品目录在一年的春、夏、秋、冬至少要做四次重大调整，每次调整的畅销商品约占前一个目录总数的 50%左右，即使在某一个季节内，不同的月份由于气候、节庆假日等影响，畅销商品也会存在一定差异，每个月畅销商品调整幅度一般会超过 10%。

2. 按商品生命周期调整

例如，当某种商品的生命周期由导入期进入成长期、成熟期时，它可能会被引入畅销商品目录，而当它由成熟期转入衰退期时，它必然会在畅销商品目录中被删除；又如，当某种新商品被成功开发引入超市卖场时，或当某种商品即将组织一次大规模促销活动时，它们理应进入新的畅销商品目录。

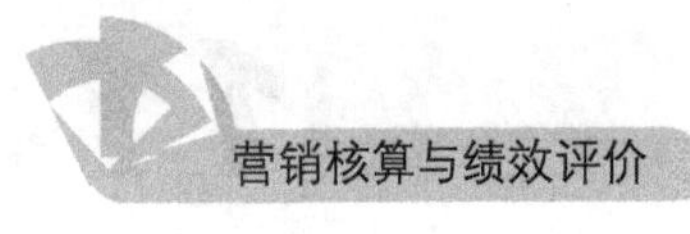

3. 按顾客需求变化调整

如某一位有号召力的明星正在为某种产品做大规模宣传广告，预计会对消费者偏好和消费时尚产生巨大的影响和推动时，这种商品很可能会进入新的畅销商品目录。

上述三种变化调整中，从变化的规律性和预测的准确性角度看，季节变化的规律性最强，调整的准确性最高；而消费需求变化的规律性最不易掌握，调整的难度最大；供应因素变化的规律性介于两者之间。

此外畅销商品目录的调整需要剔除一些干扰因素和虚假现象。如某一次性处理商品在短期内可能销售额很高，这种虚假升值不能作为该商品进入畅销商品目录的依据；又如，某些销售情况一贯很好的商品，在某一短期内，可能由于资金、配送不到位，造成供货不足，销售额大幅度下降，这种虚假降值的商品在畅销商品调整时，要慎重决定是否删除出目录。

（三）畅销商品的管理

畅销商品在超市经营中占有绝对的地位，是超市管理的重点，为了使畅销商品真正畅销起来，不缺货，超市卖场应做好如下工作：

1）优先采购。超市在制订采购计划时，应将畅销商品采购数量指标的制订和落实作为首要任务，要保证畅销商品供货的稳定足量，保证畅销商品在所有门店和各个时间都不断档缺货，这是畅销商品保证的前提条件。

2）优先存储。在配送中心，要将最佳库存量留给畅销商品，要尽可能使畅销商品在储存环节中物流线路最短，要尽量做好保管工作。

3）优先配送。在畅销商品由配送中心到门店的运输过程中，超市应要求配送中心优先充足地安排运力，根据门店订货、送货的要求，保证畅销商品准时、准量、高频率配送。

4）优先上架。理货员应该在商品配置图中，将卖场最好的区域、最吸引顾客的货架，指定留给畅销商品，并保证畅销商品在卖场货架上有足够大的陈列量。畅销商品一般应配置在卖场中的展示区、端架、主通道两侧货架的磁石点上，并根据其销售额目标确定排列数。

5）优先促销。促销计划的制订及实施都应围绕畅销商品，畅销商品的促销应成为超市卖场促销活动的主要内容，各种商品群的组合促销也应突出其中的畅销商品。

6）优先结算。在要求畅销商品供应商足量准时供货的同时，超市也要向畅销商品供应商承担足额按时付品的义务。只有足额按时付品，才能与提供畅销商品的品牌供应商建立良好的合作伙伴关系，才能保证充足的畅销货源，才能与供应商分享市场占有率提高的利益，才能有效地做大供应商品牌产品销量和增强对供应商的控制力。

在实际的店铺管理运作中，我们可以把每个数据分析项目制成统一的表格，并按照每月时间制定一个数据分析计划表，将以上各个数据分析的项目罗列出来，按照所制定的计划时间进行分析和总结，并指导接下来的工作计划和工作实施，使后面的工作思路和方向更加明确。

第四节 超市生鲜成本核算与损耗控制

由于生鲜经营的特殊性和复杂性，损耗在经营过程中极易发生，损耗控制（包括经营成本控制）业绩取决于整个生鲜区的运作状况和经营管理水平，反过来又在很大程度上影响着生鲜区乃至整个超市的盈亏兴衰。如不能够有效抑制损耗就会直接侵蚀超市的纯利润，所以生鲜经营部门有时也被视为成本控制部门，由此可见损耗及成本控制对生鲜经营的重要性。正是由于生鲜区诸多相关管理难题解决的程度不同，才导致各企业在生鲜经营效果方面的差异。

一、与生鲜经营有关的损耗定义

虽然“损耗”一词在超市和生鲜经营业内被频繁使用，但却理解各异：有的超市经营者把损耗理解为失窃损失；美国食品营销协会《超市防盗手册》对超市的损耗有如下定义：损耗是店铺接收货物时的商品零售值与售出后获取的零售值之间的差额。这样看来，损耗产生的原因就不仅限于前述的理解，损耗应该是由于盗窃、损坏及其他因素共同引起的。这个定义比较着重于损耗在价值上的综合体现。

有些企业将损耗理解为不明原因的商品或财产丢失。这更着眼于损耗控制的方法论，也就是说如果能够分析并查找到损耗的真正原因，就可以采取相应的措施予以纠正，或者通过有针对性的管理办法，有效控制损耗的发生，而真正的损耗则是那些查不出原因的财产损失。

损耗控制涉及超市管理的许多方面，需要保安防损、储运和各有关管理部门共同协作。因此，全面、准确地理解损耗在连锁超市经营中的含义，有助于我们放宽思路，归纳分析生鲜经营中产生损耗的条件和原因，从整个管理体系上入手，寻找改进管理的办法。

二、生鲜经营中产生损耗的原因分析

在生鲜区所经营的多属于非标准、保存条件特殊的商品，再加上现场产品生产加工所涉及的管理过程和环节比一般商品繁琐复杂得多，需要管理控制的关键点增加，如果供、存、产、销之间的衔接协调不当，产生损耗的环节自然就多，其中既有生鲜区特定的原因，也有在超市各部门带有共性的损耗原因。

（一）生产责任原因

1）产品质量。部分由超市自行生产的产品质量达不到出品标准要求，而造成减价

和报废所致的损失。

2）工作疏忽造成损坏。由于员工工作疏忽大意导致设备和原料损坏。

3）产品卫生问题。生产环境卫生达不到标准，影响的品质及其外观，最终影响销售。

4）设备保养 / 使用不当。由于设备养护和使用失当，设备达不到原定的正常使用寿命而提前报废退役，或者加大了设备运行成本。

5）生产正常损耗。指在产品加工过程中由于水分散失或工具沾带等原因造成的一定比例的损耗，这是所有损耗中唯一可视为合理的损耗。

（二）管理原因

1）变价商品没有正确或及时处理。由于生鲜商品因鲜度和品质不同，致使价格变化比较频繁，如果管理不到位，变价商品得不到及时、准确的处理，就会产生不必要的商品或价格损失。

2）店内调用商品没有登记建账。生鲜经营各部门之间常会发生商品和原料相互调用的情况，如果各部门的有关调用未建账或记录不完整，就会在盘点账面上出现较大的误差，造成库存流失。

3）盘点误差。在生鲜盘点工作中，由于管理无序，或盘点准备不充分，对于盘点的误差不能及时查明原因，必然出现常见的盘点误差损失。

4）订货不准。生鲜部门订货管理人员对商品销售规律把握不准或工作不够细致，原材料或外购商品订货过量，往往无法退换或逾期保存而造成商品或减价损耗。

5）员工班次调整。在员工班次调整期间，由于新的岗位需要一段适应时间，损耗在这个阶段属于高发期。

（三）后仓管理原因

1）有效期管理不当。生鲜商品和原料需要进行严格的有效期管理，做到“先进先出”，如果管理不当，就会出现较大的损失。

2）仓管商品和原料保存不当而变质。由于生鲜商品和原料保存环境和温、湿度条件达不到要求，也会造成变质损失。

3）设备故障导致变质。因冷藏、冷冻陈列和储存设备运转不正常或出现故障，导致变质损失。

4）破损/索赔商品管理不当。破损及索赔商品在待赔期间管理不当，发生丢失等，将无法继续获取赔偿。

（四）销售前区管理原因

1）标价错误。生鲜销售区的商品标价错误，包括各种价格标签、POP 和品名等错误，造成售价损失。

2）顾客索赔退换损失。

（五）超市内部带有共性的损耗原因

1）收货单据计数错误。在收货环节上，由于相当一部分为非标准生鲜品和原材料，因鲜度、水分含量和冷藏温度等的不同，收货的标准受收、验货人员的经验影响较大，出现判断误差和计数错误的可能性也较大，这里也不排除故意的人为原因造成的误差。

2）内部和外部偷盗行为。生鲜商品和原材料因其可直接食用的方便性、保存陈列的方式和位置不同，一般来讲，水果、熟食、面点等部组的偷盗损耗率会高一些，而且一旦失窃不易查证。

3）收银计数错误。这类错误常出现在两个环节：一是非标准生鲜品在称重计量时打错商品名称，出现计价错误；二是收银台对商品扫描时发生计数错误。

4）退换/索赔商品处理不当。部分超市未设立索赔商品管理组或专职人员，或管理工作不到位，对索赔商品得不到及时处理，无法取得合理的索赔商品补偿，使得本可挽回的损失扩大化。

以上仅列出生鲜区日常管理中的一些损耗的常见原因，归结起来分析，出于盗窃的损耗仅仅是其中的一部分，更大的损耗集中在管理问题上，它主要产生于三个方面：

1）管理操作标准问题。在生鲜管理中，必须建立起一套严格的管理和生产操作标准，确保加工制作程序无误，才能生产出足够数量的合格产品，损耗的发生多与管理操作标准的制定和执行水平相关。

2）产品管理问题。生鲜产品经营中保持供、存、产、销之间的动态平衡关系是生鲜区经营管理的关键，但由于人为原因和外界因素影响，同时管理相当数量的商品和原料也并非易事，如果把握不当或经验不足，损耗和积压往往频繁出现。

3）人为因素。在生产过程中发生意外事故以及偷吃偷拿、有意打错价格标签的员工故意行为。

在经营过程中真正弄清这些原因，认真分析和积累经验，损耗的“黑洞”就会逐渐变得可以透视和可以控制，损耗控制的回报将从利润增加中反映出来。

三、生鲜区损耗控制的基本思路

生鲜区管理的难点突出反映在两个方面：一是管理标准化的问题，生鲜产品的等级级差、易损易腐、特殊保质条件和手工加工制作配方的把握等等，都是生鲜区管理标准化和正规化的难点；二是强化管理之初将涉及的很大的工作量和损耗金额，因此对于管理者存在一个坚持强化管理的决心和相应的管理手段问题，既要有足够的思想准备和管理决心，也要具备丰富有效的管理方法、信息依据和分析手段。

由于损耗控制涉及面广而且复杂，因此要以全员损耗控制意识和高标准的管理制度为保证，辅之以强化损耗原因分析。减少损耗的基本思路可从三个方面展开：

1. 损耗控制的制度保证

制度保证的核心目的是列出相关工作流程，找出关键控制点，以高标准的管理制度的制定和执行来减少各个工作环节中可能出现的损耗机会，降低损耗发生的几率。它起着全面预防的作用，但同时也带有一定的被动性，在这个基本思路中有几项工作要点特别值得注意：

1）要根据各生鲜部组具体的商品类别的加工生产流程，制定出各项操作规范和管理工作制度，建立健全各个加工生产、服务、仓管等工位的岗位工作责任制。

2）根据上述损耗原因分析和生产工作流程，进一步明确并列出关键控制点，采取切实可行的关键点检查和控制措施，以便针对损耗多发环节有重点地进行控制与管理。

3）本着数字化经营理念，建立完善的损耗原因分析数据资料记录，每次重大损耗和事故的发生时间、环境、当事人、品种、数量、金额、原因等信息都应详细记录在案，定期对原始记录进行统计分析，将损耗控制要点及时提示给有关工作人员，指导、跟踪专项损耗控制工作的进行，最终使损耗控制工作建立在翔实的数据分析的基础之上。

2. 损耗控制的方法保证

方法保证是在工作制度执行过程中，不断总结经验，选择好管理重点，以良好的管理技巧和方法达到损耗控制的目的。

（1）把握好供、存、产、销之间的平衡关系

管理人员要与员工一起，注意做好同期销售记录的积累和销售总结，共同分析不同季节和节假日的各类产品的销售规律，平衡好供存产销的关系，提高原料和产品订货的准确性，这种平衡是建立在长期的经验积累和销售记录分析的基础上。

（2）做好产品二次开发工作

所谓生鲜产品的二次加工和深度开发，就是将即将过期卖不掉的商品，提前回收，转到其他生鲜部门去加工成熟食制品、半成品配菜，或者其他促销赠品，这方面的转化品种较多，毛利也大一些。

生鲜品二次加工和品种深度开发建议归入适当的部门，以便灵活经营促成良好的转换，这是经常被忽略、却有助于降低生鲜损耗的方法。例如：切片面包可转制为面包干、三明治；蔬菜水果可转制为各式配菜、快餐、果盘、果汁；肉类可转制为调理肉、半成品肉菜；水产品可转制为半成品配菜等。

（3）有效期管理解决方法

生鲜商品的有效期管理是一项十分繁琐，但又必须认真对待的工作。有效期管理无序必将导致大量产品过期损耗，在这项工作中有几点细节考虑：安排专人整理货架，明确岗位责任或班组责任制；所有产品的封口纸颜色隔日交替使用，例如单日为红、双日为绿等；建立严格的有效期管理工作检查和复查制度。

3. 损耗控制的培训保证

从生鲜区防范损耗的各种工作分析中可以发现，生鲜区的人员专业培训投入与损耗发生明显呈反比，专业培训对于减少损耗起着不可忽视的作用。这种培训一方面是生鲜区的相关操作规程及管理规范的培训、示范和演练；另一方面也是更为重要的是加强员工对生鲜商品属性和管理的认识，着重提高员工的商品认知水平，因为在实际工作中相当一部分的商品保管、处置不当的损失就是由于员工对所经营商品缺乏基本了解所致，而这方面的业务培训却常常会被忽视，这一点对目前初创的生鲜经营企业尤为重要。

四、生鲜区损耗控制的几点提示

在生鲜区经营管理过程中，各级管理人员对生鲜区的损耗发生和控制，应该有一个比较客观的认识。损耗控制是一定要下大力气抓，但同时又不能走极端，因此要在以下几个方面的认识上把握好分寸，树立起正确的观念：

1. 应该保持合理的损耗比率

根据每种商品的陈列标准和日常销售流量，其损耗应保持在基本合理的水平上，损耗发生过高和过低都属于不正常现象。损耗过高会直接冲减盈利；损耗过低以至于“零损耗”则存在着另一方面的危险，即它可能是以损失营业额为代价的，销售没有达到应有的水平。要保证足够的经营利润，又要把销售做足，就一定要根据不同的商品类别，保持各自合理的损耗率。

2. 损耗控制不能以降低产品质量标准为交换代价

在许多生鲜经营企业都存在这种不正常现象：将过期或变质商品回收重新包装，贴上新的生产出品标签再行出售。这种短期行为的经营方法将直接损害企业的经营形象，最终会伤及企业自身。损耗控制应从提高生鲜区销售额和提高管理水平的方向找出路，而不是降低生鲜商品的质量标准，这样做不仅不能解决问题，反而还会为此付出更大的代价。

3. 注重损耗的细节和原因分析

超市的经营管理十分强调关注细节，生鲜经营更是如此，因此应有足够的耐心来面对纷繁的管理细节，不放过任何一个细节，查找损耗原因要追根寻源，采取相应对策，定期检查落实情况，堵塞每一个可能产生损耗的管理漏洞。只有本着这种工作态度，才能做好损耗控制工作。总而言之，有损耗就必然有产生的原因，只要分析、找到了损耗原因就会有解决问题的办法。

小结

通过对本章的学习，使学生了解连锁超市的管理控制体系，掌握单店货品销售效益分析、多店之间的销售/库存对比分析、老顾客贡献率分析、员工个人销售能力分析，重点难点是畅销商品分析，培养学生对生鲜经营损耗控制的能力，从而学会在超市核算中巧妙运用这些基本理论去指导实践。

思考题

1. 试述连锁超市的管理控制体系。
2. 简述商品采购全程管理。
3. 简述畅销商品的统计辨识、调整与管理。
4. 简述生鲜经营中产生损耗的原因。
5. 简述生鲜区损耗控制的基本思路。

案例分析

如何降低缺货率

针对不同缺货现象及原因，有很多种“治理”缺货的方法，这里举几个例子，以供参考:

1. 改善门店的不良工作习惯

问题: 理货员在货架上“拉排面”，直接后果就是: 当配送商品到货的时候，理货人员不知道该商品是否货架缺货而遗忘上货；当商品缺货的时候，在该种缺货商品的位置上进行陈列其他商品，给老顾客带来购物麻烦，降低顾客对产品的忠诚度，也影响门店的总体销售。这其实是在掩盖门店的缺货现实，表面看货架丰满，实际却存在诸多销售隐患。

解决办法: 教育门店的理货人员及时对缺货商品进行统计汇报，如果得知该种商品因为厂商制造或者其他原因暂时断货，就应该在商品标签上放置“抱歉，该商品缺货”的便签，同时让那个位置保持空置状态，以便后期上货。

2. 暂时缺货的指示卡

暂时缺货的指示卡用于表示该商品品项处于缺货状态，可以用多种颜色表示缺货的时间，如红色暂时缺货卡表示缺货时间超过 7 天，绿色暂时缺货卡表示缺货时间在 7 天以内，等等。

需要注意的是：

1）所有处于缺货状态的正常销售商品都必须要有暂时缺货的指示卡标识清楚，以使顾客了解商品的销售信息。

2）不同颜色的暂时缺货卡必须真实地进行放置，以便有效管理每一个缺货商品的缺货时间，不致混乱。

3）制定并及时更新门店货架空间管理计划问题：商品陈列无序，空间浪费。某种商品的陈列排面多少、陈列量多少以及在门店的陈列位置都没有进行管理。

解决办法：根据商品的销售量进行陈列空间安排，降低缺货率，提高商品的销售总量。例如，沙宣、潘婷、海飞丝三种洗发水同时陈列在一块货架板上，即其所占空间均为 33.33%。但由于海飞丝业绩突出，销售量远远超过潘婷和沙宣，则其货架空间显然应增加，所以新的货架空间分配可以高速周转的海飞丝 66.66%的位置，而潘婷和沙宣的货架空间各削减一半。

3. 缺货方面的绩效考核体系

问题：缺乏合理的考评体系，仍然难以通过人来解决缺货问题。

解决办法：把门店、配送中心、采购部、供应商纳入一个绩效考核体系中，并且要分级逐项进行考核评估，将门店的缺货问题通过划分订单产生时间、订单审批时间、订单商品备货、订货配送准确率、订单到货率、订单验收上架等多个环节进行逐级考核，以积分卡的形式进行管理。

4. 建立缺货商品业务持续流程

问题：缺货发生时，如何迅速恢复。

解决办法：建立缺货商品业务持续流程。一旦发生缺货现象，便会快速启动，可以使门店从不利的缺货状况中恢复过来。该程序应该包括向谁求助、如何从常规供货商处获得特别供给及供货不足时的应急计划。

问题：

1. 通过此案例，你对缺货有什么新的理解？

2. 请对上述“治理”缺货的方法，进行分析。

实训项目一　畅销商品的统计辨识、调整与管理

【实训目标】

培养学生对畅销商品的统计辨识、调整与管理的能力。

【实训内容与形式】

1. 以自愿为原则进行分组，以 6～8 人为一组。

2. 每组推选临时负责人，初步组建“××××（大学生模拟）公司”。

3. 以公司为单位，实地调查一家超市。

（1）如超市刚成立不久，历史同期销售统计资料缺乏或不全，可采用竞争对等法来选择畅销商品。

（2）对 POS 系统尚未建立的、规模较小的超市，可采用历史资料统计法。

4. 以公司为单位，联系规模较小的超市，帮助其每月时间制定一个数据分析计划表，将以上各个数据分析的项目罗列出来，按照所制定的计划时间进行分析和总结，使后面的工作思路和方向更加明确。

【实训要领】

1. 每个小组分别写出超市畅销商品调查计划书交给教师审阅评估，此环节非常重要，学生所作计划书“毫无新意”或“可行性极差”，教师应要求学生重新制定。

2. 此次实训的主要目标是不论个人还是小组，同学们都应迅速地进入角色，完成相关任务，对完成效果好的小组和个人进行表扬。

【成果与检测】

1. 超市畅销商品调查计划书、数据分析计划表的制定。

2. 评估各公司组织状况的好坏。

3. 教师根据各公司完成的文字材料和实际效果及讨论中的表现评估打分。

实训项目二　评价超市生鲜损耗控制

【实训目标】

通过实训，能够深入了解并运用超市生鲜损耗控制。

【实训内容与形式】

1. 以自愿为原则进行分组，以 6～8 人为一组。

2. 每组推选临时负责人，初步组建“××××大学生模拟公司”。

3. 以公司为单位，先到大型超市进行实地调查，再对超市生鲜损耗如何控制进行讨论，并要充分交流。

【实训要领】

1. 在评价超市生鲜损耗如何控制的时候，尽量找到生鲜损耗控制的侧重点。

2. 小组中有适当争论（当需要时，能够提出并坚持自己的观点，不随波逐流），又迅速达成一致（而非不负责任的苟同）。

【成果与检测】

1. 教师根据公司讨论中的表现评估打分。

2. 评估各公司组织状况的好坏。

第12章

商超经营绩效分析

学习目标

1. 理解商品采购来源、购进质量、购进季节及购进收益期望值分析。
2. 熟悉商品采购批量的控制。
3. 理解商品销售渠道、销售构成分析及销售趋势分析。
4. 理解商品合理储存时间与储存量的分析。

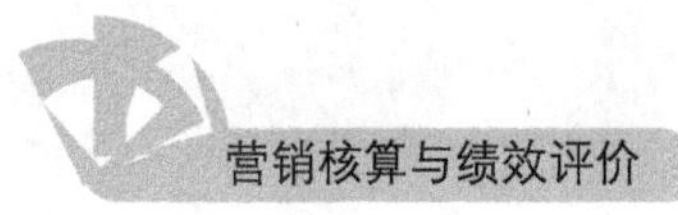

技能训练目标

1. 商品采购批量控制的方法运用。
2. 如何进行商品销售趋势分析。
3. 商品合理储存时间分析的计算。

案例导入

作为门店在注重质量和服务的同时，还要制定分阶段的经营计划，并使其在各环节得以实现，同时它也让个人得到充分的发展。

单店在制定一个计划的时候，请务必记住以下几点：

1. 目标必须是明确的，他必须清楚地界定所取得的结果，试营业期间可以先积累三个月的指标，分析和指定环比指标，第二再指定同地指标，为鼓励员工的积极性。使员工、团队，投资三方均得利，门店要据实制定超额奖励制度，使门店进入良好健康循环。

2. 目标可以被足够地延伸，让个人得以充分地成长和发展。有证据显示，目标越具有挑战性，就越能够提高人们的业绩。

3. 目标必须得到相互的认可和理解。

4. 人们如果没有成功的欲望，就会抑制他们获得成绩，人们需要获得指导，去克服这些问题。

5. 如果策略得当，人们将会取得更出色的成绩，这将引导他们获得成功。作为一名管理者，你必须充分地利用个人的天分和才能，更应该充分地与你的团队保持沟通，让员工清楚地了解你对他们的期望。

第一节　商品采购绩效分析

商品采购居于始点，它直接影响商品成本的高低、经营成果的好坏、企业经营的成败。

一、采购来源分析

商品采购分析，首先要对进货来源分析，按不同的渠道进行分组，然后计算各组的结构相对数，进行不同时期的对比，分析企业的商品渠道的变化。要注意的是，购进渠道的分组，从不同的角度可以有不同的分法。比如按不同部门及行业分、按不同的隶属关系分、按所有制形式分、按是自行采购还是上级公司调拨分、按是直接进厂采购还是在交易批发市场采购分等。

通过进货来源的分析，可以确定商品来源的不同渠道及其比重和变化，了解各种进货来源对进货计划完成的保证程度，并可了解货源的潜力，指出扩大货源和开辟货源的方向，为企业扩大经营提供了条件。

二、购进商品季节分析

不少商品的购进有明显的季节性，这就需要对商品购进的季节变化进行分析。最常用的方法是测定季节比率。它是根据历史销售资料，计算各季平均季节性指数和季节性总平均指数，再求出季节比率，衡量季节性的影响程度。从而反映各季购进额平均波动的幅度，作为日后季节进货的依据。

某商店食品类商品购进额如表 12.1 所示，求季节比率。

表 12.1　某商店食品类商品购进额

单位：万元

项　目	第一季度	第二季度	第三季度	第四季度	全年平均
2005 年	56	23	69	44	——
2006 年	68	42	75	55	——
2007 年	71	48	83	62	——
2008 年	85	63	106	81	——
合计	280	176	333	242	——
平均	70	44	83.3	60.5	64.5
季节比率	1.085	0.682	1.291	0.938	——

表中各季度的购进额已知，其计算步骤如下：

1. 计算合计数

合计数＝历年同季的季节指数之和，即 2005～2008 年第一季度合计数为 56＋68＋71＋85＝280（万元）。

2. 计算各季平均季节性指数

$$某季度平均季节指数=\frac{历年同季度的季节指数之和}{年数}$$

2005～2008 年第一季度平均季节指数＝280/4＝70

3. 计算季节性总平均指数

$$季节性总平均指数=\frac{各季平均季节指数之和}{季数}$$

$$2005\sim 2008年的季节性总平均指数=\frac{70+44+83+60.5}{4}=64.5(万元)$$

4. 计算季节比率（又称季节性系数）

$$季节比率=\frac{某季平均季节指数}{季节性总平均指数}$$

$$第一季度季节比率=\frac{70}{64.5}=1.085$$

$$第二季度季节比率=\frac{44}{64.5}=0.682$$

$$第三季度季节比率=\frac{83.3}{64.5}=1.291$$

$$第四季度季节比率=\frac{60.5}{64.5}=0.938$$

以上计算的季节比率表明季节对于各季销售的影响程度。比率为 1，说明无季节性影响：比率大于或小于 1，表明有季节性影响：差距越大，影响越大。以全年销售的预测值除以 4，再乘以季节比率，就可以求出考虑季节性影响后的各季预测值。

仍以表 12.1 为例，如该店 2006 年的购进额为 380 万元，则各季的购进额按季节波动的情况可如下安排：

$$第一季度购进预测值=\frac{380}{4}\times1.085=103.5（万元）$$

$$第二季度购进预测值=\frac{380}{4}\times0.682=64.8（万元）$$

$$第三季度购进预测值=\frac{380}{4}\times1.291=122.6（万元）$$

$$第四季度购进预测值=\frac{380}{4}\times0.938=89.1（万元）$$

上面计算出来的四个季度的购进额比较符合商品的购进的季节波动情况，可作为制订购进计划的依据。

三、购进收益期望值分析

期望值，简言之是估计可能出现的数值，它是分析研究企业经营活动常用的一种方法。

根据过去的市场商品销售规律来选择购进数量，选择收益最大的进货方案，称购进收益期望值分析。

例如，某商店打算在 2006 年第二季度购进某种商品。这种商品，销售一件可获利 10 元，积压一件则损失 5 元。在过去五年中，第二季度每天该商品的销量分组如表 12.2 所示。

表 12.2　商品销售情况

销量/件	平均销量/件	天数/天	概率
80～100	90	90	0.2
100～120	110	120	0.27
120～140	130	140	0.31
140～160	150	100	0.22
合　　计		450	1

按以销定进的原则，以日销量作为日进货量，可提出四种方案，收益值计算表如表 12.3 所示。

表 12.3　收益值计算

方案 \ 概率	不同销量下的收益期望值				总和收益期望值
	90	110	130	150	
	0.2	0.27	0.31	0.22	
A（日进 90 件）	900	900	900	900	900
B（日进 110 件）	800	1100	1100	1100	1040
C（日进 130 件）	700	1000	1300	1300	1099
D（日进 150 件）	600	900	1200	1500	1065

步骤如下：

1）计算不同销量下的收益期望值。

期望值=可销数×单位商品毛利－（购进数－可销数）×单位商品亏损数

公式中前面部分为可盈利的数值；后面部分为因积压而亏损的数值。当购进数小于可销数时，后面部分不必计算。如表中方案 A 的第 1 列期望值为：90×10＝900（元），方案 C 的第 2 列期望值为 110×10－（130－110）×5＝1000（元）。

2）计算总和收益期望值。

总和收益期望值＝∑(不同销量收益期值×概率)

如 D 方案的总和收益期望值为 600×0.2＋900×0.27＋1200×0.31＋1500×0.22＝1065（元）。

3）选择总和收益期望值最大的方案为最佳进货方案。

在四个方案中，以 C 方案收益期望值最高，即以每日购进 130 件为最佳进货方案。

四、商品采购批量的控制

1. 经验判断法

经验判断法主要根据商品购进的原则和依据进行分析和经验判断，确定采购批量（即一次的采购量）。

（1）按商品供求状况确定采购量

货源正常，供求平衡的商品，本着以销定进，勤进快销的原则，多销多进，少销少进：供不应求，销售活力大的商品，采购批量应大些，多进多销；货源充沛，供过于求的商品，采购批量应小些，随进随销。

（2）按生产周期确定采购批量

对于常年生产、季节销售的商品，按淡旺季需求确定采购批量；对季节生产、常年销售的商品，应以在工业停产期间保证工常供应的要求确定采购批量；对季节生产、季节销售的商品，按季前多进、季中补进、季末销完的要求确定采购批量；对鲜活商品，按随进随销、进一批销一批来确定采购批量。

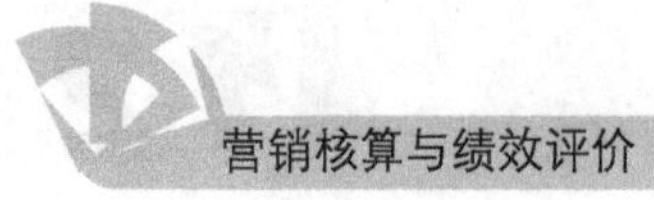

（3）按商品合理周转的要求确定采购批量

商品周转快，采购批量应大。库存过大，应压缩库存，减少采购批量；库存过小，应充实库存，增加采购批量。总之要保证商品正常周转的库存量。

（4）按供货单位远近，确定采购批量

当地进货，要勤进，批量可小些；外地进货，要适当储存，批量可大些。

2. 定量分析法

（1）经济订货批量法

因采购费用（包括运费、装卸费、差旅费等）与采购批量成反比，储存费用（包括保管费、资金占用利息、库存损失等）与采购批量成正比，故应用定量分析的方法，求出最合理、费用最节省的采购批量。

当采购费用等于储存费用时，总费用最小，对应于这一总费用最小值的采购数量就是经济订货批量（EOQ）。用微分方法（推导过程从略）求得公式为

$$经济订货批量=\sqrt{\frac{2\times 年采购总量\times 一次采购费用}{单位商品价格\times 单位商品年储存费用率}}$$

$$最佳采购次数=\frac{采购总量}{经济订货批量}$$

例如，某企业全年需购进某商品 8000 件，每次采购费用 50 元，该商品单价 100 元，年商品储存费用率 5%，求其经济订货批量和最佳采购次数。

解：

$$经济订货批量=\sqrt{\frac{2\times 8000\times 50}{100\times 0.05}}=400(件/次)$$

$$最佳采购次数=\frac{8000}{400}=20（次）$$

（2）费用平衡法

费用平衡法以采购费用为基础，规定储存费用上限，当累积的储存费用小于或等于采购费用时便可确定其采购批量。其计算公式是

$$采购费用\geqslant 储存费用=销量\times 商品单价\times 储存费用率\times 储存时间$$

公式中储存时间的计算单位根据储存费用率的计算单位而定，若以年计算时则都以年为单位，此时也可折合小数计算。若储存时间用进货间隔的周期为单位，此时计算公式可以变换为

$$储存费用=销售量\times 商品单价\times 储存费用率\times（周期-1）$$

例如，据市场调查，某商品从第一个进货周期到第六个进货周期的销售量分别为 100 只、200 只、250 只、300 只、200 只、200 只，商品的价格为 5 元/只，该商品每周期的储存费用率为 1%，某企业对这种商品的采购费用核定为 90 元，试计算经济采购批量。

解： 第一周期储存费用＝100×5×1%×（1－1）＝ 0 （元）

第二周期储存费用＝200×5×1%×（2－1）＝ 10（元）

第三周期储存费用＝250×5×1%×（3－1）＝ 25（元）

第四周期储存费用＝300×5×1%×（4－1）＝ 45（元）

第五周期储存费用＝200×5×1%×（5－1）＝ 40（元）

第六周期储存费用＝200×5×1%×（6－1）＝ 50（元）

第 1～4 周期，累积储存费用 80 元，低于 90 元：第 1～5 周期，累积储存费用 120 元，大于 90 元，所以该商品的经济采购批量为：100＋200＋250＋300＝850（只）。

第二节 商品销售绩效分析

根据商品经营者在流通领域的地位和作用可分为批发销售和零售。批发销售是指以实现商品转售或加工为目的而进行的商品销售活动，商品仍处于流通过程或生产过程。商品零售是指将商品卖给最终消费者，商品被推出流通领域，进入消费领域，最终实现商品的价值和使用价值。

商品销售是企业经营的关键环节，是提高企业经济效益的条件。因此，必须注重商品销售绩效分析，搞好商品销售。

一、商品销售渠道分析

随着经济体制改革的深入发展，销售呈开放式、多渠道、少环节。销售者便有了多种选择。生产企业销售某种产品究竟是自己直接销售还是通过中间商销售为好？商品流通企业由自己零售门市部销售还是批发出售好？这主要根据经济效益来衡量，哪种销售渠道获利大，就应选用哪种销售渠道。

经济效益是一个很重要的标准，企业必须从销售渠道对利润的影响程度进行分析比较。通常是计算不同销售渠道的投资报酬率，并加以比较，投资报酬率高者为最佳方案。计算公式如下：

$$R=\frac{S-C}{C}$$

式中：R 指使用某一渠道的投资报酬率；

S 指使用该渠道的预计销售金额；

C 指使用该渠道的预计成本费。

例如，某制造厂通过零售商可以销售 10 000 件产品，单位产品售价为 1 元，估计单位产品成本为 0.80 元。若采用推销人员直接销售，假设也能销售 10 000 件，单位产品售价上升为 1.20 元，但销售费用增加，估计单位产品成本为 1.05 元，问该厂应采用哪种销售渠道？

解： 间接销售投资报酬率为

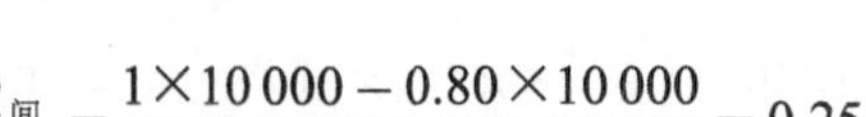

$$R_{间}=\frac{1\times10\,000-0.80\times10\,000}{0.80\times10\,000}=0.25$$

直接销售投资报酬率为

$$R_{直}=\frac{1.20\times10\,000-1.05\times10\,000}{1.05\times10\,000}=0.143$$

由于$R_{间}>R_{直}$，所以该厂应采用间接销售渠道。

二、商品销售构成分析

分析步骤如下：

1）对销售进行分组。将商品销售额（或主要商品销售量）按销售对象分（如售给城乡居民、售给社会集团等），按商品类别分（如百货类、家电类、五金类等），按销售地区分（如城市、乡镇等），按销售用途分（如生产用、生活用等），按销售性质分（如批发、零售等）。

2）计算结构相对数。

3）分析。

通过从不同角度的分组，计算其结构相对数，可以从多方面研究市场变化情况，组织好商品供应。

作为零售企业，在综合研究商品构成以后，还要按照本企业经营范围和特点，修改并拟订“经营商品目录”和“必备商品目录”。“经营商品目录”是企业全部经营商品及大类商品的商品名单：“必备商品目录”是企业必须经常储备的最低限度的库存商品名单。这种商品目录是企业经营和存储商品的依据，当市场商品结构发生变动时，必须相应地进行修正，使其适应新的市场需求。

三、商品销售趋势分析

趋势分析的方法很多，可基本分为经验判断法和数学模型两大类，从另一角度讲，就是定性分析方法和定量分析方法。这两种方法要结合使用。

1. 主观概率推断法

这种方法是以定性分析为主，最后用定量分析方法表示。

主观概率推断法是在分析历史数据资料的基础上，据预测者的经验，对预测对象作出判断估计值，估计值中包括未来预测对象发展的最高限度、可能值和最低限度，并提出三种情况出现的概率，然后，对上述估计值乘以各自可能出现的概率，相加后即可得到预测对象的期望值，最后计算预测值。

例如，某商店召集六名人员对下年度销售额分别进行主观判断，见表 12.4，表中的权数由主持分析的人员根据参加人员进行判断的可能准确程度而予给定。

表中：

期望值=∑（销售额×概率）

如主任期望值=1200×0.3＋1000×0.5＋800×0.2＝1020

$$\text{预测值}=\frac{\sum（\text{销售额}）\times\text{权数}}{\sum\text{权数}}$$

$$\text{本例预测值}=\frac{1020\times2+960\times1.5+920\times1.5+1140\times1+800\times1+900\times1}{2+1.5+1.5+1+1+1}$$

$$=\frac{7700}{8}=962.5（\text{万元}）$$

表 12.4 销售额判断

数额单位：万元

人员	估计量						期望值	权数
	最高销售额	概率	最可能销售额	概率	最低销售额	概率		
主任	1200	0.3	1000	0.5	800	0.2	1020	2
统计员	1100	0.2	950	0.6	850	0.2	960	1.5
会计员	1200	0.2	900	0.6	700	0.2	920	1.5
营业员	1400	0.4	1000	0.4	900	0.2	1140	1
营业员	1200	0.2	800	0.4	600	0.4	800	1
营业员	1000	0.3	900	0.4	800	0.3	900	1

2. 直线趋势外推法

在现象表现为稳定增长时，它的增长曲线可看作是一条直线，把直线向外继续延长，就可表示现象在今后一段时间里的趋势。直线趋势外推法是根据过去一段时间里销售额（或销售量）的时间序列建立趋势方程，描述这段时间的销售趋势并推算出今后一段时间的销售趋势。

例如，以某商场2004～2008年销售额为例编制趋势方程，见表12.5。

表 12.5 销售额示例

单位：万元

年 份	销售额 y	x	x^2	xy
2004	21	−2	4	−42
2005	23	−1	1	−23
2006	27	0	0	0
2007	30	1	1	30
2008	34	2	4	68
合计	135	0	10	33

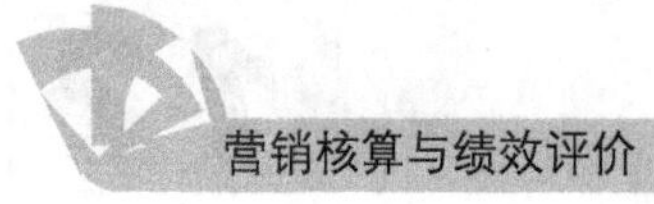

用函数 $y=a+bx$ 来描述该店销售额的变化趋势。运用最小平方法的简捷法求得参数 a、b 的公式为

$$a=\frac{\sum y}{n}, \quad b=\frac{\sum xy}{\sum x^2}$$

将有关数据代入，则

$$a=\frac{135}{5}=27, \quad b=\frac{33}{10}=3.3$$

趋势方程为

$$y=27+3.3x$$

若预测 2010 年该店销售额＝27＋3.3×（2010－2006）＝40.2（万元）。

之所以要用 2006 年来减，是因本方程以 2006 年为中位数计算的。

第三节 商品储存绩效分析

合理储存商品，既能降低商品流通费用，提高流动资金的使用效率，又能使储存商品在总量上、结构上满足市场的需要，从而提高企业的经济效益。

一、仓容利用率分析

仓容即仓库的容量，它取决于仓库的面积、高度和仓库载重量。

研究仓容使用量，充分发挥仓库的效能，就必须研究仓库面积利用率、库房高度利用率、载重量利用率、容载利用系数。

1. 面积利用率

面积利用率指堆货面积与实际面积之比，计算公式为

$$面积利用率=\frac{堆货面积}{实际面积}$$

仓库实际面积指仓库总面积减去障碍物（柱子、楼梯、固定设备等）、固定验货区、发货待运区、挑选整理场、固定加工场以后的面积。

堆货面积（又称可用面积）指堆存货物的面积，即实际面积减去走道、支道、墙距、垛距等以后的面积。

2. 库房高度利用率

库房高度利用率指货垛平均高度与库房高度之比，其计算公式为

$$库房高度利用率=\frac{货垛平均高度}{库房高度}$$

库房高度指地面到平顶之间的距离（必须留有一定的顶距、灯距）：仓间如有横梁

则库房高度是指地面到横梁之间的距离。

货垛平均高度指货垛实占面积上所堆商品的平均高度。测算库房货垛平均高度，可以把所堆货物体积的总和除以货垛实占面积。货物体积有重吨和尺吨（体积吨）两种。例如，货物毛重 1000 千克体积不足 2 立方米者以 1 吨计算：轻泡货物则以尺吨计算，如毛重不足 1000 千克而其体积达 2 立方米者，均以 1 吨计算。货物体积一般用尺吨数来测算，把尺吨乘以 2 就是商品的体积。

$$货垛平均高度（米）=\frac{储存卷尺（吨）\times 2}{堆货面积-空仓面积}$$

例如，某仓库库房高度为 5 米，储存货物总尺吨为 1000 吨，核定堆货面积为 500 平方米，空仓面积为 20 平方米。其库房高度利用率计算如下：

$$货垛平均高度=\frac{1000\times 2}{500-20}=4.17（米）$$

$$库房高度利用率=\frac{417}{5}=83.4\%$$

货垛平均高度越高，库房高度利用率就越高，就意味着每平方米（或每立方米）的货物储存量越多，仓容的利用率越高。而提高货垛的平均高度，主要是改进垛码技术，尽可能减少空仓面积。同时，也涉及到货物分区分类的科学管理方法和货物批量大小等各种因素。

在提高库房高度利用率的同时，也必须注意到库房的负荷能力，要保持和延长仓库建筑物的使用期限。在货物储存过程中，使仓库受损的主要原因是力学因素和化学因素。堆放货物过重，超过库房的负荷能力，库房会遭到损坏；化学商品的随便堆放，会使库房遭受腐蚀损坏，缩短库房寿命。

为确保仓库安全，需订出每个仓库的荷重定额。仓库荷重定额是根据建筑结构在安全原则下制订出的库房每平方米的最大负荷量，它以每千克/平方米来表示。堆码的高度是将荷重定额除以货物单位体积重量。

例如，某库房每平方米的负荷量为 3 吨，某种商品每吨体积为 1.5 立方米。其堆码高度的计算方法如下：

$$商品单位体积重量=\frac{1}{1.5}=0.67（吨/立方米）$$

$$每平方米堆码的高度=\frac{3}{0.67}=4.48（米）$$

3. 载重量利用率

载重量利用率指货垛单位面积重量和仓库核定载重量之比，其计算公式为

$$库房载重量利用率=\frac{库房货垛单位面积重量}{库房核定载重量}$$

$$库房货垛单位面积重量=\frac{库房储存货物实重吨}{堆货面积-空仓面积}$$

例如，某库房核定载重量每平方米为2吨，核定堆货面积为500平方米，储存商品的实重吨数为600吨，空仓80平方米。其库房载重量利用率的计算方法如下：

$$库房货垛单位面积重量=\frac{600}{500-80}=1.43(吨/平方米)$$

$$库房载重量利用率=\frac{1.43}{2}=71.5\%$$

在安全的原则下，货垛单位面积重量越大，库房载重量利用率就越高。但有的笨重商品，需计算其堆放的可能性，以免压坏地板，损坏库房。

例如，有12吨的五金类商品，长1.5米，宽2米，仓库每平方米的负荷量为2吨。其堆放的可能性计算如下：

$$该商品的每平方米的重量=\frac{12}{1.5\times 2}=4（吨）$$

大于仓库每平方米负荷量，即超过仓库单位负荷能力。

$$该商品按仓库负荷能力的堆放面积=\frac{12}{2}=6（平方米）$$

而该商品本身面积是1.5×2=3（平方米），超过了仓库单位面积负荷能力的一倍。因此，该商品须放置在垫木上，且垫木波及的面积至少应占6平方米，使仓库每平方米的负荷不致超过2吨。

二、商品储存量分析

影响商品储存量的因素有：市场需求、生产情况（包括产量和生产周期）、商品的保存期限、进货周期、运输情况、仓库设施及管理水平。

为了确定合理的商品储存量，还需要进行定量分析，主要研究周转储存量，而周转储存量又分为经常储存量和保险储存量。

1. 经常储存量的确定

经常储存是商品流通企业为满足日常销售所需要的商品储存。它在每次进货后上升，然后随商品不断销售逐渐下降，在下次进货后再次上升。

确定合理的经常储存量，通常用经济批量法，方法如本章第一节介绍的经济订货批量，在此不再赘述。所要强调的是，经济批量公式有两个前提条件：一是均衡销售，二是不考虑其他因素。经济批量公式，是在抽象了其他因素、其他约束条件之后,概括出最佳进货（或储存）数量的计算结果。

2. 保险储存量的确定

由于商品的需求不是绝对均衡的，除了正常的可确定的变动外，还有一些不可确定的随机变动。这就要求商品流通企业在经常储存外还要有一定的保险储存。

保险储存量的计算步骤如下：

（1）测定均方差

不同企业、不同商品的销售量的波动幅度差别是很大的。一般来说，需求弹性小的商品（如食盐等），它的波动幅度就小；需求弹性大的商品（如家用电器等），它的波动波度就大。波动幅度（概率论称之为离散程度）的数量大小，用均方差来表示。

例如，以某企业2008年各月销售额为例见表12.6。

表12.6 销售情况

单位：万元

月份	销售额	月份	销售额
1	400	7	300
2	550	8	350
3	350	9	450
4	400	10	400
5	400	11	500
6	350	12	450

1）整理出次数分布（见表12.7）。表的月份数，概率论称之为次数（也称频数），各个次数所形成的数列叫次数分布。

表12.7 次数分布

单位：万元

销售额（x）	300	350	400	450	500	550
月份数（f）	1	3	4	2	1	1

计算平均数：

$$\bar{x}=\frac{\sum xf}{\sum f}$$

$$\overline{X}=（300+350×3+400×4+450×2+500+550）/ 12$$

$$=408.3（万元）$$

2）计算$\sum(x-\bar{x})^2 f$，一般可列表计算，见表12.8。

表12.8 列表计算

单位：万元

x	f	xf	$x-\overline{x}$	$(x-\bar{x})^2 f$
300	1	300	-108.3	11 729
350	3	1050	-58.3	10 197

续表

x	f	xf	$x-\overline{x}$	$(x-\overline{x})^2 f$
400	4	1600	-8.3	276
450	2	900	41.7	3478
500	1	500	91.7	8409
550	1	550	141.7	20 079
$\sum$	12	4900		54 168

3）计算均方差。

$$\delta = \sqrt{\frac{\sum\left(x-\overline{x}\right)^2 f}{\sum f}} = \sqrt{\frac{54\,168}{12}} = 67\text{（万元）}$$

均方差可理解为各月份销售额与平均月销售额的离差的平均数。均方差越大，说明各月份销售量的波动越大。

（2）确定销售保证概率

按概率论的原理，随机变动的分布可以看成是服从正态分布。所谓正态分布，就是说围绕平均数附近出现的次数（或出现的可能性）较多，而离开平均数越远，出现的次数（或可能性）就越小。而且在不同范围内，出现次数的多少是有规律的。就标准正态分布而言，它的概率可查现成的概率分布表。具体到本例的企业来说，它的月销售额的变动幅度有 84.1%可能性不超过其一倍的均方差，即 67 万元；有 97.7%的可能性，其变动幅度不超过二倍的均方差，即 67×2＝134（万元）。企业可根据实际情况来确定本企业的（或该类商品的）保证概率，比如，本例的企业把保证概率定为 99.9%，则需要 3 倍于均方差的保险储存，即保险储存量＝3×67＝201（万元）。

三、商品储存结构分析

商品储存结构就是商品储存总量中各类商品的构成，也就是不同品种、规格、花色、档次的商品在储存量上的比例关系。

对商品储存结构进行定量分析，主要是对商品进行分类，然后观察其结构是否合理，对不同类别的产品采取不同的对策。储存商品的分类可依据不同的研究目的而定。比如，按销售情况分为畅销商品、平销商品、滞销商品等；按商品的品种分为百货类、五金类、电器类等。

ABC 分类控制法是用于对商品按品种分类后测定企业储存的主要商品和次要商品，实行分类管理、重点控制，从而使储存结构合理化的一种方法。

ABC 分类控制法的步骤如下：

1）将企业各种商品按库存金额 （个别情况下也可按实物量）计算比重。其计算公式为

$$比重（即结构相对数）=\frac{某种商品库存金额}{全部商品库存金额}\times 100\%$$

2）按比重的大小顺序排列。

3）计算各种商品库存金额累积比重。其计算公式为

某商品库存金额累计比重＝自身库存金额比重+前者库存金额累计比重

4）据表 12.9 所列标准划分 ABC 三类商品。

表 12.9　标准

项目	占库存金额累积比重	占全部品种数的比重
A 类	70%～80%	5%～10%
B 类	80%～90%	20%～30%
C 类	90%～100%	70%～80%

5）对不同商品采取不同对策。

例如，以某粮食企业库存粮食为例，制表 12.10。

表 12.10　某粮所粮食库存表

品种	金额/万元	比重	累积	顺序	品种	金额/万元	比重	累积	顺序
小麦	560	39.8	39.8	1	小麦	18	1.3	97.4	7
稻谷	480	34.2	74.0	2	高粱	14	1.0	98.4	8
玉米	125	8.9	82.9	3	赤豆	8	0.6	99.0	9
大豆	105	7.5	90.4	4	绿豆	8	0.6	99.6	10
面粉	43	3.0	93.4	5	蚕豆	5	0.4	100	11
大米	38	2.7	96.1	6	合计	1404	100		

本例中，小麦、稻谷可视为 A 类商品；玉米、大豆可视为 B 类商品；其余则为 C 类商品。A 类商品品种虽少，但占用资金比重大，是重要商品，故应实行重点控制，定时定量采购，经常检查每个品种的储存，及时调整，减少不必要的库存。C 类商品品种虽多，但占用资金少，可以采用较简便的办法加以控制。如采用固定采购量，适当减少采购次数以节省进货费用。B 类商品介乎于 A 类、C 类之间，故可实行一般控制，按合理批量组织进货。用这种根据商品不同情况实行分类管理的办法，有利于及时调整储存结构，促使储存结构合理化。

四、商品合理储存时间分析

确定商品合理储存时间的依据是：①商品使用价值的保存期限，这是商品储存时间的最高界限；②商品的生产周期；③商品更新换代的周期；④商品储存的经济效益，这是商品储存的主要依据。

商品储存保本期和保利期，是计算商品可以储存的合理时间。它首先要满足确定商

品合理储存时间的前三个依据，然后着重从储存的经济收益角度进行计算。

1. 商品储存保本期

从商品购进到销售能保持不亏本的最长储存期，称为商品储存保本期。

商品储存保本期与固定费用、变动费用、日增长费用密切相关。

固定费用（又称不变费用）指不随着储存期的变动而变动的费用。如运杂费、包装费、工资、工业品保管损耗等。

变动费用（又称可变费用）指随着储存期的变动而变动的费用。如利息、保管费用、鲜活商品保管损耗等。

日增长费用指平均每天的变动费用。

因为：

$$保本（即费用）=毛利额-销售税金$$

$$固定费用+变动费用=毛利额-销售税金$$

$$固定费用+商品储存保本期\times日增长费用=毛利额-销售税金$$

所以：

$$商品储存保本期=\frac{毛利额-销售税金-固定费用}{日增长费用}$$

例如，某零售商店经营羽绒服，每件进价 200 元，售价 250 元，一次性固定费用 2.5 元，销售税金 12.5 元，月增长费用 3 元。该羽绒服的储存保本期为

$$储存保本期=\frac{250-200-2.5-12.5}{\frac{3}{30}}=350(天)$$

商品储存保本期也可以用相对数计算如下：

$$商品储存保本期=\frac{毛利率-固定费用率-税金率}{日增长费用率}$$

例如，某商品经营某种商品，毛利率为 16%，固定费用率为 4%，税金率为 5%，日增长费用率为 0.02%，则该商品储存保本期为

$$商品储存保本期=\frac{16\%-4\%-5\%}{0.02\%}=350(天)$$

2. 商品储存保利期

从商品购进到销售能获得一定的目标利润，商品可储存的最长储存期称为商品储存保利期。其计算公式为

$$商品储存保利期=\frac{毛利额-固定费用-销售税金-目标利润}{日增长费用}$$

或

$$商品储存保利期=\frac{毛利率-固定费用率-销售税金率-目标利润率}{日增长费用率}$$

仍以上例，若该商店打算每件羽绒服盈利 20 元，则商品的储存保利期为

$$商品储存保利期=\frac{250-200-2.5-12.5-20}{\frac{3}{30}}=150(天)$$

五、商品损耗、损失分析

商品储存过程往往发生商品损耗和损失。

1. 商品损耗率的计算公式

$$商品损耗率=\frac{商品损耗数}{该商品总数}\times 100\%$$

2. 商品损耗和损失的分类

（1）按发生的性质分

业务过程中发生的商品减量叫损耗；事故性、灾害性的商品减量叫损失。

（2）按发生的环节分

在运输过程、加工过程、保管过程、销售过程中发生的损耗，分别叫运输损耗、加工损耗、保管损耗和销售损耗。

保管损耗＝商品入库量－商品出库量

六、储存商品质量分析

储存商品的质量分析，可以按本章第一节购进商品质量分析的办法，计算储存商品的平均等级和等级系数。同时，分析储存商品质量主要是了解商品的适销状况。这一分析，主要也是三个基本步骤：进行分组、计算结构相对数、分析具体原因和提出相应措施，以下不再赘述。

第四节　商品运输绩效分析

商品运输是中间环节，它是商品借助于运力在空间的转移。通过商品运输绩效分析，使商品运输贯彻“及时、准确、安全、经济”的原则，在充分利用各种运输方式的条件下，选择最经济合理的运输路线和运输工具，以最短的里程、最少的环节、最快的速度和最少的劳动消耗，创造更多的效益。

一、商品运输综合比算

商品运输，首先应根据商品性能、特点来考虑对运输工具、运输路线、运输里程等各

个因素的选择。现将运输工具的特点整理如表 12.11，我们可据此选择合适的运输工具。

表 12.11　各种运输工具的特点

运输工具	运量	速度	运费	其他特点	适　　于
火车	大	快	低	不受气候、季节的影响	大宗物资的远程运输
轮船	大	慢	最低	受气候、季节的影响	时间性不强的大宗物资运输
汽车	较小	较快	较高	装卸方便、灵活机动	物资的短距运输
飞机	最小	最快	最高	受气候、季节的影响	时间性强、贵重物资的远距运输

商品运输还要考虑各种因素，防止片面追求某一单项指标。要从各方面权衡利弊得失，这就要运用综合比算法进行全面地综合分析。

综合比算法就是对运输路线、运输时间、运输工具、转运环节、运输费用、商品安全这六个方面的因素进行综合性的分析对比，从中选择最优的商品运输方案。

例如，有批货物 100 吨，由甲地运到乙地。有三条运输路线可供选择，有关资料整理如表 12.12。

表 12.12　资料

项目	里程/公里	运价/元/吨公里	中转费率/元/吨	损耗率/元/吨	杂费率/元/吨
水路	1000	0.06	10	4	20
公路	500	0.125	—	2	10
铁路	700	0.08	5	3	15

根据公式：

运费＝运价×运量×里程

中转费＝中转费率×运量

损耗费＝损耗率×运量

杂费＝杂费率×运量

先计算分项费用，再计算总费用。计算过程和计算结果见表 12.13。

表 12.13　计算结果

项　目	货运量/（万吨·公里）	运费/（元/吨）	中转费/（元/吨）	损耗/（元/吨）	杂费/（元/吨）	总费用/万元
水路	10	0.6	0.1	0.04	0.2	0.94
公路	5	0.625	—	0.02	0.1	0.745
铁路	7	0.56	0.05	0.03	0.15	0.79

经过综合比算，在本例的三个方案中，以公路运输的费用最低，为首选运输方案。

二、商品运输的主要技术经济指标

1. 商品待运期（天数）

商品待运期是指从收到商品调拨单 （中转的从卸车时算起），到商品装车办完托运

手续为止的天数。计算公式为

$$商品待运期（天数）=\frac{当月每日累计待运商品实重吨数}{当月每日累计发运商品实重吨数}$$

式中，每日待运商品吨数等于前日待运吨数加当日收货吨数减当日发运吨数。对由铁路、水路、公路运输的，应分别计算其商品待运天数，再用加权平均法求之。

商品待运期是衡量商品运输组配、装卸效能的一个尺度。待运期的长短直接影响商品在途时间的多少。待运期太长，会影响商品流转速度和购销业务的活动，还会影响商品的质量和安全，尤其是鲜活易腐商品、有效期限的药品、某些化学品等，由于待运期太长，而发生霉烂变质或失效。

2. 车辆标重（容积）利用率

这项指标是用来衡量车辆载重能力和载货容量是否被合理利用，从而促进装载技术的改革，提高车辆利用率。计算公式如下：

$$车辆标重（容积）利用率=\frac{发运车辆实装吨数（或实装体积）}{发运车辆标重吨数（或标记容积）}\times 100\%$$

例如，有货物 10 吨需要装运，预定了 4 吨卡车三辆，则

$$车辆标重利用率=\frac{10}{4\times 3}=83.3\%$$

如果改用两辆 4 吨卡车，一辆 2 吨卡车，就能充分地利用运输工具。

3. 整零比重

整车运输比起零担运输有很多优点，它能更充分地利用运输工具、降低运输费用，便于装卸和运输管理等。所以，商品运输要尽量提高整车运输比重。其计算公式为

$$整车（或零担）比重=\frac{整车（或零担）发运吨数}{发运总吨数}$$

要提高车皮装载率，可推行联合组装运输，就是将轻泡商品与重货商品搭配装车。因为针织、百货等商品都较轻，装载率一般为 60%：而五金类商品仅占用 40%的车皮容积（如一个 100 立方米的 50 吨车皮，装 50 吨的五金类商品就浪费 60 立方米的容积）。故应低层装重货，上层装轻泡货，充分利用车皮，提高车皮实载率，节约运输费用，缩短待运时间。

小结

通过对本章的学习，使学生了解商品购、销、存、运等环节绩效分析，掌握购进商品季节分析及购进收益期望值分析，重点难点是商品销售趋势分析、商品储存量的分析、商品合理储存时间的分析。

思考题

1. 简述商品购进质量分析。
2. 简述商品购进季节分析。
3. 商品购进收益期望值的计算。
4. 简述商品采购批量的控制。
5. 简述商品销售渠道、销售构成分析。
6. 简述商品销售趋势分析。
7. 商品合理储存时间与储存量的计算分析。

实训项目

实训项目一　进行商品购进季节及购进收益期望值分析

【实训目标】

培养学生对商品购进季节及购进收益期望值分析的能力。

【实训内容与形式】

1. 以自愿为原则进行分组，以6～8人为一组。
2. 每个公司对某个超市的某一类商品进行购进季节分析，预测各季节进货额。
3. 对超市的购进收益期望值分析，提出最佳方案，并进行充分交流。

【实训要领】

1. 此次实训的主要目标是不论个人还是小组，同学们都应迅速地完成，对完成效果好的小组和个人进行表扬。

2. 小组中有适当争论（当需要时，能够提出并坚持自己的观点，不随波逐流），又迅速达成一致（而非不负责任的苟同）。

【成果与检测】

1. 教师与模拟公司经理负责对学生的表现进行考核。
2. 评估各公司方案的好坏。
3. 教师根据各公司完成的文字材料和实际效果及讨论中的表现评估打分。

实训项目二　商品储存保本期和保利期的分析

【实训目标】

培养学生对商超企业进行商品储存保本期和保利期分析的能力。

【实训内容与形式】

1. 以自愿为原则进行分组，以 6～8 人为一组。

2. 以小组为单位，实地调查一家超市。对超市某一类商品的数据进行整理，计算商品可以储存的保本期和保利期。注意首先要满足确定商品合理储存时间的三个依据，然后着重从储存的经济收益角度进行计算。

【实训要领】

1. 每个小组分别写出调查计划书交给教师审阅评估，此环节非常重要，学生所作计划书 “可行性极差”，教师应要求学生重新制定。

2. 此次实训的主要目标是不论个人还是小组，同学们都应迅速地进入角色，完成相关任务，对完成效果好的小组和个人进行表扬。

【成果与检测】

1. 评估各公司组织状况的好坏。

2. 教师根据各公司完成的文字材料和实际效果及讨论中的表现评估打分。

第13章

商超营销人员绩效评价与薪酬设计

学习目标

1. 了解商超营销人员的地位。
2. 掌握商超营销管理人员、营销人员的评价内容。
3. 掌握360°绩效评价。
4. 熟悉绩效评价结果的运用。
5. 了解商超营销人员薪酬设计。

技能训练目标

1. 培养学生理解 360° 绩效评价体系，用系统观点把握问题的能力。
2. 提高学生的实际运用能力。

案例导入

那是在日本东京奥达克余百货公司的一天下午，售货员彬彬有礼地接待了一位来买唱机的女顾客。售货员为她挑了一台未启封的“索尼”牌唱机。事后，售货员清理商品发现，原来是错将一个空心唱机货样卖给了那位美国女顾客。于是，立即向公司警卫做了报告。警卫四处寻找那位女顾客，但不见踪影。经理接到报告后，觉得事关顾客利益和公司信誉，非同小可，马上召集有关人员研究。当时只知道那位女顾客叫基泰丝，是一位美国记者，还有她留下的一张“美国快递公司”的名片。据此仅有的线索，奥达克余公司公关部连夜开始了一连串接近于大海捞针的寻找。先是打电话，向东京各大旅馆查询，毫无结果。后来又打国际长途，向纽约的“美国快递公司”总部查询，深夜接到回话，得知基泰丝父母在美国的电话号码。接着，又给美国挂国际长途，找到了基泰丝的父母，进而打听到基泰丝在东京的住址和电话号码。几个人忙了一夜，总共打了 35 个紧急电话。

第二天一早，奥达克余公司给基泰丝打了道歉电话。几十分钟后，奥达克余公司的副经理和提着大皮箱的公关人员，乘着一辆小轿车赶到基泰丝的住处。两人进了客厅，见到基泰丝就深深鞠躬，表示歉意。除了送来一台新的合格的“索尼”唱机外，又加送著名唱片一张，蛋糕一盒和毛巾一套。接着副经理打开记事簿，宣读了怎样通宵达旦查询基泰丝住址及电话号码，及时纠正这一失误的全部记录。

这时，基泰丝深受感动，她坦率地陈述了买这台唱机，是准备作为见面礼，送给东京外婆家的。回到住所后，她打开唱机试用时发现，唱机没有装机芯，根本不能用。当时，她火冒三丈，觉得自己上当受骗了，立即写了一篇题为《笑脸背后的真面目》的批评稿，并准备第二天一早就到奥达克余公司兴师问罪。没想到，奥达克余公司纠正失误如同救火，为了一台唱机，花费了这么多的精力。这些做法，使基泰丝深为敬佩，她撕掉了批评稿，重写了一篇题为《35 次紧急电话》的特写稿。

《35 次紧急电话》稿件见报后，反响强烈，奥达克余公司因一心为顾客而声名鹊起，门庭若市。后来，这个故事被美国公共关系协会推荐为世界性公共关系的典范案例。

（资料来源：www.ygi.edu.cn/dzijg/jwc/gong guan/ali/aliz.htm）

第一节 商超营销人员绩效评价

一、商超营销人员的地位

营销活动在企业管理活动的各项职能中处于重要地位，是企业面对客户、面对市场的窗口，而营销和销售人员则是站在窗口第一线的人，他们在企业中的作用和地位日益重要。销售人员是企业的一项异质性（heterogeneity）资源（里斯和特劳特，1996）。从某种意义上说，一个合格的推销人员就是一个很好的社会活动家，他视整个社会为自己的天地，具备与不同的人交往的素质和能力（大卫·梅耶）。全世界最伟大的推 2003 销员乔·吉拉德，因售出 13 000 多辆汽车创造了商品销售最高纪录而被载入吉尼斯大全。他指出，销售是需要智慧和策略的事业，在每位推销员的背后，都有自己独特的成功诀窍。因此，销售人员具备的是一种意会性的知识，意会性的知识难以编码，只能在实践中获得和积累，具有不断的学习性、积累性和不可替代性，并且只能在其应用过程中才能观察和发生作用（Bollinger and Smith，2001）。这也决定了销售人员是企业一项独特的战略性资源。但是，另一些学者经实证研究表明，销售人员在企业中有被边缘化（marginalisation）的倾向（Stathakopoulos 等，2003）。与一般员工相比销售人员的监督和控制相对更为复杂，销售人员处于企业的边缘位置。因此加强营销人员的管理一直是企业管理层十分重视的问题。

二、商超营销人员评价的内容

商场和超市的营销人员主要包括营业员和分公司的管理人员。对于这两类人员，绩效评价内容是不相同的。

（一）管理人员评价内容

考核评价商超管理人员也不外乎从以下几个方面：

1. 工作态度

这里的工作态度，包括管理人员的责任意识，对公司的忠诚程度，进取心，职业道德等。优秀的管理人员永远注意做好目前所从事的工作，实际上所体现的就是对工作极端地负责精神，热爱工作，钻研工作，充满了干事创业地热情。永远注意做好你真正想做的工作，所反映的是一个人对工作孜孜以求、爱不释手、强烈地创新意识和永无止境、永不满足、永远向上、执着追求、不达目的决不罢休的顽强地工作斗志和敬业精神。有了这样对工作极端地负责精神，有了这样充满干事创业的热情，有了这样强烈地创新意识和顽强地工作斗志与敬业精神，可以说，就没有克服不了的困难。也正因为有了这样的工作态度，才能够把工作做好。

2. 工作能力

工作能力简单地说就是具有一定的组织和协调能力，能恰当地处理事物和同事的关系，有能力在实际的工作中，把多年所学的知识与实际应用有效地结合起来，克服并改正自身弱点，发挥自身特长，更好地适应和把握所发生的情况。

企业在考核的时候，通常情况下，对于管理者工作能力要考核管理者的组织能力、企业策划能力、执行能力、经营能力和管理能力等。

3. 工作业绩

管理人员的工作业绩考评主要考评管理者从几个方面把企业的战略目标达成。这里不单纯看量化指标，而且注重每个管理者的发展优势，特别是从企业的战略和完成其目标的角度，评价管理者的贡献，充分体现差别原则。要求管理者明确自己的岗位和自己所扮演的角色，最终完成企业的战略目标。

根据这些内容，进行考核，表 13.1 是某商场的管理人员考核表。

表 13.1　×××商场管理人员考核表

<table>
<tr><th>内　容</th><th>具体项目</th><th>表现情况</th><th colspan="4">测评人</th></tr>
<tr><td rowspan="12">工作态度（满分 30 分）</td><td rowspan="3">责任意识</td><td>好 8</td><td></td><td></td><td></td><td></td></tr>
<tr><td>良好 6</td><td></td><td></td><td></td><td></td></tr>
<tr><td>一般 4</td><td></td><td></td><td></td><td></td></tr>
<tr><td rowspan="3">对公司的忠诚度</td><td>好 8</td><td></td><td></td><td></td><td></td></tr>
<tr><td>良好 6</td><td></td><td></td><td></td><td></td></tr>
<tr><td>一般 4</td><td></td><td></td><td></td><td></td></tr>
<tr><td rowspan="3">进取心</td><td>好 7</td><td></td><td></td><td></td><td></td></tr>
<tr><td>良好 5</td><td></td><td></td><td></td><td></td></tr>
<tr><td>一般 3</td><td></td><td></td><td></td><td></td></tr>
<tr><td rowspan="3">纪律与出勤</td><td>好 7</td><td></td><td></td><td></td><td></td></tr>
<tr><td>良好 5</td><td></td><td></td><td></td><td></td></tr>
<tr><td>一般 3</td><td></td><td></td><td></td><td></td></tr>
<tr><td rowspan="15">工作能力（满分 35 分）</td><td rowspan="3">组织能力</td><td>好 7</td><td></td><td></td><td></td><td></td></tr>
<tr><td>良好 5</td><td></td><td></td><td></td><td></td></tr>
<tr><td>一般 3</td><td></td><td></td><td></td><td></td></tr>
<tr><td rowspan="3">企划能力</td><td>好 7</td><td></td><td></td><td></td><td></td></tr>
<tr><td>良好 5</td><td></td><td></td><td></td><td></td></tr>
<tr><td>一般 3</td><td></td><td></td><td></td><td></td></tr>
<tr><td rowspan="3">执行能力</td><td>好 7</td><td></td><td></td><td></td><td></td></tr>
<tr><td>良好 5</td><td></td><td></td><td></td><td></td></tr>
<tr><td>一般 3</td><td></td><td></td><td></td><td></td></tr>
<tr><td rowspan="3">经营能力</td><td>好 7</td><td></td><td></td><td></td><td></td></tr>
<tr><td>良好 5</td><td></td><td></td><td></td><td></td></tr>
<tr><td>一般 3</td><td></td><td></td><td></td><td></td></tr>
<tr><td rowspan="3">管理能力</td><td>好 7</td><td></td><td></td><td></td><td></td></tr>
<tr><td>良好 5</td><td></td><td></td><td></td><td></td></tr>
<tr><td>一般 3</td><td></td><td></td><td></td><td></td></tr>
</table>

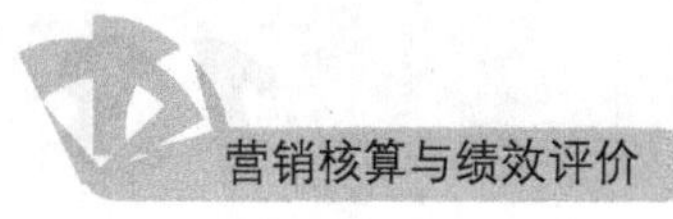

续表

内容	具体项目	表现情况	测评人			
工作业绩（满分35分）	目标达成率	好9				
		良好7				
		一般5				
	工作质量	好9				
		良好7				
		一般5				
	工作效率	好9				
		良好7				
		一般5				
	工作方法	好8				
		良好6				
		一般4				
合计得分						

在制作营销管理人员考核表的时候，表中的权重可以根据商场的具体情况加以改变。

（二）商超营销人员评价内容

在进行商超终端销售人员的业绩考评时一定要全面、公平、公正、科学、合理，否则，会影响终端销售员的工作积极性，造成负面的影响。一般对终端销售员的业绩考评主要包括以下几方面的内容：了解和收集考评资料、建立绩效考核标准、选择考评方法和进行具体考评等。

1. 全面收集考核资料

进行销售员业绩考评，资料、信息收集管理是否全面、充分非常重要。所以必须有相关的管理人员进行搜集和客观的评价。资料搜集不全，往往会造成评价偏颇，使得考核不具有说服力和激励的效果。

在搜集资料时候，要考虑到定量和定性分析的需要，有些资料要在平时的积累中取得。

2. 建立考核标准

评估终端营业人员的绩效一定要有一个合理的标准。制定公平、公正、合理有效的绩效标准是不容易的。需要管理者根据过去的经验，结合销售人员的行动来制定，并在实践中不断加以调整和完善。

通常情况下终端营业人员考核指标体系都包括经营工作、服务工作、劳动纪律等几个方面。

经营工作基本上都是量化的指标，包括商品的管理情况、账表的统计情况以及利润完成情况。

服务工作中体现的是服务的态度、物价管理、物品陈列、卫生情况、柜台纪律和仪容仪表等。

劳动纪律主要考核营业人员的出勤情况，如迟到、早退、旷工、事假、病假等情况。

3. 业绩考评的方法

业绩考核方法的选择主要结合定性和定量两种方法，加上具体的实施方式。根据考核的内容不同有所不同。实施方式主要有：

1）查询记录法。对员工工作记录档案、文件、出勤情况等进行整理统计。迟到、早退等这样要通过平时记录得到。

2）关键指标法。将关键考核指标按考核要素进行分解，按不同标准进行考核评分。例如销售利润、商品管理等。

3）工作述职法。部门考核在进行考核打分的同时采用工作报告制，对主要工作业绩进行概述。为了防止遗漏，也加上员工自己的述职报告，述职报告尽量让员工自己把能够表现自己成绩的内容都详细列明。

小观点

在选择商超营销人员绩效评价指标时候，不能单纯的使用某一种方法，要多种方式相结合。

4. 进行具体考评

由人力资源部统一组织实施考评。考评可以结合360°考核法。最后将考核的结果进行统计整理，得出结果，见表13.2。

表13.2 某商场营业人员考核表

姓名		张三	李四	王五	......
经营工作（45分）	商品管理15分				
	账表管理5分				
	销售利润25分				
服务工作（50分）	服务态度15分				
	质量物价10分				
	陈列卫生10分				

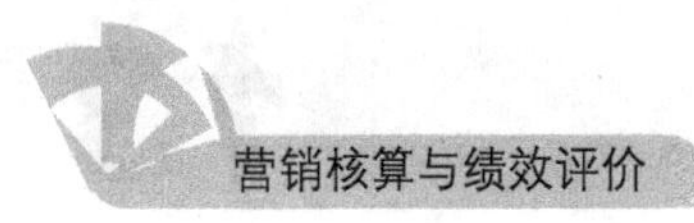

续表

姓　名		张三	李四	王五	……
服务工作（50分）	柜台纪律10分				
	仪容仪表5分				
	其他				
劳动纪律（5分）	迟到1分				
	早退1分				
	旷工3分				
	病假				
	事假				
	其他				
扣分					
得分					
名次					

单位　　　　部门主任签字　　　　商场经理签字　　　　年　月　日

（三）考核申诉

考核申诉是为了使考核评价的完善化和在考核过程中真正做到公开、公正、合理，培养员工积极向上的精神而设定的特殊程序。

对于考核内容和结果出来后，如有异议，可先向部门主管提出申诉，由部门主管进行协调；如部门主管协调后仍有异议，可向人事决策委员会提出申诉，由人力资源部门专员进行调查协调。

人力资源部受理申诉后，必须分不同场合向被考核人，考核人和考核人上级领导了解情况，以确保所了解的信息真实客观，人力资源部应作为独立的第三方分别与考核人和被考核人面谈，协商并寻求解决纠纷的办法，对于提出过申诉的员工，其档案信息中应包含申诉信息备查。人力资源部应于员工的下一个员工绩效考评周期结束前解决员工的绩效考核申诉处理。

优秀普通营销人员应具备三个素质

无论什么公司部门，营业员都处于直接面对顾客的第一线，因此不可不慎。我们分三个部分来说明。

1. 保持良好的形象

营业员首先要注重自己给顾客留下第一印象。当客人对你有非常好的印象时，就会对你产生信赖感，甚至对你有很理的依赖心。

面带笑容，亲切热诚地接待客人，让客人有宾至如归的感觉。营业员在开始一天的工作前，应将情绪到最佳状态，准备为每一位顾客提供最好的服务。

因此，一位优秀的营业员在接待顾客之前，一定要从上到下检查一遍自己的外观：

头发是否梳理整齐？化装是否适宜？服装是否整齐干净？肩膀上是否有头皮屑？是否按照公司规定着装了？鞋子、袜子有无污损？

这些都代表着公司和自己的形象，而良好的外观，不仅让别人感觉愉快，也会使自己充满自信。

2. 注意自己工作场所的环境

营业员有责任保持营业场所的清洁，要随时注意整理陈列的商品，物品的正面应朝向顾客；并应随时了解货源供应的情况，提供顾客完善的选择。

在国民生活水准提高，商品走向精致化的同时，营业场所不应只是堆积商品的地方，同时也应是观赏景物的地方。布置优雅的商场，不仅能突出商品的优点，还能将其烘托得更出色，因此，能吸引顾客，增加营业额。

3. 不断丰富商品的专业知识

营业员应对自己所经营的商品具备相关的专业知识。对于商品成分、价格或使用方式等若有不清楚的地方，应该事先请教公司负责人或专业人员，以期能为顾客详细说明、介绍。这将代表个人有专业形象，能使客人对我们产生信心，并对商品有认同感觉。

第二节　商超绩效评价系统

绩效评价的评价者在传统上往往都是上级对下级的考评，但是事实上上级真正观察到下属工作的时间其实是很少的，有的管理人员认为只有10%左右。在很多情况下，除了一些具体指标的完成情况之外，上级往往不能给下属提供足够的反馈。上下级之间的私人情感往往对下级的绩效评价有重大的影响。重结果而轻行为，易导致员工不惜代价去追求短期硬指标的实现，而忽视了许多有利于长远目标实现的行为。

360°绩效反馈作为一种崭新的评价方法，其本身来源于传统的绩效考评，其一般目标没有超脱绩效考评的范畴。对于绩效考评的一般目标和任务而言其评价依然适用，不能剥离已有的方法。目前很多商场都应用了这一评价系统。

360°绩效评价反馈系统就是由被考评人的上级、同事、下级和（或）内部客户、外部客户以及本人担任考评者，从四面八方对被评者进行全方位的评价，再通过反馈程序，达到改变行为、提高绩效等目的，也称为多评估者评价系统或多源反馈系统。

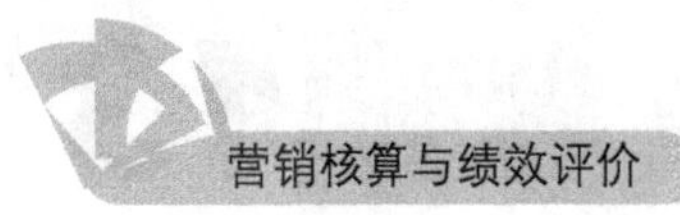

一、360° 绩效评价的含义及内容

360° 绩效评价反馈系统产生于西方，是与其特定的文化（包括组织文化）相适应的。所谓 360° 绩效评价，是基于上司、下属、同事顾客等多方面收集信息，提供反馈并评估绩效的方法。几乎所有的 360° 绩效评价都要使用各种形式的评分表。一般情况下，这种反馈大多是以匿名的形式提供的，以便使信息提供者能轻松、诚实地评分。

360° 绩效评价的主要内容如下：

（一）上级评价

上级评价由直接上级对下属的营销人员进行评价。直接上级对员工的工作业绩最为了解，有责任提高下属绩效并对此负责，因此评价较为认真，因此也是人才评价的最佳人选。上级对下级的评价方式是最常见的方法，也是传统绩效评估制度的核心。其主要是对员工的业绩，工作的态度方面的考量，其在评价中所占的比例应为最高。但也正是因为日常的平凡接触，所以难免带有一些个人感情色彩，其个人偏见、人际关系的冲突和友情会损害考评结果的公正性。

（二）同事评价

同事评价由一起共事的同级员工对其进行评价。1984 年，韦克斯利和克里姆斯基的一项研究表明：同事评价可能是对员工业绩的最精确评价，其有效程度显著高于上级评价。同事评价适用于同事间关系融洽、相互信任，并且具有较高协作性与依赖性的专业性组织或专业性很强的部门。同事评价随着自我管理小组与全面质量管理理念的兴起，越发显得重要。同事评价侧重于对于员工行为化的绩效评价指标的评价，包括工作态度，团队合作精神，以及工作行为等。但由于同事之间长期共事而产生的“个人交情”，容易使考核产生宽松误差，使考评主观、片面，当具有竞争时更易如此。

（三）下级评价

下级评价由下属员工对自己的上级主管进行评价。员工对上级主管的授权、计划、组织和沟通等方面的能力以及工作表现有切身体会，下级评价可能是上级的一面最好的“反光镜”，是其管理行为的最好反馈。下级评价侧重于对评价客体的管理、领导能力的评价，这种下级评价在分权组织中显得尤为重要。同时，下级评价能使主管在行使权利时有所制衡，避免出现因武断而造成的失误。

（四）顾客评价

在一些情况下，客户可以为组织和个人提供重要的工作情况的反馈信息。但是，客户评价在具体的操作上存在着一定的难度。由于客户不是企业职工，因此在评估上较费时费力。

（五）自我评价

对自己的工作绩效进行描述和评价，能使其感到满意，可以减少其对考评过程的抵触情绪；而且通过自我评价，可以让员工对自己的工作绩效与工作要求相对照，使其看到与组织要求存在的距离，以便日后改进工作方法。事实证明，自我发现比被告知更有说服力。但自我评估是被考评人对自己的主观认识，它往往与客观的考核结果有所差别。

360°绩效评价是综合利用上述多种人员的评价结果对员工工作进行最终的评价由于上述各种考评的信息来自员工的不同侧面具有不同的效力，因此，把它们综合起来对员工的评价会更全面、准确和可靠。经由五个方面评价后，分别乘以每个部分所占的百分比得出一个具体的分数，找出公司平均分数，并与其他方面做比较，让评价的结果更加客观。最后，也是最为重要的一环，就员工层面而言，通过员工自己对比自我评价和他人评价之间的差别，可以发现“自己眼中的自己”和“别人眼中的自己”的差异性；就组织层面而言，则提供了一个和员工沟通的管道，通过对于差异性的指导，从而更有目的性的为员工的职业生涯规划和个人能力发展做出建议。

而对于360°绩效反馈，其来源于传统的绩效考评，但是又不同于绩效考评，其在理论上能很好辅助绩效评价过程的公正，并且能通过评价结果的反馈让员工自我修正。

二、360°绩效评价的优缺点

360°绩效反馈评价示意图如图13.1所示。

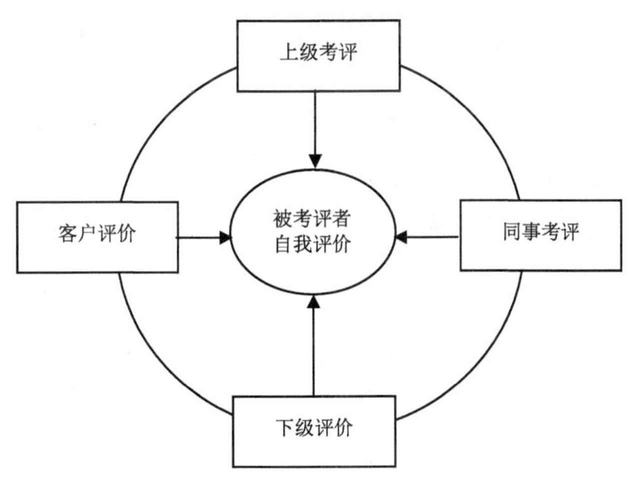

图13.1　360°绩效反馈评价示意图

（一）采用360°评价系统对员工绩效进行评价的优点

1. 全面性

从任何一个方面去观察和判断都难免片面，360°反馈评价的考评者来自企业内外的不同层面，得到的考评信息角度更多，考评结果更全面、更客观。对被评价者进行多角度、全面性评价，并且通过反馈程序，达到改善被评价者行为，最终达到提高组织绩效的目的。相比传统评价方法，360°绩效反馈信息来源渠道广，不但使被评价者容易接受反馈意见，而且通过反馈过程提供了公司各阶层相互学习和交流的机会。

2. 误差小

360°反馈评价的考评者不仅来自不同层面，而且每个层面的考评者都有若干名，考核结果取其平均值，从统计学的角度看，其结果更接近于客观情况，可减少个人偏见及评分误差。

3. 分类考评

针对不同的被考评人——分公司高层领导、中层营销管理人员、普通营销员工。分别使用不同的考评问卷，针对性强。

4. 匿名考评

为了保证考评结果的可靠性，减少考评者的顾虑，360°反馈评价采用匿名方式，使考评人能够客观地进行评价。

5. 辅助性

通过了解多元和多源的评价，有利于避免考评的盲区，使得绩效考评能够更准确，客观。

通过360°反馈评价，员工全员参与组织管理、干部评价，会增强员工的归属感和自信心，进而增强团体凝聚力，促进组织变革与发展。

（二）采用360°评价系统对员工绩效进行评价的缺点

1. 是难以消除主观因素影响而带来的问题

同事之间的关系问题，领导的私心等都可能影响最后的评价结果。特别是有些人员可能把考核当作发泄私愤的途径。某些员工不正视上司及同事的批评与建议，将工作上的问题上升为个人情绪，利用考核机会“公报私仇”。

2. 考核成本高

当一个人要对多个同伴进行考核时，时间耗费多，由多人来共同考核所导致的成本上升可能会超过考核所带来的价值。

3. 考核培训工作难度大

组织要对所有的员工进行考核制度的培训，因为所有的员工既是考核者又是被考核者。

三、实施过程

（一）了解公司背景及公司绩效评价现状

在进行 360° 绩效考核之前，必须针对公司的具体情况和考核现状有个基本的了解，才能更好地进行评价。

（二）编制绩效考评量表

包括个人自评表，对同事的测评表，对直属上级的测评表，对（直属或间接）下属的测评表，商场营运人员的客户（商家和厂商）的测评表。

（三）进行 360° 绩效考评方法的相关宣传和培训

在 360° 绩效评价系统中，参与者之间的高度信任和对他们的培训是必需的，因此组织要对考核者进行系统的培训；公司针对直接考核者开办专门的考核培训课程，培训中应强调，绩效评价是全面的，并且是一个连续的过程。如果宣传没有做好，事先没有足够的沟通，临时凑合，草草了事。一些企业的员工对考核对于公司的重要意义没有认识到，以为不过是个形式，自己的意见不会起什么作用，打分自然也就不会那样慎重在意。

（四）具体实施

实施评价，一定要使得各个方面都齐全，发扬平等权利，不能有歧视出现，影响评价结果。发放评价表，进行评价。

（五）数据收集、统计分析和整理

把评价的资料进行统计分析整理，得出结果，为下一阶段做好准备。

（六）组织反馈

以由人力资源管理部组织，然后人力资源与被考评人之间进行面对面的反馈。就考核结果及其原因，成绩与问题及改进的措施进行沟通。

四、评价的问题

在进行 360° 反馈评价时，一般都是由多名评价者匿名进行评价。采用多名评价者，确实扩大了信息搜集的范围，但是并不能保证所获得的信息就是准确的，公正的。由于受到信息层面、认知层面和情感层面因素的影响，可能会导致所获得的评价结果是不准确的，不公正的。从信息层面来说，评价者对被评价者所承担的职位角色可能并不是非常了解，也有可能不知道应该对被评价者的哪些行为表现进行评价，也有可能没有或者很少有机会观察被评价者的行为表现。由于没有掌握相应的信息，或者了解的信息是不全面的，会使评价结果出现误差。从认知层面来说，由于对人的评价是一项复杂的活动，需要评价者正确地获取、储存、提取并集成不同时间段与被评价者所担任的职位、工作业绩有关的各项信息，来对被评价者做出评价。而评价者可能会简化这项活动，只是根据他们对被评价者的整体印象，而不是具体的行为表现来对被评价者进行评价。情感层面来说，评价者可能会无意识或者有意识地歪曲对被评价者的评价。为了维护自己的自尊，一般的评价者在评价时，会给自己较高的评价，而给其他人以较低的评价。并且在对自己进行评价时，倾向于把成功归因于自己的能力，把失败归因于外部环境的限制；而对他人进行评价时，倾向于把成功归因于外部环境，把失败归因于被评价者。在同一公司工作的员工，既是合作者，又是竞争者，考虑到各种利害关系，评价者有时还会故意歪曲对被评价者的评价。比如，可能会给跟自己关系好的被评价者以较高的评价，给跟自己关系不好的被评价者以较低的评价。

为了提高评价结果的准确性和公正性，在进行 360° 反馈评价之前，应对评价者进行选择、指导和培训。360° 反馈评价一般是让被评价者的上级、同事、下属和客户对被评价者进行评价，但是并不是所有的上级、同事、下属和客户都适合做评价者，一定要选那些与被评价者在工作上接触多、没有偏见的人充当评价者。即使是这样，也不一定要求所有的评价者对被评价者的所有方面进行评价。

某商场营业员李某负责某一商场部门，该部门有 30 名员工。该部门对员工进行绩效考评时，采取的具体方法是：根据员工的实际表现打分，每个员工最高分为 100 分，上级打分占 30%，同事打分占 30%，下级打分 40%。李某平时做事很踏实，就是不善于交流，也不会和上级搞好关系，到了年度奖金分配时，采用上述方法对所属员工进行打分排序。

试分析该部门在绩效考评中存在的问题并提出改进建议。

第三节　绩效评价结果的应用与薪酬设计

有人把绩效评价结果的运用当成一把双刃剑，运用正确，会给营销人员带来活力和激情，给企业带来效益，能让营销人员自愿的努力工作，推动营销人员为企业创造更大的价值，最后实现企业的目标；反之，如果运用不恰当，就可能成为营销人员消极怠工、情绪低落甚至离职的导火索，导致企业人心涣散，与企业目标差距越来越远。因此，正确理解和运用绩效评价结果，使得绩效评价的结果与营销人员在企业的利益相挂钩，发挥其最大效用。通常情况下，会体现在报酬的制定、职位的安排、裁员和辞退。同时为了提高营销人员的业绩，必须伴随合理的薪酬体系。

一、商超营销人员绩效评价结果的运用

（一）给领导者决策提供依据

企业领导者可以根据绩效评价里面的具体评价指标，做出相关决策。例如企业负责人可以根据销售额完成率，销售额完成增长率，来决定企业的再订货情况。作为商场销售部门，最重视的莫过于企业的销售额和利润了，这就需要每期把企业的具体销售情况统计出来，而这些销售情况最终的结果是落实到个人身上。如果能够客观定量的进行评价，实现企业的销售、利润目标，必然会给决策者提供一个符合实际情况、科学而有具体的信息资料。

（二）与职工的奖酬挂钩

依据商场营销绩效评价结果实行薪酬（奖金）制度。依据营销人员绩效评价结果确定薪酬（奖金）标准是相对客观、公平的制度，这也是营销人员绩效评价的重要意义之所在。

对于工资来说，除了固定部分，浮动部分的工资大部分与绩效挂钩，这部门工资主要在于营销人员在评价过程中得到的评价等级。是根据得到的结果，给出相应级别的工资。另外，如果超过了预定的范围，还可以给予特别奖金。如果销售人员以后都想得到这部门奖励，就要不断的努力，甚至比以前更努力。

（三）职位的安排

除了把绩效评价结果和营销人员的薪酬待遇结合起来之外，利用绩效评价结果也可以安排职工的岗位。主要是晋升、岗位轮换、甚至淘汰，以此使员工本人的素质和能力能够更好地与相应的工作相匹配。

商场销售人员，如果对于不同方面的了解深刻，适合不同的销售。销售人员的岗位确定常常是和绩效评价结果联系在一起的。企业在对销售人员进行绩效评价时，不能只评价他目前工作业绩的好坏，还要通过对员工能力的考察，进一步确认该员工未来的潜力。而且管理者还应该明白，人与人之间所存在的绩效差异，除了他们自身的努力外，还和他们所做工作系统有关系。比如，某些人对现代电器市场比较热衷，熟悉市场所有情况，可以根据这样人的才能，安排他去电器卖场。人尽其职，让营销人员去到最适合他的岗位。

对那些绩效非常好的员工，企业可以通过晋升的方式给他们提供更大的舞台和机会，帮助他们获得更大的业绩。

（四）末位淘汰

目前，在很多商场普遍采用的“末位淘汰”制度，实际上也是把对员工的绩效评价结果与工作流动结合在一起的应用，淘汰不称职的员工，淘汰不能达到工作标准要求的员工。这种末位淘汰制度也促使营销人员在工作中不要沉淀下来，时时有危机意识，才能不断进步。

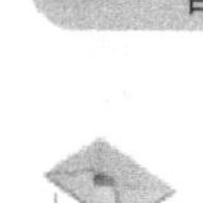

末位淘汰制对提高员工工作效率、激发员工工作潜能有着积极的意义，但在实施中也出现了一些问题，如员工压力过大，难以承受，容易造成员工流失；企业评价标准不科学，简单依据序列排名进行淘汰；不分岗位性质，在所有岗位一律推行等，其中最大的问题在于对末位员工直接解聘，与中国的劳动法律存在冲突。

二、商超营销人员薪酬设计

为强化商超销售职能对商超经营战略的支持，也为吸引、激励和保留优秀的营销人员，必须设计科学合理的营销薪酬方案。薪酬方案设计在实践中，必须严格遵守。

（一）确定薪酬方案目标

营销薪酬方案的最终目标是支持企业的经营战略，突出销售职能对企业战略目标的支持作用。通常情况下，在商场或者超市营销薪酬方案所要达到的目标包括：服务客户；销售产品或服务；达成销售额和财务目标；激励和管理营销队伍的绩效等，具体要根据企业经营战略确定。而且，不同的阶段企业的战略重点不同，薪酬方案的具体目标也会有所区别。在制定薪酬方案时，一定要考虑企业的战略目标是什么？销售职能应如何去支持企业战略？在此基础上确定营销薪酬方案的目标。

（二）薪酬方案的选择

对于不同的商场和超市在制定薪酬时候基本上有以下几种选择：

1. 纯底薪计划

指营销人员的收入是固定的基本报酬不随销售的数量和其他销售业绩指标的变化而变化，员工收入不与销售额挂钩。采用这种方式对员工来说会具有稳定的工资收入，没有收入风险，但想挣到额外的工资是不可能的；对于公司来说优点是便于管理、支出透明、员工关系融洽，缺点是负担较重而且管理不好会培养出一批搭便车的人，容易形成平均主义的倾向。不利于员工积极性的发挥，给销售人员的业绩评估带来困难，不能形成有效的竞争机制。

2. 纯佣金制

这是指销售人员全部薪酬收入都是由佣金构成的，没有基本薪酬部分。佣金通常是以一定的百分比来提取的，所以又被称为销售提成，提成的百分比即为佣金的比率。通常佣金的比率高低取决于产品的价格、销售量、产品的销售难度等相关的因素。 该制度的优点是能够将销售人员的薪酬与工作绩效直接挂钩，企业可以通过设定高的佣金比率刺激销售人员的积极性，薪酬管理的成本相当低。缺点是对于销售人员来说收入缺乏稳定性，易受经济环境等其他外部因素的影响，起伏变化相当快。

3. 基本薪酬加佣金制

指销售人员每月有固定的基本薪酬，在此基础上再根据每个月的销售业绩领取销售佣金。基本薪酬部分为销售人员提供了稳定的基本收入保障，解决了单纯的佣金制下销售人员因收入不稳定可能出现的问题，佣金部分通常是按照销售额的大小制定不同的提成比例，以刺激销售人员采取方法扩大销售，具有一定的激励作用，也可以增加公司吸引高素质员工的能力，并且公司还可以让员工完成一些不能直接带来佣金的任务，如进一步开发市场、培训或维护客户等。

4. 基本薪酬加奖金制

佣金制是直接以产品的销售业绩为标准进行计算的，而奖金和销售业绩之间的关系是间接的，与销售人员绩效目标的达成情况有关，通常情况下销售人员的业绩只有超过了某一销售额才能获得一定数量的奖金。绩效目标除了包含销售额之外还有如客户满意度、市场份额等。因此当企业的销售目标更强调于销售额时可以对销售人员采取基本薪酬加业务提成的薪酬结构。

5. 基本薪酬加佣金加奖金制

这种方式是将佣金制与奖金制相结合，企业一般给营销部门整体一个一定时期的销售定额，营销部门将这个整体的营销定额按照一定比例分解给每个销售人员作为单个销售人员的销售定额。销售人员不论是否完成定额，都获得基本薪金，销售人员超额完成基本定额，超额完成的部分按比例提取佣金，营销部门超额完成整体销售定额可提取部门奖金总额，再将奖金总额按个人完成销售额占整体完成销售额的比例分发给每一个营销员。

基本上对于商超营销人员和营销管理人员以及其部门而言，都会有相关的基本薪酬、佣金和奖金。以此为基础来进行相关的改进，设计选择最优方案。

（三）薪酬体系设计

首先确定基本薪酬，根据基本薪酬本身的特点，设计时候注意基本薪酬重保障，固定不变，有很大的刚性，比例过大容易导致薪酬成本难以控制并损害薪酬激励性，比例过小有容易造成不稳定。

其次对于佣金部门，基本上按照销售额比例提取。值得注意的是商场和超市销售的产品有各自特点，比如，家电产品，销售额比较大，而日常用品销售额相对比较小，完全按照销售额比例，会造成人员都愿意去销售大额度的产品而忽略日常小金额的产品。因此应该根据商超特点，确定佣金不同的比例。

营销薪酬方案本质上是一个销售管理方案，是营销部门管理和操控营销业绩所使用的工具之一，在帮助驱动企业收入的增长的同时，也意味着企业一笔不少的财政支出。因此，需要通过多方的积极参与来使方案获得成功。建议成立一个包括来自销售部、市场部、财务部、人力资源部、信息部的人员组成的设计团队来设计营销薪酬。

具体设计如图 13.2 所示。

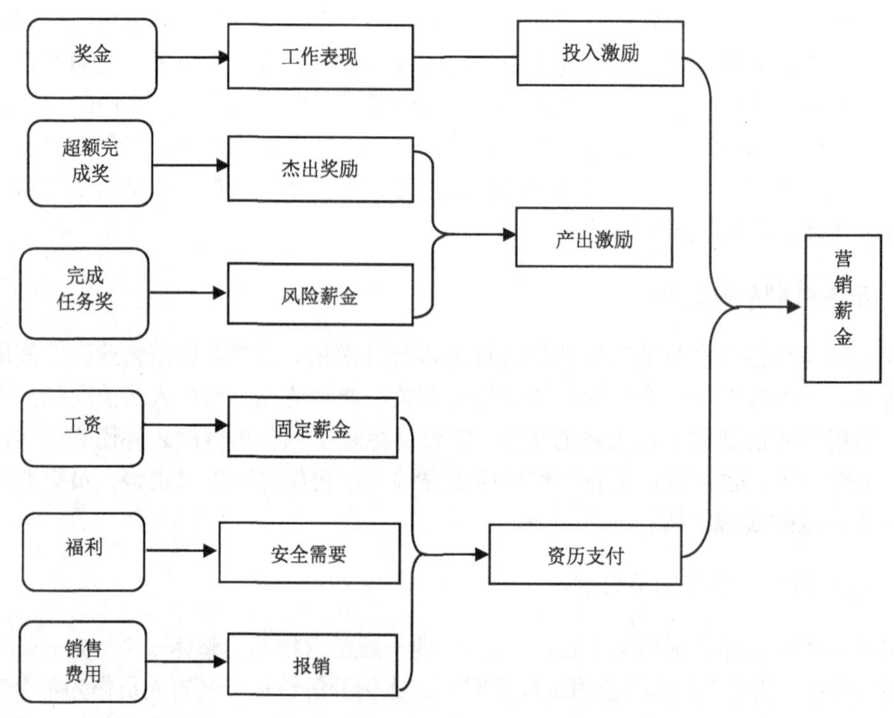

图 13.2 销售业务员薪酬的构成

小 结

商超营销人员在商场和超市具有重要地位。在评价商超营销人员时，分别对于商超管理营销人员和普通营销人员进行绩效评价。两类营销人员的评价的不同内容。

360° 绩效反馈作为一种崭新的评价方法，其本身来源于传统的绩效考评，目前很多商场都应用了这一评价系统。360° 基于上司、下属、同事顾客等多方面收集信息,提供反馈并评估绩效的方法。几乎所有的 360° 绩效评价都要使用各种形式的评分表。

商超营销人员评价的结果具体运用在企业的决策、职员的薪酬、岗位以及人员的流动。

思考题

1. 简述商超管理人员评价的内容。
2. 简述商超普通营销人员评价的内容。
3. 简述360°评价体系。
4. 简述营销评价结果的运用有哪些？

案例分析

陶某系某国有商场营业员，1993年2月与顾客吵架被商场通报批评，并扣发当月奖金。1994年年终考评服务等级被评为差。1995年3月，商场又连续接到群众三封揭发信，反映陶某工作中不回答顾客问话，把顾客购买的衣服甩出柜台等。1995年5月1日，陶某在营业中遇到两名外地顾客，因语言不清，购物中发生误会，又与两名顾客吵架，并把顾客本不想购买的物品硬卖给人家，两名顾客当场找到值班经理处反映其服务态度恶劣。为此，1995年5月13日，商场根据陶某的表现，决定予以辞退，并发给陶某辞退证明书。陶某不服，认为自己业务熟，月月超额完成营业额，遂向当地劳动争议仲裁委员会提出申诉。仲裁委员会受案后，经调查，陶某与顾客发生吵架等事均属实，经调解无效后裁决维持该商场对陶某予以辞退的决定。

当员工不适合工作岗位时候，就会被淘汰。

问题：

1. 根据此案例可以了解到考评结果的运用有哪些？
2. 营业人员如何执行商场制度？

如何更好地对商场卖场的营业员进行管理

1. 控制流失率

任何商场都会面临营业员流失的问题，从业人员的工作性质、加之对年龄的一些限制，是营业员流失的客观现实，但是营业员流失率过高会对销售产生很大影响。作为一个商场管理者，要从根本上提高营业员的素质并改善其工作心态，为其传达商场的企业文化，使其对商场产生信心和信任，真正让其感觉自己是企业的一员，从而保证营业员的稳定性。

2. 因人定岗

商场的经营性调整不可避免，这时人员也会适当变动，调整时要稳定营业员的心态，推荐到新的专柜，避免营业员有后顾之忧，在安置的同时进行有效的人员组合，使一个专柜在管理上、销售上进行人员合理配备，注意在保证销售的同时便于日后工作的管理，这也是一个不断调整的过程。

3. 恩威并治，实行人性化管理

商场对营业员制定的服务规范是必须遵守的，原则问题上坚持严肃、严格，这样才能使整个队伍有序规范，如日常的考勤、各项报表的提交、现场劳动纪律等，一定要遵照员工管理制度执行，对该处罚的不可手软；但另一方面，营业员也是常人，要对其思想动态加以关注，营业员情绪的好坏直接影响到销售热情，对生活中有困难的营业员要加以帮助和关心，体现管理人性化。

有个这样的例子：商场中，有个较知名的品牌，厂家本身对品牌的管理很规范，在商场中业绩、形象、管理都是一种典型，专柜营业员也有了一点优越感，频繁的受到肯定就不容易接受批评了，其中有一个店员，工作态度和销售业绩一直做得很好，也非常配合店长工作，就是有一点倔强，有一次因为一个小错误被主管处罚，她就有点愤愤不平了，虽然也配合了管理但表现了极度的不情愿，有些抵触情绪，恰巧没过几天生病住院，她的家人都在外地，主管买了营养品亲自去看她，令她没有想到也很感动，以后的工作中从思想上有了很大转变。

4. 适当地运用激励

营业员每天站的时间在六个小时以上，工作做得好，也会让其产生成就感，没有哪个人希望自己是落后的，如果一个卖场管理人员只会用处罚手段，那无疑是监工，适当的激励会让人从心底里接受并做得更好。比如早会上，批评时可以只说现象，不提人名，犯错误者一定知道说的是自己而有所触动，而表扬的时候，最好点名，这样的效果会很好。

举个例子：

一个新开业的商场，很多供应商对营业员很挑剔，频繁地换人，销售受到影响；有个文胸专柜，厂家经理欣然接受了商场分配的一个没有销售经验的新员工，同时从别的店里调过来一名经验丰富的店长，开业前一周，这名新营业员被送到总店实习、培训，开业正式上岗，厂家经理在巡店过程中，对这名新员工的每点进步都提出赞赏。此后，这名营业员进步得非常快，经理还找到商场管理人员说“谢谢你给我们分了这么好的营业员，真是太满意了。”第二天早会，这名营业员被点名表扬。最终，她越做越出色，她的敬业精神、合作意识、销售业绩成了文胸区的典型。

有别的供应商很羡慕，怎么人家就摊上了这么好的，自己就碰不到呢？事后厂家经理道出了实情：文胸的技术含量比服装类等其他品类更高，最初当然想要一名有经验的，但当时商场人员紧缺，又面临开业，当时想到的是一方面配合商场，另一方面也不能不给新手机会。在对这名新员工的管理和培养中，她主要采取激励的方式，最初让经验丰富的店长带她学习专业知识，同时参加公司的定期培训，对她的进步加以肯定，使其有信心，在业务能力上迅速成长；在人际关系处理上，店长因工作多年，不会因她受到表扬而嫉妒，反而，会在不经意间将经理表扬她的话传达给她，使两人的合作非常愉快。店长作为一个店面的负责人，更注重做出销售业绩，店员的进步对她的能力也是一种很好的肯定。

厂家经理还表示，对营业员细化的日常管理最终还要依靠商场管理者，毕竟厂家人员无法长期在卖场逗留，所以这名经理与商场做了很好的沟通和衔接，她对商场管理人员表示了对营业员的满意，比当面表扬的效果更好，使营业员能够做到经理在与不在一个样，自觉地把店的事当成自己的事，达到了营业员与厂家、与商场之间的相互忠诚。

这是厂家对营业员管理的一种有效方法，商场方作为现场管理者，激励的方法同样适用。

5. 店长负责制

在一个专柜中，店长的作用是不容忽视的，他是厂家与商场的纽带，也是一个专柜的核心。他要对专柜的人员、货品、卫生、陈列、销售进行负责。因此，想要管理好各个专柜，先要从管好店长这一环节开始做起。定期召开店长会，可探讨管理销售方面的问题，也可进行专题培训。一个好的店长对店面的了解是最深入的，也最有发言权，商场管理者可以及时收集到信息，也让店长感觉到自己受重视。虽然店长只负责一个店面几个人，但由于位置特殊，安置店长不只是一个岗位的设置，更重要的是将其作用发挥到最佳。

6. 划区管理、充分授权

大到一个商场，小到一个专柜，如果管理者不懂得授权，势必增加工作难度。

作为一个楼层的卖场管理人员来讲，要管的营业员有几十人或上百人，划区管理会提高工作效率，做法是可按一个楼层不同的品类进行划区：男装的可化出正装区、休闲区、裤区、衬衫领带区；女装可划出女装区、文胸区、饰品区等。一个区选出一个义务区长，由该区域的优秀店长担任，她主要负责早会之外的一些临时事务的传达、报表的收集、活动的组织工作，义务区长的担任是在本人及厂家自愿的情况下选出的，还要不对她的本职工作造成影响，要具备一定的领导能力。这样有些工作是楼层管理人员授权区长、区长带领店长、店长管理店员，形成了一种细化管理，同时也为商场储备可提拔的管理人员。

7. 发挥晨会的作用

进行楼层管理，每天的早晚会非常重要，管理实际是管一些琐碎的事、重复的事，但要避免早会变成千篇一律的说教式，使营业员麻木且腻烦。总结前一天的问题，安排新一天的工作，这是早会的一个基本内容，但早会还要起到培训的作用，这个培训除了管理人员来做之外，可以充分调动营业员的参与，如可以请化妆品的营业员为服装营业员讲化装技巧和现场化妆演示、可以事先或临时安排销售模拟演练、可以进行 2 分钟品牌介绍等，让营业员成为早会的主角，在互动中实现培训目的。

晨会注意事项如下：

1）晨会时间要因事而宜，不可过短或过长。

2）楼层主管人员早会前要有充分准备，从而让营业员感觉到你的重视。

3）注意队列管理，主管要先到场，在站队时培养纪律性时间性，养成良好习惯。

4）如进行培训，可适时提问，使听的人集中精力，还可发现是否听懂。

5）安排演讲或模拟演练，要事先沟通。

6）晨会的最终目的是提升服务水平，提升销售，可适当以销售为主题，公布销售排名前后，以便激励。

7）管理者要注意语言艺术。

8. 坚持不懈地培训

单单晨会培训是不够的，除参加商场统一组织的定期培训之外，楼层管理者还要组织有针对性的培训，坚持每周进行一次，培训时间不要太长，一个小时以下，安排不同的培训主题，日积月累的培训会对营业员的素质有所提高。

9. 管理者要具备培训、指导能力

管理人员培训营业员，首先要自己先明白，商品知识、销售技巧、商品陈列等，作为一个管理人员自身能力要强，除了定期培训，现场管理也是一个培训指导的过程。

10. 学会应用表格管理

在进行经营管理中，很多信息的收集、数据的汇总都要通过表格进行，楼层针对商品信息、销售数据、对手信息等很多是要营业员参与来做的，比如同城同品牌的信息，可让营业员去市调取得，营业员的视角是不一样的，这样不容易汇总，楼层下发规范的表格下去，将所需内容列出，营业员只需填上相关内容就可以了，最后一栏让营业员写分析，这个角度不限，营业员是前沿服务人员，有些观点是最有发言权的，她提供的很多信息正是宝贵的可利用资源。

11. 划定销售任务，激发销售热情

在进行以上的所有管理活动中，最核心的目标是——销售。卖场管理的方式可以因人、因地制宜，灵活运用，但对营业员的销售业绩考核不能有任何放松，毕竟这是她的职责所在，对其制定合理销售任务，月、日加以细分，完成的好坏是评定是否优秀的标准，站得再规范、笑得再甜美、纪律遵守得再好，不创造销售是没有意义的。“没有压力就没有动力”从销售任务上刺激销售热情。

12. 组织集体活动，增进团队精神

适当的阶段，商场或楼层可以组织集体活动，商场的运动会、节日联欢、文艺汇演等的参与，都可以激发这个年轻团队的热情，为缓解其工作压力。

13. 评选优秀员工

有些激励是不能单单放在口头上的，如前面讲到的义务区长，为楼层做了大量的工作，甚至会不惜花费自己的休息时间，年终联欢时，可以以自己楼层为单位买点小礼物，在大家的掌声中感谢对大家所做的服务，商场也要评选优秀员工，树立典型，使其他人有可学习的榜样。

实训项目一　商场营业员的管理

【实训目标】

设计一份客户对商场营业员的评价表，能够实际给商场管理者评价营业员一个合理建议。

【实训内容与形式】

1. 每个同学根据自己去商场购物的实际情况，给营业员一个全面评价。

2. 把自己想的可以能够反映客户对营业员评价的项目都列出来，设计表格。

3. 形式：编制测评表。

【实训要领】

1. 设计测评表时候，要全面考虑客户的服务要求，从开始到看商品，到买商品和售后服务等全方位。

2. 权重的比例要合理，符合客户需求。

【成果与检测】

1. 根据学生交上来的测评表，项目设计的合理性，有效性给予一定评价。

2. 结合目前成熟的商场测评表，提出改进意见。

实训项目二　商场营销人员的薪酬管理

【实训目标】

1. 培养学生实际分析能力，设计薪酬。

2. 培养学生计算能力，结合业绩设计薪酬。

【实训内容与形式】

1. 给每个营销人员的表现恰当的评价。

2. 把评价的结果和他所得到的薪酬挂钩。

3. 合理设计浮动工资和佣金奖金。

4. 形式：计算分析。

【实训要领】

1. 必须以合理恰当的评价为基础。

2. 薪酬的结合必须有一定的激励效果，但是又不能花费太大的成本。

【成果与检测】

给各个设计方案与评分，选择最适合商超的方案。

参考文献

巴里·伯曼，乔尔·R 埃文斯. 2001. 零售管理. 北京：中国人民大学出版社

戴维·沃特斯，麦克尔·哈勒迪. 2001. 营销与财务. 北京：企业管理出版社

杜古军，王守海. 2004. 如何进行现金流管理. 北京：北京大学出版社

胡宏达. 2006. 最新商场超市企业员工绩效标准化考核评价与创新管理制度及表格范本. 北京：企业管理出版社

黄福华，田野，周文. 2003. 连锁超市经营管理实务. 长沙：湖南科学技术出版社

金永生，王正选. 2004. 零售企业经营与管理. 北京：北京工业大学出版社

刘勇，王海英. 2004. 如何阅读财务报表. 北京：北京大学出版社

聂兴凯等. 2004. 如何进行收账管理与呆账催收. 北京：北京大学出版社

祁小永，王子健，曹淮扬. 2003. 新销售业务管理. 北京：企业管理出版社

祁小永. 2003. 新销售业务管理. 北京：企业管理出版社

裘建华，孙关富. 2008. 企业营销队伍绩效考核探讨. 现代商业，5

王方华，彭娟. 2005. 营销审计. 上海：上海交通大学出版社

王伟琴. 2006. 中小企业销售人员薪酬设计. 人力资源开发，6

威廉·斯坦顿，罗珊·斯潘茹. 2004. 销售队伍管理. 北京：北京大学出版社

文大强. 2005. 零售经营实务. 上海：复旦大学出版社

吴大军. 2002. 管理会计. 大连：东北财经大学出版社

萧桂森. 2004. 连锁经营理论与实践. 海口：南海出版公司

肖怡，刘宁. 2003. 现代商店经营管理实务. 广州：广东经济出版社

袁飞. 2005. 销售人员的薪酬与绩效考核. 营销导师，5

张道生. 2004. 如何进行财务控制. 北京：北京大学出版社

张平淡，屈建伟，赵荣. 2003. 新销售指标管理. 北京：企业管理出版社

张晔清. 2002. 连锁企业门店营运管理与实务. 上海：立信会计出版社

章洁. 2004. 现代商场（超市）规范管理大全. 北京：蓝天出版社

赵涛. 2007. 零售企业规范化管理全书. 北京：电子工业出版社

郑昕，王汝志. 2004. 商场服务技术与规范. 北京：高等教育出版社

钟颖. 2004. 连锁经营管理. 哈尔滨：哈尔滨工业大学出版社

朱健仪，苏淑欢. 2000 新编企业经济活动分析. 广州：中山大学出版社

mkt.icxo.com

www.ccfa.org.cn

www.cnls.com.cn

www.cszk.cn

www.linkshop.com.cn

www.retailing.com.cn

www.scea.org.cn

www.szcehua.com

wzdq.i18.cn